불멸의
제왕들

불멸의 제왕들

김후 지음

초판 1쇄 인쇄 · 2012. 8. 8.
초판 1쇄 발행 · 2012. 8. 14.

발행인 · 이상용 이성훈
발행처 · 청아출판사
출판등록 · 1979. 11. 13. 제9-84호
주소 · 경기도 파주시 문발동 출판문화정보산업단지 507-7
대표전화 · 031-955-6031
팩시밀리 · 031-955-6036
홈페이지 · www.chungabook.co.kr
E-mail · chunga@chungabook.co.kr

ISBN 978-89-368-1031-3   03990

* 값은 뒤표지에 있습니다.
* 잘못된 책은 구입한 서점에서 바꾸어 드립니다.
* 본 도서에 대한 문의사항은 홈페이지나 이메일을 통해 주십시오.

불멸의 제왕들

동서양
3천 년의
역사를 지배한
권력의
비밀

김후 지음

청아출판사

위대한 악당들과 비열한 영웅들

　이 책은 원래 2009년 3월에 초판이 발행된 《불멸의 여인들》의 스핀오프로 기획되었다. 그렇지만 글을 쓰던 도중 역사에 상당한 족적을 남긴 남성 통치자들에게로 생각이 이끌려, 이른바 제왕학에 관한 글을 쓰게 되었다. 전통적으로 제왕학은 영웅전과 유사한 서술 방식을 취해 왔다. 보통 사람들이 과거의 위대한 통치자로부터 긍정적인 교훈을 얻고자 했기 때문이다. 한때 유행하던 리더십을 주제로 한 책들도 마찬가지이다.

　리더십과 관련된 저술도 갖가지 현대적인 해석만 추가되었을 뿐 대부분 과거부터 숱하게 범람해 왔던 전통적인 영웅전의 범주에 들어간다고 생각된다. 이 책은 그런 범주와는 거리가 멀다. 여기에서는 기본적인 가설을 세우고 시작한다.

●악당이 아니면 결코 위대한 통치자가 될 수 없다

　현대 사회에서는 민주적인 방식으로 정해진 기간 동안 국가를 통치할 사람들을 선택한다. 이때 선택 기준으로 중요하게 생각되는 요소

중 하나가 통치자의 개인적인 '인격'이다. 우리는 통치자로 선출되는 사람은 일반적인 의미에서 '훌륭한 사람'이거나 혹은 최소한 '나 같은 보통 사람보다는 더 훌륭한 사람'이어야 한다고 생각한다.

그렇지만 나는 이러한 의견에 동의하지 않는다. 오직 제대로 된 악인들만이 훌륭한 결과를 낼 수 있다고 생각한다. 통치란 근본적으로 '필요악Nesessary Evil'이거나 최대한 양보를 한다고 해도 필연적으로 '악惡'을 수반하기 때문이다. 그래서 이 책을 통해서 던지고자 하는 질문은 아주 단순하다. '훌륭한 인간이 훌륭한 통치자가 될 수 있는가?' 보다 정확하게 표현하자면 역사적으로 '훌륭한 통치자는 과연 훌륭한 인간이었을까?'라는 질문이다.

개인마다 '훌륭한 사람'에 대한 정의는 각기 다르지만 여기에서는 우리 사회에서 가장 보편적으로 받아들여지고 있는 맹자孟子의 정의를 따르기로 하겠다. 맹자는 인간이 기본적으로 다섯 가지의 덕목을 가지고 태어나며, 평생 이를 추구해야 한다고 생각했다.

오상五常이라고 이름 붙여진 덕목들은 인仁, 의義, 예禮, 지智, 신信이다. 어질고 의롭고 예의바르고 현명하고 믿을 만한 사람. 보통 이 정도의 미덕을 고루 갖추고 있다면 이른바 '훌륭한 사람'이라고 해도 무리는 없을 것 같다.

오상의 기준을 통치자들에게 적용시키면 이러한 개인적인 미덕들은 '사회적 가치'로 성격이 바뀌게 된다. 통치자가 '인'이라는 가치를 추구할 때 그의 목표는 '덕치德治'가 될 것이고, '지'를 추구한다면 '현군賢君'을 지향할 것이다. '의'를 추구하는 통치자들에게서는 사회적인 모순과 싸우는 혁명가의 모습을 보게 될 것이고, '신'을 추구하는 경우는 굳건한 신념과 비전을 가진 통치자를 볼 수 있을 것이다.

오상 중에서 '예'라는 덕목은 현대에서는 예의나 범절과 같이 좁은 의미로 해석되지만 원래는 고대의 주술적인 의식과 경건한 의식 과정에서 갖게 되는 마음가짐과 몸가짐을 의미했던 것이기 때문에, 소수의 얼빠진 정치 지도자들을 제외한다면 제정이 확실하게 분리된 현대 사회에서 이 미덕을 다루는 것은 적절하지 않다는 생각에서 이 책에서는 제외했다.

역사에서는 '덕치'라고 할 수 있는 훌륭한 통치를 이루었거나 오랫동안 '현군'으로 추앙받고 있는 통치자들이 많이 존재한다. 이 책에서는 그러한 명성을 얻었던 통치자 12명을 하나의 장마다 3명씩 나누어 소개하고자 한다. 잘 알려진 사람도 있고 생소한 사람도 있겠지만 모두가 한 시대를 대표했던 '영웅'들이다.

이 책은 이러한 영웅들의 이야기이지만 서두에서 이야기했듯이 영웅전도 아니고 그들의 본받을 만한 리더십에 관한 이야기도 아니다. 역사적인 사실들을 재구성해서 이들에 대해 냉정하고 객관적인 시각으로 접근하고자 했다. '훌륭한 인간이 훌륭한 통치자가 될 수 있는가?'라는 질문에 대한 결론은 읽고 난 후 독자 여러분이 스스로 내려주길 바란다.

2012년 8월
지은이 김후

1

관용

까다로운 자격 요건이 필요한 미덕

참회의 군주 아소카 | 관용의 군주 살라딘 |
신성로마 제국 황제 프리드리히 2세

이 장에서는 유교적인 관점에서는 어진 통치 혹은 덕치, 불교적인 관점에서는 자비에 의한 통치, 서양의 개념에 따르자면 관용의 통치를 실현했거나 시도했던 통치자들을 선정해야 하는데, 단언하자면 실질적으로 이러한 이상에 부합했던 통치자는 인류 역사에 없었다.

그나마 가장 근접한 통치자들로 고대 인도 마우리아 왕조의 아소카 대왕, 이집트 아이유브 왕조의 창시자 살라딘을 꼽을 수 있다. 신성로마 제국의 황제 프리드리히 2세는 '어진 통치자'였기 때문이 아니라 그가 시대를 초월한 범인류적인 '비전'을 가지고 있던 사람이었기 때문에 선정했다.

관용
까다로운 자격 요건이 필요한 미덕

　'어질다'라는 의미의 한자 '인仁'은 맹자가 인간의 기본윤리로 제시한 오상五常, 즉 인, 의義, 예禮, 지智, 신信 중에서 가장 으뜸으로 치는 것이다. '인'이라는 한자는 두 가지의 짐을 진 사람의 모습을 형상화한 글자로, '남의 짐을 대신 지는 것'을 의미한다. 따라서 인의 근본적인 의미는 '이타적인 행위'이다.

　인은 동양적인 관점에서 나온 단어이다. 따라서 영어나 그 뿌리가 되는 라틴 어에는 여기에 완벽하게 상응하는 단어가 없다. 흔히 우리가 '관용寬容'이라는 뜻으로 해석하는 'Tolerance'나 'Generosity'라는 단어를 대신 사용하는데, Tolerance의 어원인 라틴 어 Tolerantia는 견디기 힘든 것을 참아 낸다는 '인내'의 의미가 강하고, Generosity의 어원인 Generōsus는 엉뚱하게도 '고귀한 출신'이라는 의미이다.

● 군자와 소인

Generosity의 어원으로 보자면 관용의 의미는 고귀한 출신의 귀족들이 하찮은 사람들이 가지고 있는 이질적인 요소들을 너그럽게 받아 준다는 오만한 의미를 내포하고 있다. 그런데 놀라운 사실은 고대 중국인들 역시 고대 로마 인들과 똑같은 관념을 지니고 있었다는 점이다.

우리가 보통 '어진 사람'의 의미로 사용하는 '군자君子'는 사실 그 정의가 명확하지는 않다. 이 '군자'라는 단어가 공자 이전까지 단순히 귀족 계급을 의미하는 단어였기 때문이다. 군자는 주周나라 시절의 통치 계급을 지칭하는 말로, 문자 그대로 '왕의 사람들'이라는 뜻이었다.

중국 춘추 시대의 백과사전이라고 할 수 있는 《국어노어國語魯語》 상편에 보면 조귀曹劌의 "군자는 다스리기에 힘쓰고 소인小人은 노동에 힘쓴다."라는 말이 기록되어 있다. 따라서 춘추 시대인 대략 기원전 5세기까지 '군자'는 통치하는 사람을, '소인'은 통치를 받는 사람을 의미했다.

공자 역시 춘추 시대의 사람이라 계급주의적인 관점에서 벗어날 수 없었다. 그러나 그는 자신의 어록인 《논어論語》를 통해서 '군자'의 개념을 추상화했다. 《논어》는 군자에서 시작해서 군자에서 끝난다고 할 수 있다. 이 책에는 수십 가지의 군자와 소인 식별법이 수록되어 있는데, 공자가 말하는 군자가 되기란 쉬운 일이 아니다.

1. 다른 사람이 나를 알아주지 않는다고 화내지 않기人不知而不慍 不亦君子乎.

2. 언행에 신중하고 열심히 공부하기不重則不威 學則不固.

3. 배부를 때까지 먹지 않기食無求飽.

4. 편안한 곳에서 자지 않기居無求安.

5. 열심히 일하면서 말 적게 하기敏於事而愼於言.

6. 도를 찾아 바르게 수양하기就有道而正焉.

7. 말에 앞서 행동하기先行其言.

8. 행동을 좇아 말하기而後從之.

9. 두루 사랑하고 편 가르지 않기周而不比.

10. 포악하거나 태만하게 움직이지 않기動容貌斯遠暴慢矣.

11. 표정을 바르게 하고 마음을 신실하게 먹기正顏色斯近信矣.

12. 비속어나 나쁜 말 쓰지 않기出辭氣斯遠鄙倍矣.

이 12개 항목은 논어의 처음부터 약 4분의 1 정도에서 빼낸 것이다. 논어 전체로 보자면 군자의 자격 조건은 끝도 없다.

● 군자의 자격

우리가 춘추 시대 중국인들의 계급주의적인 사회관에 동의하지 않는다고 하더라도, '어질다'라는 미덕에 대해서만은 무의식적으로 그들의 견해를 받아들이고 있다. 우리는 어떤 사람이 공자가 《논어》에서 제시한 '군자 되기'의 수십 가지 지침대로 생각하고 말하고 행동한다고 하더라도, 그가 자신보다 나이가 어리거나 사회적인 권위가 월등하지 않을 경우에는 일반적으로 '어진 사람'이라는 표현을 사용하지 않고 대신 '착한 사람'이나 '좋은 사람'이라는 표현을 사용한다.

'인' 혹은 '어질다'라는 미덕은 예나 지금이나 윗사람이 아랫사람에게 일방적으로 베푸는 것이지 동등한 조건에서 서로 주고받는 것이 아니다. 즉, 이 미덕은 그것을 베풀 정도의 사회적 위치에 있어야만 비로소 성립된다는 까다로운 조건을 가지고 있다.

이 미덕은 마치 현대판 신화의 하나인 미국의 대부호 록펠러John Davison Rockefeller의 이야기와 같다. 그는 20세기 초까지도 미국에서 가장 미움을 받는 사람이었다. 공무원을 매수하고 전문 스파이를 고용해서 외부에서는 경쟁사의 정보를 빼내고 내부에서는 노조 설립을 원천봉쇄했다. 은행에 자신의 회사를 파산시키겠다고 위협해서 더 많은 자금을 대출받았으며 필요한 경우에는 물리적인 폭력도 불사했다.

그가 마흔이 되기 전에 스탠더드 오일은 미국 석유 시장의 95퍼센트를 장악했고, 1882년에는 스탠더드 오일 트러스트가 공식적으로 결성되었다. 불과 아홉 사람이 전 세계 석유의 90퍼센트 이상을 장악한 거대한 독점 조직이었지만 미국 정부는 여러 해 동안 이 트러스트의 존재조차 파악하지 못했다.

록펠러는 20세기 중반까지도 서구에서 근간으로 삼았던 자유방임적인 자본주의 체제에 최적화된 탐욕의 화신이었다. 그렇지만 반세기가 지난 지금 그에게는 'Philanthropist'라는 수식어가 붙는다. 이 단어는 우리말로 '자선가'라는 의미도 되지만 '박애주의자'라는 의미도 된다.

그들이 베푸는 것은 'Charity'이다. 자선가가 베풀 때는 '자선'이 되지만 박애주의자가 베푸는 것은 '자비'라고 해야 한다. 사실 영어 자체가 지독히 자본주의적인 언어인지도 모른다. 고귀한 이타적인 사랑의 행위와 연말에 구세군 냄비에 집어넣는 푼돈을 동일한 단어로 사용하고 있지 않은가!

록펠러는 인생의 절반은 악착같이 돈을 벌기 위해서, 나머지 절반은 그 돈을 가치 있게 쓰기 위해서 산 사람이었다. 그의 재산은 1911년 약 9억 달러 정도였다. 지금의 화폐가치로 보면 그리 큰 액수가 아닌 것 같아도, 당시는 미국의 국민총생산이 1,000억 달러를 약간 넘어선 때였다. 단순하게 인플레이션을 감안해서 가장 낮게 잡아 현재의 가치로 환산해도 1,800억 달러가 넘는다.

록펠러는 1896년부터 회사 일에서 서서히 손을 떼기 시작했으며 58세인 1897년에는 완전히 은퇴했다. 그는 이 시기부터 본격적으로 자선 활동을 시작했다. 그의 자선 활동도 사업 투자와 마찬가지로 과감하고 엄청난 규모로 이루어졌다. 그가 설립한 시카고 대학에만 1932년까지 8,000만 달러가 기부되었다. 그 결과 조그마한 단과대학이었던 이 학교는 미국 굴지의 명문대학으로 성장했다.

현대를 사는 사람들은 그에게 상당한 빚을 지고 있다. 그가 설립한 록펠러 의학 연구소Rockefeller Institute of Medical Research는 오늘날의 록펠러 대학으로, 모두 19명의 노벨상 수상자를 배출하면서 인류에게 치명적인 갖가지 질병의 예방 및 치료 분야에서 경이로운 연구 성과를 올렸다.

1903년에 설립한 일반 교육 위원회General Education Board라는 재단은 인종, 성, 종교의 차별이 없는 평등한 교육을 목표로 하여 소외받던 미국 남부의 흑인들에게 고등교육의 기회를 확대하는 데 결정적인 기여를 했다. 이 재단이 현재의 록펠러 재단이다. 1937년 사망할 때 그의 재산은 2,600만 달러로 줄어 있었다.

시카고 대학교는 개교 15주년 행사에 그를 초청했다. 그가 기부를 해서 설립한 학교이지만 운영에는 전혀 관여하지 않았기 때문에 그때가 첫 방문이었다. 학생들은 이 늙은 부호를 위해서 노래를 만들었다.

"존 D. 록펠러, 멋진 사람, 시카고 대학의 발전을 위해 자신의 재산을 모두 기부한 사람."

감격한 록펠러가 떨리는 목소리로 학생들에게 답했다.

"그 돈은 제가 아니라 하느님께서 주신 것입니다."

이래서 인생은 끝까지 살아볼 만한 가치가 있는 것이다.

●아소카, 살라딘, 프리드리히 2세

편집자가 요구하는 바를 충실하게 따른다면 이 책은 개인적인 미덕에 관한 것이 아니라 '제왕학'에 관한 것이 되어야 한다. 그렇다면 '인'이라는 개인적인 미덕이 아니라 사회적 '가치'를 주제로 해야 하는데, 인을 사회적인 가치로 추구하는 통치 체제가 가장 이상적인 체제임은 이론의 여지가 없다.

이 장에서는 유교적인 관점에서는 어진 통치 혹은 덕치德治, 불교적인 관점에서는 자비慈悲에 의한 통치, 서양의 개념에 따르자면 관용의 통치를 실현했거나 시도했던 통치자들을 선정해야 하는데, 단언하자면 실질적으로 이러한 이상에 부합했던 통치자는 인류 역사에 '없었다.'

그나마 가장 근접한 통치자들로 고대 인도 마우리아 왕조의 아소카 대왕, 이집트 아이유브 왕조의 창시자 살라딘을 꼽을 수 있다. 신성 로마 제국의 황제 프리드리히 2세는 '어진 통치자'였기 때문이 아니라 그가 시대를 초월한 범인류적인 '비전'을 가지고 있던 사람이었기 때문에 선정했다.

참회의 군주

아소카

인도의 긴 역사 속에서 '대왕the Great'이라는 칭호를 듣는 통치자는 그리 많지 않다. 그들 중 한 사람인 아소카Ashoka Maurya, the Great는 인도 역사상 첫 번째로 이 거대한 영토의 통일을 이루었던 마우리아 왕조의 세 번째 왕이자 창업자인 찬드라 굽타Chandra Gupta Maurya[1]의 손자이다.

그는 이 책의 서문에서 세운 절대 가설 '악당이 아니라면 훌륭한 통치자가 될 수 없다'를 부정할 가능성이 있는 유일한 예라고 할 수 있다. 그는 진정한 의미의 덕치 혹은 서양의 기준이라면 플라톤의 철인정치(哲人政治, Rule of Philosophers)라고 할 수 있는 최고의 이상적인 정

---

1 마우리아 왕조의 창시자인 찬드라 굽타와 이보다 약 500년 늦게 북부 인도에서 번성한 굽타 왕조의 정복왕 찬드라 굽타(Chanda Gupta) 왕은 전혀 다른 사람이다. 굽타 왕조의 창업자라고 할 수 있는 가토카차(Gatotkacha) 왕이 마우리아 왕조의 찬드라 굽타 왕을 존경해서 그 이름을 그대로 따서 아들의 이름을 지었으며 바로 이 아들이 굽타 왕국을 크게 확장했던 것이다. 그리스의 역사가들에 의해 산드라콥토스(Sandrakoptos)라는 이름으로 기록된 영웅적인 인물은 아소카의 할아버지인 찬드라 굽타 마우리아이다.

치 형태를 실현한 사람이다.

아소카는 마우리아 왕조의 세 번째 왕으로, 일찍부터 불교 기록들을 통해서 세상에 널리 알려진 인물이지만 2,000년 전의 인물이라 그동안 그의 이야기는 전설이나 설화로 간주되어 왔으며 그에 대한 일화들은 자이나교나 불교의 가르침을 널리 전파하기 위해 후일 각색된 것들로 여겨졌다. 그의 통치를 사실로 믿기에는 너무나 '이상적'이었기 때문이다.

아소카가 전설로부터 역사로 돌아온 것은 불과 200년도 채 되지 않았다. 주로 영국 역사학자들이 올린 개가였다. 인도 전역에는 고대의 산스크리트 어가 빽빽하게 새겨진 돌기둥들이 수도 없이 흩어져 있는데, 이러한 돌기둥들은 오랜 세월 그 내용이 전혀 해독되지 않은 채로 방치되어 왔다. 일부 지역에서는 그저 '고대의 신성한 주문' 정도로 숭배되고 있었다.

그러던 중 1837년 영국인 제임스 프린셉James Princep이 델리 부근에 세워져 있던 거대한 돌기둥에 새겨진 고대의 명문을 최초로 해석하는 데 성공했다. 그것은 '신들에게 사랑받는 자'라는 의미의 '데바나암프리야 프리야다사리Devaanaampriya Priyadasari'라는 왕이 새겨 놓은 칙명이었다.

프리야다사리 왕의 칙명을 새겨 놓은 돌기둥이나 바위 수십 개가 인도, 네팔, 아프가니스탄 등지에서 연이어 확인되었지만 그의 정체에 대해서는 전문가들 사이에서 의견이 분분한 채로 거의 한 세기가 흘렀다. 그러던 중 1915년에 왕의 본명을 '아소카Ashoka'로 적은 기둥이 발견되면서 비로소 그가 바로 전설 속의 인물인 아소카 대왕임이 밝혀졌다.

돌기둥이나 큰 바위를 깎은 넓은 면에 새겨져 있는 다양한 아소카

왕의 칙령들이 속속 해석되면서 역사학자들은 큰 충격을 받았다. 설화나 전설로 간주되던 이야기들이 대부분 역사적인 사실로 밝혀졌던 것이다. 그는 전 세계적으로 다른 비교대상을 찾을 수 없을 정도의 현군이었다. 영국의 저명한 학자 H. G. 웰즈H. G. Wells는 아소카에게 최고의 찬사를 바쳤다.

> 우리 역사 속에는 스스로를 갖가지 존귀한 이름으로 부르는 수만 명의 왕과 황제 들이 있었다. 이들은 모두 잠시 빛을 내다 이내 사라져 갔다. 그렇지만 아소카만은 빛나는 별이다. 지금까지도 환하게 빛나는 별. 앞으로도 영원히 찬란하게 빛날 단 하나의 별.

아소카의 통치는 '다르마Dharma에 의한 통치'라고 요약된다. '다르마'는 보통 '법法'으로 해석하지만 아소카가 주창한 다르마는 상당히 복잡한 개념이다. 지금도 마찬가지이지만 당시에도 인도에는 수천 가지의 종교적 가르침이 혼재되어 있었다. 다르마는 이 다양한 가르침 속에서 종교적인 교리를 초월해 모든 인간들이 공통적으로 추구하고 지켜 나가야 할 절대적인 가치를 의미한다. 아소카는 다르마에 대해서 돌기둥에 새긴 명문을 통해 이렇게 설명한다.

> 수많은 사람들, 힌두교도든 불교도든 혹은 그 무엇을 믿든, 모든 종교를 믿는 사람들과 가족을 이끌고 있는 사람들은 하나같이 인간적인 가치관을 공유하고 있다. 그것은 부모를 공경하는 것, 선한 마음으로 나이 든 사람들을 존경하는 것, 친구나 지인이나 배우자나 친지에게, 그리고 노예나 하인에게까지도 친절함과 지극한 애정을 쏟는 것 등을 의미한다.

마우리아 왕조의 성립

대부분의 학자들이 인도 역사상 첫 번째 통일 왕조로 인정하는 마우리아 왕조는 같은 시대의 그리스 인들이나 이집트 인들이 초강대국으로 인정할 정도로 강력한 국가를 만들어 냈으며, 경제적으로나 문화적으로도 대단히 진보된 사회를 이루었다.

이 왕조는 현재의 인도와 파키스탄, 방글라데시, 네팔, 아프가니스탄을 포함하는 광범위한 지역을 석권했다. 그렇지만 이 왕조의 역사는 피로 써 내려간 것이었다. 왕조는 추방자와 반란자 들에 의해 창업되었으며 그와 동시에 야만적인 정복을 통해서 급속도로 영역을 확대해 나갔다.

그런 이유 때문인지 몰라도 마우리아 왕조의 창업자인 찬드라 굽타에 대해서는 상반되는 기록들이 공존하고 있다. 그의 어린 시절에 대해서는 전혀 알 수 없다. 출신에 대해서는 인도의 북동부에 있었던 마가다Magadha 국 출신으로 당시 마가다를 통치하던 난다Nanda 왕조의 한 왕자의 비합법적인 아들이라는 설과 크샤트리야 카스트인 모리야Morya 족 출신이라는 설이 대립되고 있다.[2]

찬드라 굽타가 십대 시절에 인도는 알렉산드로스 대왕의 침략을 받아 인더스 강 유역까지 그리스의 영향권에 들어갔다. 찬드라 굽타는 열여덟 살이던 기원전 322년에 그리스 인들이 점령하고 있던 현재의 펀자브 지역에서 자신의 이름으로 왕조를 세웠는데, 당시 그는 마가

---

2 찬드라 굽타와 마우리아 왕조에 대한 평가는 역사가들의 개인적인 입장에 따라 극명하게 달라질 수밖에 없다. 그에 대해서는 혼란의 시대를 종식한 통일의 영웅이라는 관점과 잔혹한 정복자라는 관점이 공존한다. 찬드라 굽타는 당시에 '크샤트리야 카스트의 축복받은 자'라고 불렸으므로 출신 계급은 명확하다. 모리야 족은 고대의 예언자로부터 신성한 징표를 받아 일찌감치 왕족으로 정해졌다는 부족의 이름이다. 찬드라 굽타의 성인 '마우리아'나 부족 이름인 '모리야'는 모두 공작새를 어원으로 한다.

다 국에서 쫓겨 다니는 도망
자 신세였다.

찬드라 굽타는 펀자브 지
역에서 일단 그리스 군을 축
출하고 난다 왕조가 지배하
는 마가다 국과의 관계 개선
을 시도했으나 실패하자 곧
바로 마가다에 대한 무자비
한 정복에 나섰다. 그는 강
한 군대를 보유하고 유능한
각료들을 등용해서 강력한
정권을 세움과 동시에 영토

● 아소카 대왕

를 확장해 나갔다. 이때 마우리아와 난다 왕조 사이에 벌어진 격렬한
전쟁은 인도 역사에 어두운 그림자를 남겼다.[3]

그 와중에 마케도니아 인들의 반격이 있었다. 알렉산드로스 대왕
이 급사한 후 페르시아를 분할해 자신의 왕조를 세웠던 셀레우코스 1
세Seleucus I Nicator가 페르시아로부터 대규모 원정군을 몰아 인도를
침공했다. 찬드라 굽타는 이때 셀레우코스에게 대승리를 거두면서
당시의 그리스와 이집트에서도 명성을 얻었다. 이때 왕국의 영토는
서쪽으로도 확장되어 현재의 파키스탄에 해당하는 페르시아의 동쪽
지역을 확보했다.

---

3 찬드라 굽타의 정복은 수많은 사람을 말뚝에 꽂아 죽이는 잔인한 처형 방식으로 상징된다. 자이나교에
서는 이 격렬하고 잔인했던 전쟁이 '죽은 자들의 춤'이라는 진혼의식의 형태로 전승되고 있다. 또한 찬드라
굽타가 등용한 인물 중에는 철학자 출신의 재상 차나키아(Chanakya)가 포함되어 있다. 그는 인도판《손자
병법》이나《군주론》에 해당하는《아르타샤스트라(Arthashastra)》라는 책의 저자로 유명하다.

찬드라 굽타는 인도의 역사상 최초의 정복 군주로, 그의 아들 빈두사라Bindusara 대에도 정복 사업은 계속되었다. 빈두사라라는 이름보다는 아미트라가타Amitraghata라는 별명으로 더 많이 불렸는데, 이는 '학살자Slayer' 정도의 의미이다. 빈두사라는 남쪽으로 영토를 확장했는데 이때 그의 잔혹한 정복 사업에서 벗어난 지역은 인도 대륙의 남부와 동부의 극히 일부분과 스리랑카 정도였다.

✍ 심장이 없는 왕, 아소카

아소카는 빈두사라 왕의 아들이다. 어머니 다르마Dharma는 브라만 출신이지만 고귀한 왕족의 혈통을 타고난 사람이 아니었다. 전설에 따르면 산속에서 수도 생활을 하고 있던 한 가난한 브라만이 어느 날 자신의 어린 딸이 훗날 위대한 왕을 낳을 것이라는 계시를 받았다. 그러자 그는 예언과 함께 딸을 빈두사라 왕에게 보냈는데, 그녀가 바로 다르마이다.

아소카에게는 많은 이복형제들이 있었으며, 어머니가 왕족 출신이 아니었기 때문에 서열이 높은 왕자도 아니었다. 그렇지만 그는 어렸을 때부터 형제들 중에서 가장 빛나는 존재였다. 이 때문에 장남 수시마Susima를 비롯한 다른 왕자들은 아소카를 시기하고 못마땅하게 생각했다.

수시마는 통치력이 결여된 사람이었다. 그는 영지인 탁사실라Takshashilla를 엉망으로 만들었고, 때문에 거센 반란이 일어나자 아소카에게 반란을 진압하는 위험한 임무를 맡겼다. 일종의 함정이었지만 아소카는 피 한 방울 흘리지 않고 반란을 평정했다. 아소카가 돌아오자 궁중 암투는 더욱 심각해졌다.

빈두사라 왕은 왕자들 사이의 갈등이 더 이상 심각해지는 사태를 막기 위해서 아소카를 해외로 추방했다. 추방된 아소카는 이웃 나라 칼링가에 숨어 살았다. 칼링가는 인도 동부에 위치한 나라로, 교역으로 번영하던 해양 왕국이었다. 당시 칼링가는 카스트 제도를 부정하는 자이나교를 믿었으며 고대 사회에서는 보기 드물게 군주제가 아닌 공화제 국가였다.

아소카의 칼링가 생활은 그리 길지 않았다. 2년이 조금 더 지났을 무렵 탁사실라에서 다시 반란이 일어나자 빈두사라는 아소카를 다시 불러들여 상황을 수습하게 했다. 그렇지만 이번에는 사태가 쉽게 수습되지 않았다. 아소카는 반란군과의 전투 중에 치명적인 부상을 입었다. 이때 아소카를 치료해서 회복시킨 사람들이 불교 승려들과 신도들이었다. 이것이 그가 불교와 처음 접촉한 계기였다.

그는 그 와중에 데비Devi라는 여인을 만나 사랑에 빠졌다. 데비는 평민이었으며 독실한 불교 신자였다.[4] 아소카와 데비는 극심한 신분 차를 극복하고 결혼했고, 둘 사이에서는 남매도 태어났다. 이때가 아소카의 인생에서 가장 행복한 시기였겠지만 그리 오래가지는 못했다. 반란이 수습되고 데비가 첫 아이를 출산할 무렵 빈두사라가 중병으로 쓰러졌는데, 그가 회복될 가능성이 없자 왕자들 간에 투쟁이 시작되었던 것이다.

아소카가 형제들을 제치고 왕권을 장악하는 과정에 대해서는 두 가

---

4 데비와의 결혼은 아소카에게 세 번째 결혼이었다. 앞선 두 번의 결혼은 모두 그의 의지와는 상관없이 실패로 끝났는데, 첫 번째 결혼은 그가 어렸을 때 왕궁에서 올렸지만 망명과 함께 파탄이 났다. 망명지인 칼링가에서 그곳 출신 여자와 두 번째로 결혼했지만 이 결혼도 아소카의 귀국과 얼마 후 벌어진 마우리아와 칼링가 사이의 전투로 인해서 결말이 좋지 못했다. 데비와의 세 번째 결혼도 결국은 파탄으로 끝났다. 아소카의 잔인성에 실망한 데비가 그를 떠나 불가에 귀의해 버렸기 때문이다.

●아소카의 왕비 데비

지 이야기가 전해진다. 첫 번째 이야기에 따르면 부왕의 죽음이 임박하자 아소카가 먼저 군대를 모아서 수도인 파탈리푸트라로 진격해 치열한 골육상잔이 시작되었다. 아소카는 수시마와 이복형제들을 모두 죽이고 왕위에 올랐다.

두 번째 이야기는 내용이 조금 부드럽게 바뀐 것으로, 내전의 책임이 다른 형제들에게 전가되어 있다. 빈두사라가 죽을 때 수시마는 부재 중이었는데, 수도에 머물고 있던 아소카에게 왕위가 계승되었지만 다른 형제들이 이를 인정하지 않아 내전이 시작되었다는 것이다. 그렇지만 이 이야기에서도 아소카가 형제들을 모두 죽이는 것은 마찬가지이다. 어느 쪽이 진실이든 이 내전은 무려 3년 동안이나 계속되었다.

이 시기에 그가 얻은 별명은 '찬다 아소카Chanda Ashoka'였다. '찬다'는 '심장이 없다'는 의미이다. 이 시기의 아소카는 할아버지와 아버지의 정복 사업을 그대로 계승했다. 실제로 마우리아 왕국이 최대의 영토를 확보한 시기가 바로 아소카의 시대였다.

칼링가와의 전쟁은 아소카가 즉위하고 나서 8년 후에 일어났다. 이 전쟁이 발발하게 된 요인은 아소카의 개인적인 명예심이나 정복욕을 제외하고는 설명이 불가능하다. 정치적으로 본다면 당시 칼링가는

무역과 해외 식민지 경영에 주력하는 해양 국가로, 영토를 가지고 마우리아와 경쟁하는 관계는 아니었다.[5]

더욱이 경제적인 면에서 두 나라는 서로를 필요로 하는 관계에 있었다. 칼링가는 대규모의 교역 함대와 원거리 항해술을 기반으로 하는 국가였지만 국토가 좁고 산물이 다양하지 않았던 반면 마우리아는 항해와 교역에 대해 잘 알지 못했기 때문에 양국은 서로 의존적인 관계에 있었다.

따라서 칼링가와의 전쟁은 단순히 아소카가 할아버지와 아버지를 뛰어넘는 위대한 정복자임을 과시하기 위해서 벌인 전쟁이었다고 평가해야 할 것이다. 더욱이 그의 시대에 이미 전설이 되어 버린 할아버지 찬드라 굽타가 40여 년 전 칼링가를 공격했다 참담하게 실패했던 역사적 사실은 젊고 야심만만한 아소카를 크게 자극했을 것이다.

당시의 기록은 '동쪽 바다의 바다뱀Serpent이 아소카의 보물을 훔쳤기 때문에' 아소카가 분노해서 칼링가를 공격했다는 애매한 표현으로 이 전쟁의 시작을 설명하고 있다. 그렇지만 이 전쟁은 아소카가 '심장이 없는 살인자'에서 '신들에게 사랑받는 자'로 완전히 뒤바뀌는 계기가 되었다.

칼링가 사람들은 강인한 기질을 가진 사람들이었다. 칼링가의 영토는 마우리아에 비해 턱도 없이 작고 인구나 국력도 비할 바가 아니었지만 그들은 젊고 잔인하고 난폭한 아소카에게 굴복하기보다는 나라의 운명을 신의 뜻에 맡긴 채 초강대국과의 정면대결을 선택했다.

---

5 당시 칼링가는 동쪽의 바다를 제외하고 모든 방향에서 마우리아와 접경을 이루고 있었으며 그 남쪽 아래로 마우리아에게 밀려난 판디아(Pandya) 왕국과 촐라 왕국이 간신히 명맥을 유지하고 있었다. 판디아와 촐라는 타밀 족이 세운 4개의 왕국에 속하고 정통 힌두교 국가였기 때문에 자이나교 국가인 칼링가와 대마우리아 동맹을 맺을 정도로 가까운 관계에 있지는 않았다.

아소카는 처음에 칼링가를 과소평가했음이 틀림없다. 그는 칼링가에 원정군을 보내 공격했지만 어이없는 참패를 당했다. 할아버지 찬드라 굽타가 칼링가를 공격하면서 총 전력을 동원하지 않았던 실수를 반복했던 것이다. 아소카는 이 사실을 깨닫고 직접 군사를 이끌고 나섰다. 이렇게 해서 대대적인 침공이 시작되었다.

이 전쟁에서 양측이 동원한 정확한 군사력이 얼마인지는 기록을 찾을 수 없다. 그렇지만 두 세대 전 비슷한 시기에 양국이 직접 서로를 상대하지는 않았지만 각각 전력을 다해 벌인 별개의 전투에 투입한 병력 규모와 비교해 양국의 군사 동원 능력을 간접적으로 비교할 수 있다.

찬드라 굽타가 난다 왕조와 싸울 때 마우리아가 동원한 병력 규모는 40만, 그중에서 기병이 3만 이상, 전투 코끼리는 9천 마리였으며 여기에다 수천 대의 그리스식 전차까지 보유하고 있었다. 비슷한 시기에 칼링가가 이웃나라와 전쟁을 하면서 동원한 병력 규모는 약 6만, 대부분이 보병이었으며 기병은 1천, 전투 코끼리는 2백 마리 정도였다.

칼링가 인들이 제아무리 강인한 기질을 가지고 있었다고 하더라도 이 정도의 전력 격차를 감당할 수는 없었을 것이다. 양국의 군대는 다야 강에서 격렬한 전투를 벌였다. 칼링가 군은 당연히 와해되었지만 마우리아 군도 1만 명이 넘는 전사자를 기록했다. 이후에는 일방적인 학살이 이어졌다.

칼링가의 전 국토가 폐허로 변하고 일반 시민들은 학살되거나 포로로 잡혀 노예로 팔려 나갔다. 전투에 참가했다 전사한 전투원이 10만이 넘었으며 비슷한 숫자의 민간인이 학살되었다. 포로가 되어 노예로 전락한 칼링가 인들의 숫자는 15만 정도였다.

다야 전투에 대한 기록은 아소카가 전투 현장에 남긴 명문에 자세히 기록되어 있다. 그렇지만 이것은 자신의 자랑스러운 승전을 널리 알리고자 세운 전승비가 아니었다. 거기에는 이 전투에 대한 아소카의 회한과 칼링가 인들에게 전하는 사죄, 그리고 국경 너머의 다른 나라에게 다시는 이러한 일을 되풀이하지 않겠다고 다짐하는 내용이 적혀 있다.

이 잔혹한 전쟁의 참상은 아소카에게, 그리고 후일 인도의 역사에 지대한 영향을 미쳤다. 다음의 내용은 같은 명문에서 칼링가 전쟁의 참혹한 결과를 묘사한 후에 이어지는 부분으로, 아소카의 참회와 관련된 내용이다.

> 칼링가가 무너지고 난 후 아소카 왕의 마음에는 깊은 고뇌와 갈등과 다르마에 대한 열망이 싹트기 시작했다. 정복에 대한 회한도 생겼다. 정복이란 사람을 학살하고 자유민들을 노예로 만든다는 의미였다. 아소카 왕은 이러한 일에 회의하기 시작했다.

✒ 정복 군주에서 최고의 성군으로

이 전쟁을 계기로 아소카는 점차 정복자의 모습에서 벗어났다. 그는 군사적인 정복을 포기하고 대신 다르마의 확산을 통해 인간의 공통적인 선을 찾는 데 주력했다.

마우리아 왕조에서 이러한 식으로 인생관이 급격하게 변화한 경우는 아소카가 처음이 아니었다. 이 왕조의 창업자인 찬드라 굽타 역시 권력의 최정상에 있을 때 모든 것을 버리고 한 사람의 구도자로 극적인 변화를 겪었다. 그는 마흔두 살의 나이에 왕좌를 장남인 빈두사라에게 물려주고 자이나교의 승려로 새로운 인생을 시작했다.

그는 약 8년 동안 깨달음을 얻기 위해서 순례 여행을 한 후 자이나교의 성지인 데칸 고원의 스라바나벨골라에 도착해서 금식을 하면서 스스로 생을 마감했다. 그곳은 고대 자이나교의 위대한 스승인 바드라바후 Bhadrabahu가 똑같은 방식으로 깨달음과 자신의 목숨을 맞바꾼 장소였다.[6]

사실 아소카와 찬드라 굽타는 유사한 점이 아주 많았다. 자이나교의 승려가 되기 전까지 찬드라 굽타는 난폭하고 잔인할 뿐 아니라 의심이 많고 호색한 사람이었다. 그는 한곳에 오래 머물지 않고 거처를 계속 옮겼으며, 주변에는 미녀들로 구성된 경호원들만 접근할 수 있도록 했다. 그들의 임무는 근접 경호만은 아니었다.

아소카 역시 이 방면에서는 할아버지에게 뒤지지 않았다. 아소카는 '심장이 없는 사람'이라는 별명 이외에도 '카마소카 Kamashoka'라는 애칭을 가지고 있었다. 여기에서 '카마'는 유명한 인도의 성전性典《카마수트라 Kamasutra》의 바로 그 카마이다. 그래서 '카마소카'의 의미는 '정욕의 아소카'가 된다.[7]

찬드라 굽타가 자이나교에 심취했던 것과 마찬가지로 아소카도 싯다르타의 가르침에 깊이 빠져 있었다. 아소카가 불교를 접한 것은 처음 데비를 만났을 때로, 칼링가 전투가 일어나기 여러 해 전의 일이

6 금식과 동시에 명상에 들어가 생명을 끊는 자살 행위는 자이나교의 승려들에게 가장 신성하게 여겨지는 죽음이다. 바드라바후 역시 찬드라 굽타와 마찬가지로 스스로 왕위를 포기하고 자이나교의 승려가 된 왕이었다. 바두라바후는 자신의 몸에 덩굴이 엉켜 자라는 것도 의식하지 못한 채 식음을 전폐하고 명상에 빠져 있다가 깨달음을 얻고는 그대로 죽었다고 한다. 바드라바후와 찬드라 굽타가 금식으로 세상을 떠난 스라바나벨골라 동굴은 자이나교 최대의 성지가 되었다.
7 단순히 '바람둥이 아소카'라고 해석할 수도 있다.

다. 그는 그때부터 싯다르타의 가르침을 받아들였지만 다른 많은 통치자들과 마찬가지로 순수한 신앙보다는 종교를 통해서 민중의 지지를 얻으려는 정치적인 동기가 강했을 것이다.

싯다르타는 생존했을 때에도 수십만 명의 추종자를 거느리고 있었는데, 아소카의 시대는 싯다르타가 입적한 지 150년 남짓 지난 시기로 싯다르타는 여전히 인도의 민중들에게 가장 영향력이 큰 위대한 '구루'로 기억되고 있었다.[8]

'다르마에 의한 통치'는 칼링가 전쟁이 끝나고 약 2년 후부터 본격적으로 시작되었다. 이때 아소카의 나이도 막 사십대에 들어서고 있었다. 그는 전국을 돌아다니면서 다르마를 설파하고 그 기록을 남겼다. 커다란 돌기둥을 세워 새겨 넣기도 하고 바위 표면을 다듬어 새기기도 했다. 이러한 명문들은 '아소카 칙령'이라고 불린다.

아소카 석주는 현재 모두 60개가 확인되었는데 그 수는 계속 늘어나고 있다. 발견된 석주의 대부분도 20세기 후반부터 이루어진 인도 정부의 발굴 노력이 낳은 성과였다. 유적지는 북으로는 아프가니스탄에서 남으로는 인도 대륙의 최남단까지, 서쪽의 파키스탄에서 벵

---

8 구루는 철학적인 스승을 의미한다. 당시의 불교는 경전도 없고 교리도 통일되어 있지 않았다. 단지 싯다르타가 직접 조직한 승가 공동체가 유지되고 있었고, 싯다르타의 열반 이후 그의 가르침을 팔리 어로 기록한 초기 경전만이 있었을 뿐이다. 승가에 속한 사람들은 개념적으로는 싯다르타의 신도가 아니다. 그들은 개개인이 모두 동등한 입장에서 깨달음을 추구하는 독립된 구도자들이었다. 불교가 종교로 발전하는 속도가 늦었던 이유는 무엇보다도 싯다르타 자신이 승가가 종교적인 교단으로 발전하는 것을 명백하게 반대하는 입장을 취했기 때문이다. 그는 자신을 경배하는 행위를 금했을 뿐 아니라 마지막 가르침을 통해서 자신의 가르침은 '나룻배'에 불과하다고 설파했다. 나룻배는 오직 강을 건널 때 사용되며 건넌 다음에는 지고 가지 말고 그 자리에 놓고 가는 것이었다. 아소카 왕도 승가에 입문한 적이 없다. 그는 다른 추종자들과 마찬가지로 싯다르타의 가르침을 따라 바른 삶을 살려고 하는 보통 사람에 불과했다. 불교가 조직적인 종교의 형태를 갖추게 된 것은 아소카 왕이 싯다르타의 가르침을 경(經), 율(律), 논(論)의 체계로 정리한 덕분이었다. 이를 '제3차 불경 결집'이라고 한다.

골 만까지 인도 대륙 전체에 산재되어 있다. 이는 아소카 시대에 정복이 아니라 설득을 통해서 마우리아 왕국의 영토가 실질적으로 확장되었다는 사실을 의미한다.

칙명에는 현대의 UN 헌장 이상으로 개명된 내용이 포함되어 있다. 그중에서 가장 인상 깊은 것은 '생명에 대한 외경'이다. 그는 인간뿐 아니라 지상에 있는 모든 생명에 대해 존중하는 마음가짐을 강조했다. 싯다르타나 초기의 불교도들처럼 아소카

● 아소카의 석주 아소카가 세운 석주는 오늘날까지 약 60개가 발견되었으며, 석주에 새겨진 명문들은 아소카 칙령이라고 불린다.

도 채식주의자는 아니었다. 그렇지만 생존을 위해 불가피한 경우가 아니면 생명을 죽이거나 훼손하는 행위는 금지되었다. 취미로 하는 사냥은 물론이고 가축에게 낙인을 찍는 행위도 금지되었다. 아소카는 인도 전역에 병원을 건립했는데 이때에도 사람을 위한 시설과 동물을 위한 시설을 함께 지었다.

또한 그는 칙령을 명령형으로 쓰지 않았으며 다른 사람들에게 무조건 자신의 다르마를 실행하도록 강요하지도 않았다. 예를 들자면 "모든 생명은 존중되어야 한다."라는 칙령은 이런 식으로 새겨져 있다.

예전에 신들이 사랑하시는 자 프리야다사리 왕의 부엌에서는 카레를 만들기 위해서 하루에 수천 마리의 짐승들이 죽었다. 그렇지만 이제는 다르마의 칙령에 의해서 오직 세 마리만이 죽는다. 그것들은 두 마리의 공작과 한 마리의 사슴이지만 매일같이 사슴이 한 마리씩 죽는 것은 아니다. 그리고 언젠가는 이 세 마리도 죽지 않게 될 것이다.

아소카의 칙령은 관대함, 신에 대한 경건함, 자신에 대한 절제, 생명에 대한 존중, 폭력의 배격, 이타적인 사랑 등의 내용이 주를 이루지만, 때때로 여행자가 제공받을 수 있는 공공 서비스와 같이 아주 실질적인 것이 있는가 하면 인간이 자연을 파괴하는 행위가 사람들에게 미칠 영향에 대한 경고까지 포함하고 있다.

또한 아소카는 어떤 식으로 해석하든 독실한 초기 불교 신자였지만 칙령은 자신의 신앙만을 강요하지도 않았다. 그는 모든 종교를 평등하게 보호하겠다고 선언하면서 백성들에게도 다른 종교에 관대하라고 가르쳤다.

다르마에 의한 통치가 널리 확산되면서 전 인도 대륙은 조화된 사회를 경험하게 되었다. 당시 마우리아는 싯다르타나 다른 구루의 위대한 가르침과 같은 정신적인 문화 이외에도 뛰어난 토목과 건축술을 바탕으로 한 앞선 문명을 보유하고 있었다. 이러한 문명 또한 다르마와 함께 인도 대륙을 넘어 스리랑카와 동남아시아로 널리 퍼져 나갔다.

칼링가 전쟁으로 인해서 아소카의 결혼 자체는 파탄이 났다. 아소카에게 실망한 데비가 그의 곁을 떠나 상가로 출가해 버린 것이다.[9]

---

9 데비나 어부의 딸이면서 여성으로만 이루어진 칼링가 전투부대의 지휘관이었다는 두 번째(혹은 세 번째) 부인 카우르와키(Kaurwaki) 등은 출신이 낮아 왕궁으로 들어올 수 없었다는 기록도 있다. 그렇지만 마

당시 아소카와 데비 사이에는 마힌드라Mahindra 왕자와 상가미트라 Sanghamitra 공주가 있었다. 데비는 아소카에게 영원히 돌아오지 않았 지만 훗날 성인이 된 마힌드라와 상가미트라를 아소카에게 보냈다. 왕궁에 들어온 남매는 왕권과 같은 세속적인 일에 관여하기를 거부 했다.

그러자 아소카는 이들을 현재의 스리랑카인 실론 섬에 파견했다. 불교와 다르마, 그밖의 다른 갖가지 문명을 전달하기 위해서였다. 이 들이 섬에 도착함으로써 실론의 문명이 시작되었다고 할 수 있다. 불 교 국가인 스리랑카에는 이들과 관련된 유물과 유적 들이 많이 남아 있으며 지금도 남매가 도착한 날을 경축하고 있다.[10]

아소카와 다르마, 그리고 아소카 칙령이 후대의 인도와 다른 아시 아 지역에 미친 영향은 지대했다. 아소카의 시대에 경전이 완성되고 정통 불교와는 다른 길을 가던 부파불교部派佛敎가 정리되면서 탄탄 한 교단을 형성하게 된 불교가 인도 전역으로 퍼져 나갔을 뿐 아니라 히말라야 산맥과 인도양을 넘어 전 세계로 전파되기 시작했다.[11]

우리아 왕조 자체가 힌두교가 아니라 자이나교와 불교에 기초한 정권이었다. 이 두 종교는 힌두교의 카스트 제도를 부정하면서 출발한 종교라는 공통점을 가지고 있다. 따라서 왕비의 출신 계급은 그리 큰 문제가 아니었을 것이다. 아소카의 첫 번째 부인 파드마바티(Padmavati)도 평범한 자이나교 신자였으며 말년에 왕비가 된 티사라카(Tisaraka) 역시 하위 카스트 출신이다.

10 현대의 불교는 극동의 북방 불교든 동남아의 남방 불교든 초기 불교와는 완전히 다른 종교이다. 현대의 교리에는 싯다르타의 가르침과 상반되는 것들도 다수 포함되어 있다. 대표적인 예가 상가 내에서의 계급, 호국불교, 불상을 제작하고 경배하는 행위 등이다. 초기 불교의 가르침은 수천 년 동안 잃어버렸다가 19세기 말 스리랑카에서 마힌드라와 상가미트라가 가져온 초기의 경전들이 발견됨으로써 다시 빛을 보게 되었다.

11 아소카 시대에 상가에서 파견된 승려들은 중국이나 동남아시아뿐 아니라 페르시아, 시리아, 이집트, 그리스 등에서도 활발한 포교 활동을 전개했다.

위대한 군주를 넘어선 현인

역사에 등장하는 많은 군주들 중에는 진정으로 인자한 사람도 많았고, 사악하고 잔인한 인간이 참회를 통해서 새로운 인간으로 탄생한 경우도 많았다. 그러나 다른 경우에는 대부분 그 참회가 개인적인 품성과 미덕에 관한 것이었지 그것이 통치에까지 적용되지는 않았다.

아소카의 할아버지 찬드라 굽타만 하더라도 20년간 잔인한 정복자였다가 어느 날 갑자기 무소유를 추구하는 자이나교의 승려로 변신했다. 그렇지만 그 역시 철저하게 개인적인 삶의 문제였다. 그러나 아소카의 경우 자신이 옳다고 생각하는 종교적 신념을 실질적인 통치 행위를 통해 실천하려고 했다는 점에서 위대한 인간으로 평가받는다.

아소카는 일흔두 살까지 장수하면서 왕국을 40년 이상 통치했다. 불교에서 전해지는 전설과 달리 마지막 10년 정도는 여러 아들들이 왕국을 분할해서 통치했던 것으로 추정된다. 아소카가 죽은 후 손자들이 왕위를 계승했지만 왕국은 약 반세기 정도 더 존속하다 몰락했다.[12] 다른 왕국의 역사와 마찬가지로 후손들 중에서 무능하거나 포악한 군주들이 나타나면서 나라가 혼란스러워졌기 때문이었다.

다르마에 의한 통치에는 분명히 한계가 있었을 것이다. 아무리 아소카가 참회를 통해서 새로운 사람이 되었다고 해도 통치라는 행위 자체는 필연적으로 악을 수반하게 되어 있다. 불교의 전설들은 그를

---

12 중국의 현장(玄奘) 법사는 아소카보다 800여 년 후대의 사람이다. 그가 인도를 여행할 때 아소카의 직계 후손이 다스리는 왕국을 방문한 적이 있다. 아소카 말기에 분할되었던 왕국 중 일부는 그 시기까지도 명맥을 유지하고 있었을 것이다. 이는 인도가 마우리아 왕조와 그 후속 왕조가 통치하는 마가다 국을 맹주로 일종의 연방체를 구성했거나 봉건적인 체제였음을 의미한다. 그렇지만 인도의 역사는 대부분 지배적인 왕조 위주로 기록이 되어 있어 사실 여부를 명확하게 밝히기는 어렵다.

철저한 비폭력주의자로 묘사하고 있지만 남겨진 명문이나 기록에 따르면 그의 통치 시기에도 지방에서 반란이 일어나거나 사회가 혼란스러워졌을 때 이를 응징하기 위해서 폭력적인 수단이 동원되기도 했다.[13]

다르마에 의한 통치 자체도 그의 사후 약 2, 30년 정도 유지되었을 뿐이다. 불교도 마우리아 왕조를 찬탈하고 들어선 숭가Sunga 왕조 시대의 탄압과 사회적인 영향력이 지대한 브라만 카스트의 필사적인 반발로 서서히 쇠퇴하기 시작했다.

그렇지만 아소카가 역사에 남긴 영향력은 지대했다. 그는 인도에서 수천 년 동안 어떤 왕조가 들어서든 그 왕조의 지배적인 종교나 이데올로기와는 무관하게 가장 이상적인 군주의 모습으로 사람들에게 숭배되었다. 이는 불교가 전래된 다른 지역에서도 마찬가지였다.

아소카의 이상은 후대의 여러 왕조를 거쳐 먼 훗날 마하트마 간디에게 이어졌으며 현대 인도의 정치에까지 영향을 미쳤다고 할 수 있다. 아소카가 죽은 지 2,000년도 더 지난 후에 인도 사람들은 어쩌면 인류의 역사를 통틀어 단 하나뿐일지도 모르는 이 위대한 군주에게 최고의 경의를 표했다.

1947년, 인도가 대영 제국으로부터 독립을 쟁취했을 때 인도는 긴 역사 속에서 위대한 인물들이 남긴 유산이 넘쳐나는 나라였다. 인도인들은 새로운 국가의 대표적인 이미지로 선택할 수 있는 역사적인 상징들을 거의 무한하게 가지고 있었다. 인도인들은 그 숱한 것들 중

---

13 불교에 전래되는 기록에는 그의 극적인 변신에 불교의 영향이 지대했음을 강조하기 위해서 신빙성 없는 여러 일화들을 추가했을 가능성이 높다. 데비 이후 26년간 그의 부인이었던 현명한 왕비 아산디티마(Asanditima)나 그녀가 죽은 후 왕비가 된 음탕하고 사악한 티사라카, 티사라카에 의해서 장님이 된 큰아들 쿠날라(Kunala)의 이야기 등이다. 여기에서는 그러한 불교의 기록들은 인용하지 않았다.

에서 아소카를 상징하는 법륜法輪과 마우리아 왕국을 상징하는 사자를 선택했다. 현대 인도의 국기에는 힌두교를 의미하는 주황색과 이슬람을 상징하는 녹색의 띠 사이에 아소카의 법륜이 가운데 자리 잡고 있다.

아소카는 역사에 등장했던 모든 통치자 중에서는 유일하게 '자비심'을 정치적인 구호가 아니라 실질적인 통치 수단으로 실천한 인물이었다. 한때 그는 '심장이 없는' 난폭하고 무자비한 정복자였으며 종교적인 경건함과는 거리가 먼 인물이었지만 참회를 통해서 완벽하게 다른 인물로 재탄생했다.

이론적으로는 그 어떤 사악한 인간이라도 참회와 속죄를 통해서 위대한 인간으로 탈바꿈할 수 있고, 그렇게 다시 태어난 뒤 자신이 속한 사회를 보다 긍정적인 방향으로 나아가게 할 수 있다. 그렇지만 아소카를 제외하고는 그러한 역사적인 실례를 거의 찾을 수 없다는 사실이 지극히 유감스럽다.

관용의 군주

살라딘

이슬람 역사 속에는 수많은 칼리프, 술탄, 아미르[14] 들이 명멸했지만 그중에서 가장 빛나는 인물을 단 한 사람만 꼽으라면 단연코 살라딘이 될 것이다. 이슬람 세계는 그에게 큰 빚을 지고 있다. 그는 십자군에게 점령되었던 예루살렘을 한 세기 만에 탈환한 인물이다. 그러나 그가 역사 속에서 영웅으로 우뚝 서게 된 이유는 단지 무훈 때문만은 아니다.

　이집트를 근거지로 하는 아이유브 왕조의 창업자인 그에게는 젊었

[14] 칼리프(Caliph)는 '후계자' 혹은 '대표자'의 의미로 성경과 코란에 동시에 등장하는 아담이나 아브라함과 같은 인물을 일컫는 말이었지만 예언자 무함마드가 죽은 후에는 그를 계승한 종교 지도자들을 의미한다. 이들은 종교 지도자였을 뿐 아니라 세속적인 통치권도 행사했다. 과도기의 큰 혼란을 거쳐 선출제에서 세습제로 바뀌었고 여러 왕조의 칼리프가 공존하기도 했다. 또한 시아파는 칼리프의 권위를 인정하지 않아 종교 지도자를 모두 '이맘(Imam)'이라고 부른다. 술탄(Sultan)의 문자적 의미는 '권위' 혹은 '권력'으로 칼리프의 영역 내에서 실질적인 통치권을 행사하는 독립적인 권력자들이다. 아미르(Amir) 혹은 에미르(Emir)는 '토후'나 '사령관'의 직위를 지칭하던 말이다. 토후국(Emirate)은 아미르들이 다스리는 영토이다.

을 때부터 '관용과 자비의 군주'라는 수식어가 따라다녔으며 그 이후의 시대부터는 최근의 이라크의 독재자 사담 후세인에 이르기까지 모든 이슬람 통치자들의 전형으로 간주되어 왔다. 또한 이슬람 세계뿐 아니라 그를 적으로 간주했던 기독교 세계에까지 커다란 영감을 준 통치자이기도 하다.

그렇지만 살라딘이 성자처럼 오로지 관용과 자비를 베풀어 그 반대급부로 군주의 자리에 오른 인물이었을까? 다른 측면에서 그는 한마디로 비열한 '찬탈자'였다. 매우 교활한 사람이었으며 일단 기회를 잡으면 절대로 실수하지 않았다. 그는 두 번이나 다른 사람이 만든 왕국을 가로챘다. 왕국만이 아니라 그에 속한 명예와 민중의 환호까지.

살라딘이 역사에 등장할 무렵 오리엔트는 셀주크튀르크로부터 이슬람 세계의 주도권을 계승한 튀르크 계열의 장기Zangid 왕조가 지배하고 있었다. 살라딘은 이 왕조의 두 번째 통치자인 누레딘Nur al-din의 총아였으며 그의 사위인 것이 거의 확실하지만, 그의 유산을 완벽하게 가로채 최종적으로 이슬람 세계의 최고 권력자에 이르렀다.

살라딘은 현재 터키, 이란, 이라크의 접경 지역을 근거로 자신들의 나라를 세우고자 투쟁하던 쿠르드 족[15] 출신이다. 쿠르드 족은 아리안 계열의 유목민이었다. 험난한 자연환경에서 자연스럽게 단련된 쿠르드 족 남자들은 당대 최고의 용병으로 통했다.

그들은 가족을 부양하기 위해서 유목 대신 용병의 길을 선택하는

---

15 쿠르드 인들은 아랍권에서 아랍, 페르시아, 터키 다음으로 숫자가 많은 민족 집단으로 '쿠르드스탄(Kurdstan)'이라고 불리는 이란, 이라크, 터키, 시리아 접경 지역에 약 3,000만 명 정도가 살고 있으며, 수백만 명이 세계 각지에 흩어져 있다. 언어학적으로는 이란 인들과 가장 가깝지만 원래는 페르시아 외곽에서 유목을 하던 여러 종족들이 서로 얽혀 만들어진 민족 집단이라 뿌리가 다양하다.

경우가 많았는데 쿠르드의 한 갈래인 나와디야 족의 족장이었던 살라딘의 아버지 '나즘 앗 딘 아이유브Najm al-Din Ayyub' 역시 그러한 사람들 중 하나였다.

아이유브는 당시 용병 세계에서는 상당히 유명한 인물이었다. 아이유브는 셀주크튀르크의 술탄 말리크 샤Malik Sha의 임명으로 티그리스 강 서안에 위치한 천혜의 요새 티크리트의 수비군 사령관으로 주둔하던 시절 뜻하지 않은 인연을 만나면서 이슬람 세계에서 중요한 인물로 떠오르게 되었다.

1132년 티크리트 요새 전면에 일단의 튀르크 전사들이 나타났다. 격렬한 전투와 뼈아픈 패배, 그리고 오랜 도주로 인해서 지친 모습이었다. 그들은 집요한 추격자들에게 쫓기며 근거지 모술로 속히 퇴각하는 길이었으나 도도하게 흐르는 티그리스 강물이 앞을 가로막고 있었다. 이들의 운명은 전적으로 요새 사령관인 아이유브의 손에 달려 있었다.

천성적으로 동정심이 많고 신앙심도 깊었던 아이유브는 이들을 따뜻하게 요새 안으로 맞아들이고 배를 내주어 무사히 강을 건너도록 친절을 베풀었다. 이 전사들의 리더가 바로 튀르크 출신으로 말리크 샤의 아미르였던 아타베그 장기Imad ad-Din Atabeg Zengi[16]였다. 머지않은 미래 이슬람 세계의 패권을 장악하게 될 인물이었다.

셀주크튀르크의 술탄 말리크 샤가 죽은 1131년 후부터 이슬람 세계는 줄곧 혼란에 빠져 있었다. 아타베그 장기가 기독교 십자군들과 이슬람 세계 내부의 적들을 동시에 상대하면서 최강자로 떠오른 시기는

---

16 아타베그(Atabeg)는 원래 튀르크 최고 귀족 가문에 세습되는 직위였다. 셀주크튀르크 시절에는 술탄으로부터 특정한 영역을 위임받아 통치하는 직책을 의미하는 말로 널리 사용되었다. 장기는 모술과 알레포의 아타베그였다.

다마스쿠스를 포위한 1137년 무렵이었다. 그는 난폭하고 잔인한 인물이었지만 상벌이 확실하고 철저하게 의리를 지키는 인물이었다.

장기는 인생에서 가장 결정적인 위기의 순간에 자신을 구원해 준 쿠르드 전사 아이유브를 잊지 않았다. 이 시기에 아이유브는 장기를 도피시킨 사건으로 권력자들의 눈 밖에 나 난처한 입장에 처해 있다가 얼마 후에 사소한 이유로 해임되어 실업자 신세였다.

장기는 다마스쿠스를 점령하면서 이슬람 세계에서 최고의 실력자임을 입증했는데 그 직후에 아이유브를 자신의 최측근으로 불러들였다. 그는 아이유브에게 시리아 고원에 위치한 유서 깊은 도시 바알베크[17]를 맡겼다.

아타베그 장기는 그의 왕국을 원했다. 그의 목표는 십자군들에게 점령되거나 주인이 뚜렷하게 결정되지 않은 지중해 연안 지역을 확보해서 다마스쿠스를 중심으로 시리아 왕국을 재건하는 것이었다. 그는 이슬람 세계의 적들을 제압하고 곧바로 십자군에 대한 전면전에 나서면서 북방 원정을 단행했다.

그는 1144년 한 달이 넘는 지리한 공방전을 벌인 끝에 십자군의 중요한 거점 중 하나인 에데사를 점령으로써 인생 최고의 절정기를 맞이했다. 단단한 성곽으로 보호되던 에데사는 함락이 불가능한 요새로 알려져 있었는데, 십자군은 이 요새를 상실함으로써 가장 튼튼한 거점 하나를 잃게 되었다.[18]

아타베그 장기는 이 승리를 계기로 '이슬람의 기둥'이라는 명예로

---

17 레바논에 위치한 고적으로 로마 시대에는 '태양의 도시'라는 의미의 헬리오폴리스(Heliopolis)라고 불리던 곳이다. 현재 이곳에는 바커스 신전의 유적이 남아 있으며 현재는 '스키어의 낙원'이라는 별명도 가지고 있다.

18 에데사가 함락된 데는 장기의 끈질긴 성곽 부수기 공격이 주효하기도 했지만 에데사의 영주인 조슬랭 백작이 안락한 생활을 위해서 정예 수비군들과 함께 장기간 도시를 떠났던 것이 결정적인 이유였다.

운 칭호를 얻었다. 그러나 장기는 빛나는 명예를 오래 누리지 못했다. 1146년 원정 중에 어처구니없이 암살당해 62세를 일기로 생을 마감한 것이다.

✒ 위대한 여정의 시작

살라딘의 어린 시절에 대해서는 기록이나 알려진 바가 전혀 없다. 그가 태어난 시기는 아이유브가 티크리트 요새 사령관직에서 해임되어 암울했던 시기인 1137년 초부터 1139년 초에 장기의 초대로 모술의 왕궁에 나타나 바알베크의 총독에 임명되기 전 사이로 추정되지만, 생년월일은 확실하지 않다.

통상적으로 불리는 '살라딘'이라는 이름도 일종의 별명이다. 살라딘의 원래 이름은 평범한 '아이유브의 아들 유수프Yūsuf ibn Ayyūb'[19]였는데 독실한 신앙심을 가지고 있던 아이유브는 아들의 이름을 지으면서 그 앞에 '신의 영광'이라는 의미인 '살라흐 앗 딘Ṣalāḥ ad-Dīn'을 추가했다. 이를 줄여서 '살라딘Saladin'이라고 불리게 된 것이다.

살라딘은 열 살이 되기 전에 아버지 아이유브를 따라 바알베크를 떠나 시리아의 가장 번화한 도시인 다마스쿠스에 정착했다. 바알베크 총독이었던 아이유브는 뛰어난 정치 감각을 가진 인물이었다. 그는 아타베그 장기가 암살된 후 그의 지배권에서 떨어져 나간 다마스쿠스가 바알베크의 연고권을 주장하자 도시를 넘기는 대신 다마스쿠스에서의 특권을 요구했다.

---

19 유수프는 성서와 코란에 등장하는 인물인 '야곱'을 쿠르드식으로 발음한 것이다.

바알베크는 고지대에 위치하고 있어 다마스쿠스의 대군으로도 쉽게 공략할 수 없는 도시였지만 당시 장기의 두 아들은 멀리 북쪽의 모술과 알레포를 근거지로 서로 대립하고 있던 터라 누구라도 바알베크를 구원하러 올 희망이 전무했다. 아이유브는 바알베크를 다마스쿠스에 내주는 대신 최대한의 실리를 얻었다. 그가 요구한 조건에는 다마스쿠스 시내에 위치한 호화주택과 거대한 농장이 딸린 10개의 마을이 포함되어 있었다. 살라딘은 당연히 다마스쿠스에서 풍요로운 어린 시절을 보냈을 테지만 이 시절 역시 기록된 바가 별로 없다.

이 기간 중에 다마스쿠스에는 상당히 큰 역사적 사건이 발생했다. 프랑스의 루이 7세가 지휘하는 제2차 십자군이 다마스쿠스를 기습적으로 포위 공격했던 것이다.[20] 이 혼란의 와중에 아이유브는 전사한 전임자의 뒤를 이어 다마스쿠스 방어군 사령관에 임명되어 십자군을 최종적으로 패퇴시켰다.

다마스쿠스의 독립은 약 5년 정도밖에 지속되지 못했다. 시리아를 평정한 아타베그 장기의 둘째 아들 누레딘이 소유권을 주장하고 나섰기 때문이었다. '누레딘Nuredin'이라는 애칭으로 불렸던 누르 앗 딘은 후일 거의 한 세기 가까이 풍요로운 지중해 해변 지역을 점령하고 있던 십자군을 본격적으로 축출하기 시작한 이슬람 지도자로 기록될 사람이지만 그 이전에 우선 자신의 형과 벌인 계승 전쟁에서 승리를 거두어야만 했다.

새로운 통치자인 누레딘의 대군이 다마스쿠스 앞에 나타났을 때에

---

20 당시 다마스쿠스는 예루살렘 왕국과 우호적인 관계를 유지하고 있었기 때문에 루이 7세가 다마스쿠스를 공격한 사건은 불가사의에 가깝다. 아마도 풍요로운 이 도시를 약탈하려는 유혹이 유일한 설명이 될 것이다.

이 도시 방어군의 지휘자는 아이유브였다. 아이유브의 동생인 시르쿠Asad ad-Din Shirkuh는 누레딘 휘하에서 활약하던 군사 지휘관들 중 한 사람이었다. 적으로 만난 두 형제는 다마스쿠스 외곽에서 담판을 벌였다. 아이유브는 도시 방어를 포기하고 그 대가로 다마스쿠스 총독에 임명되었다. 누레딘은 다마스쿠스에 무혈 입성했다.[21]

살라딘에 대한 역사 기록은 이후부터 시작된다. 누레딘은 다마스쿠스로 왕궁을 옮겼다. 원래 그의 근거지는 시리아 북부의 모술과 알레포였지만 다마스쿠스를 십자군에게 잃은 성지 예루살렘을 수복하기 위한 전초 기지로 삼은 것이다. 십대에 들어선 살라딘은 누레딘의 왕궁에서 누구보다 총애를 받으며 자랐다.

여러 정황을 종합해 본다면 누레딘의 총애를 받던 살라딘이 그의 맏사위가 된 것은 99퍼센트 정도 확실하다. 이 사실이 역사서에 명시되지 않았던 이유는 당시 이슬람 역사가들이 칼리프나 술탄의 여인에 대해서 기록하는 것을 터부로 생각했기 때문일 것이다.[22]

살라딘은 누레딘의 군에 입대하면서 경력을 쌓기 시작했다. 그러나 시르쿠의 이집트 원정이 있기 전까지는 지휘관으로서 크게 두각을 드러내지는 못했다. 살라딘이 문자 그대로 '혜성'처럼 역사에 화려하게 등장하는 무대는 카이로였다.

당시 이집트에는 약 300년 전에 성립된 파티마 칼리프 체제가 유지되고 있었다. 파티마는 예언자 무함마드의 딸로 그의 유일한 혈육이

---

21 누레딘은 입성 후에 십자군과의 공방전 도중에 사망했던 다마스쿠스의 전 아미르 무인 앗 딘(Mu'in ad-Din)의 딸인 이스마트(Ismat ad-Din Khatun)와 결혼해 이 도시의 소유권에 대한 정통성을 확보했다. 물론 첫 번째 결혼은 아니며 이스마트는 후일 살라딘과 재혼해서 그의 네 부인 중 하나가 된다.

22 사실 이슬람에서는 공식적으로 인정되는 부인이 4명이라 궁중 암투가 그 어떤 지역보다도 심했는데, 정치에서 여성들의 활약도 만만치 않았다. 그렇지만 엄격한 이슬람 역사학자들은 이러한 사건들을 명확하게 기록하지 않았다.

며, 남편 알리는 무함마드의 사촌동생이다. 알리는 적법한 절차에 따라 제4대 정통 칼리프로 선출되었으나 암살되었다.

후일 혼란기를 거쳐 바그다드에 아바스 칼리프 체제가 복구되었을 때 다수의 무슬림들은 이 체제를 정통으로 인정했다. 그렇지만 파티마 왕조의 지지자들은 알리와 파티마로부터 이어져 내

● 살라딘

려오는 고귀한 혈통의 칼리프들만이 신성을 구현한다고 믿었다. 이들은 이슬람 세계에서 언제나 소수파였지만 강한 연대의식을 가지고 있었다.

파티마 왕조는 초기에 시리아와 수단, 아라비아 반도를 병합한 다음 바다로 진출해서 지중해 전역을 제압했다. 그들의 전력은 육지에서도 막강했지만 바다에서는 결코 도전을 용납하지 않을 정도로 최강이었다. 그들은 지브롤터 해협 너머의 서부 아프리카에서부터 인도양 남단까지 진출했다. 그들은 오랫동안 세 바다를 무대로 활동하면서 무역을 통해 엄청난 부를 축적했다.

그러나 시간이 지나면 막강했던 왕조도 내부에서부터 동맥경화 현상이 나타나기 시작한다. 300년 동안이나 축적된 엄청난 부가 지나치게 허술하게 지켜지고 있었음에도 이집트의 권력자들은 익숙한 과거의 방식에 안주하며 왕조의 운명이 막바지에 이르고 있다는 사실을

깨닫지 못했다. 그들의 방식은 순수한 투쟁이 아니라 정치적인 술수와 막대한 부를 동원해 적들을 매수하거나 타인의 힘을 빌리는 것이었다. 심신이 허약한 마지막 칼리프 알 아디드Al Adid는 예루살렘 왕국과 동맹을 맺거나 반대로 적을 끌어들여서 간신히 왕조의 명맥을 유지하고 있었으며, 실권은 재상 슈바르Schwar가 잡고 있었다.

탐욕스러운 십자군이 동맹을 파기하고 카이로를 포위하자 왕국을 지켜 낼 능력이 없던 칼리프는 가까운 시리아에 도움을 청했다. 누레딘은 충성스런 장군 시르쿠를 파견했고, 이 원정에 살라딘이 동행했다. 시르쿠는 무력시위만으로 간단하게 십자군을 철수시키고 나서 줄기차게 정치적 협상을 주장하던 슈바르를 실각시켰다. 칼리프 알 아디드는 시르쿠를 재상인 와지르Vazier로 임명했다. 그런데 평소에 병적으로 식탐을 해 오던 시르쿠가 재상에 오른 지 불과 사흘 만에 과식으로 급사하는 일이 일어났다.

칼리프 알 아디드는 후임으로 시르쿠의 조카인 살라딘을 임명했다. 그동안 연배가 비슷했던 두 사람은 자주 대화를 나누어 왔는데, 칼리프는 이 젊은 쿠르드 인이 마음에 들었던 것이었다. 이것이 살라딘이 위대한 여정을 시작하는 출발점이었다.

현명한 찬탈자 살라딘

굴러들어온 돌이라고 할 수 있는 살라딘이 졸지에 재상이 되자 기득권 세력이 가만히 있을 리 없었다. 그동안 줄곧 파티마 칼리프 왕조를 지탱하던 수단 출신 병사들이 반란을 일으켰다. 살라딘은 이들을 진압했으나 곧바로 다시 야심만만한 기회주의자인 예루살렘 왕국의 국왕 아모리 1세Amaury I [23]가 비잔틴 해군을 끌어들여 이집트를 침공했다.

살라딘은 이들을 상대로 다시 한 번 승리를 거두었다. 이렇게 되자 이집트 안에서 경험 부족을 이유로 젊은 와지르의 능력을 의심하는 사람은 아무도 없었다. 행운은 여기에서 그치지 않았다. 그가 두 번의 연이은 승리를 거둔 직후 칼리프 알 아디드가 심각한 병에 걸려 쓰러진 것이다.

이집트가 파티마 칼리프 체제에 있었던 역사는 수백 년이지만 그것은 지배층에 국한된 것이고 그곳의 민중들은 이슬람을 처음 받아들였을 때부터 순수한 수니파였다. 살라딘은 이집트에서 파티마 칼리프 체제를 마감시키고 이집트를 정통 아바스 칼리프 체제로 복귀시켰다. 알 아디드는 결국 병상에서 일어나지 못했다.

살라딘과 같은 유형의 현명한 찬탈자들은 한 번 기회를 잡으면 냉혹하게 움직인다. 그가 재상이 된 이유는 전적으로 알 아디드의 개인적인 호의와 고집 덕분이었다. 두 사람은 많은 대화를 통해서 서로를 이해하고 신뢰를 쌓았다. 카이로가 십자군에게 포위당했을 때 두 사람은 75일간이나 서로를 의지하며 고통스러운 포위 공격을 견뎌 낸 바 있었다.

그렇지만 살라딘은 권력 앞에서 냉정했다. 알 아디드는 병상에서 계속 살라딘과의 면담을 요구했지만 살라딘은 이를 철저하게 외면했다. 알 아디드는 죽을 때까지 자신이 칼리프의 자리에서 해임되었다는 사실을 알지 못했다.

"만약 회복된다면 스스로 알게 될 것이고, 그렇지 않다면 평화롭게

23 1162년 형 보두앵 3세(Baldwin III)로부터 왕위를 계승해 12년 동안 예루살렘 왕국을 다스렸다. 재위 내내 이집트를 적대시하면서 나름대로 왕국을 이집트 방면으로 확장하려고 노력했으나 이루지 못했다.

죽게 내버려 두라."

　살라딘의 통치는 효과적이었고 공정했다. 그는 이교도들에게 거둔 눈부신 전과와 걸출한 통치력으로 민중을 열광시켰고, 영웅을 목마르게 기다리던 이슬람 세계에서 시대의 총아로 부각되었다. 문제는 살라딘의 위상이 높아질수록 누레딘과의 긴장 역시 커진다는 사실이었다.

　당시 살라딘의 입장은 미묘했다. 그는 시리아에서는 누레딘 휘하의 수많은 아미르 중 하나에 불과했지만, 이집트에서는 최고 권력자인 칼리프가 공식적으로 임명한 와지르였다. 또한 자신을 재상에 임명한 칼리프가 중병에 걸려 신음하는 동안 그 왕조 자체를 끝장내고 모든 권력을 찬탈한 최고 권력자였다.

　그는 자신이 처한 상황을 냉정하게 판단하는 능력을 타고난 사람이었다. 현실적으로 그가 보유한 군사력도 막강했지만 경제적 측면에서도 이슬람과 기독교 두 세계를 통틀어 최고였다. 그는 다마스쿠스로 돌아가는 대신 이집트에 눌러앉았다. 그렇게 되자 살라딘과 누레딘, 두 영웅이 대립하는 시기는 의외로 빨리 왔다.

　살라딘은 이집트에 인접한 십자군의 요새를 공격하다가 누레딘 역시 그곳으로 진격한다는 소식을 접하자 카이로에서 옛 왕조를 복원시키려는 음모가 있다며 철수해 버렸다. 누레딘은 이를 자신에 대한 항거로 받아들였다. 그리고 이 기회에 자신의 이집트 아미르를 끝장내기 위해서 카이로로 진군하려고 했다. 살라딘은 아버지 아이유브의 조언대로 주군에게 서신을 보냈다.

　이 나라로 원정을 감행하신다는 말을 들었습니다만, 꼭 그렇게 하실 필요가 있겠습니까? 낙타 편으로 특사나 한 명 보내시어 제 목을 터번으로 묶어 가져가시지요. 그런다고 해서 말릴 사람은 여기에 아무도 없습니다.

그러나 낙타를 탄 특사도 누레딘의 군대도 도착하지 않았다.

참고 기다리는 자에게는 기회가 찾아오기 마련이다. 살라딘의 군주이자 이슬람 세계에서 가장 강력한 권력자였던 누레딘이 56세의 한창 나이에 후두염으로 사망하자 그의 왕국은 앗 살리흐 이스마일 알 말리크 As-Salih Ismail al Malik[24]에게 계승되었다. 이제 막 열한 살이 된 소년이었다.

살라딘은 장기 왕조의 영역을 남쪽부터 야금야금 먹어 들어갔다. 그는 조심스럽게 세속적인 의미의 '왕'을 지칭하는 '말리크Malik'라는 칭호를 사용하면서 독립을 선언했다. 장기 왕조는 찬탈자인 살라딘에게 대항해서 라틴 왕국의 십자군과의 연대를 모색했다.

여기에서 살라딘의 뛰어난 정치 감각이 발휘된다. 그는 장기 왕조를 반역죄로 고발함으로써 순식간에 명분에서도 우위를 차지했다. 살라딘은 전투와 평화협정을 반복하여 이집트를 장악하고 나서 불과 2년 만에 누레딘의 근거지였던 알레포를 함락시켜 시리아의 통치자가 되었다.

그는 그동안 명목상으로 자신만이 앗 살리흐의 유일한 후견인임을

24 앗 살리흐는 누레딘의 유일한 후계자였으나 이슬람 여인이 아니라 기독교도인 여인의 몸에서 태어났다는 결정적인 약점 때문에 정통성 논쟁에 휩싸였다. 그의 어머니는 툴루즈 백작 베르트랑(Bertrand, Count of Toulouse)의 누이동생인데, 양쪽 세계에서 대단한 미인으로 소문이 자자했다. 그녀는 십자군 원정에 출전한 오빠를 따라 오리엔트에 와 성지순례를 나섰는데, 그녀의 소문을 듣고 납치할 기회를 노리고 있던 누레딘은 그 기회를 놓치지 않았다.

자처하면서 앗 살리흐의 측근들을 노골적으로 비난했다. 이와 함께 신출귀몰한 군사행동을 통해서 실질적으로 시리아와 메소포타미아를 조금씩 접수해 나갔다.

살라딘은 초기부터 줄기차게 '지하드Jihad'[25]를 주장해 왔지만 기독교도와의 마지막 일전이라는 커다란 목표를 염두에 두고 이슬람 세계 내부의 적들을 제압한 것은 아니었다. 이슬람 세계에서 십자군과의 투쟁을 '지하드'로 규정했던 누레딘의 왕국을 찬탈하는 과정에서 만들어진 상황이 결과적으로 그런 방향으로 흘러간 것이었다. 살라딘은 필연적으로 누레딘의 모든 것을 계승해야 했기 때문이다. 결국 장기 왕조를 힘으로 제압하면서 전 이슬람권에서 권위를 갖게 된 살라딘이 예루살렘 수복을 선언하자 바그다드의 칼리프와 모든 이슬람 술탄들이 이에 호응했다. 사실 이것은 십자군 원정 이후 거의 한 세기 만에야 처음 벌어진 상황이었다.

이때 살라딘에게 대항해야 하는 라틴 왕국은 문둥이 왕 보두앵 4세 Baldwin IV[26]가 죽고 난 이후 후계자 문제로 분열되어 지리멸렬한 상태였다. 그러니 오리엔트의 운명을 결정하는 승부는 처음부터 그 결과가 뻔했다. 하틴[27]에서 벌어진 전투는 단 하루 만에 살라딘의 일방적인 승

---

25 지하드는 중세 이슬람에서는 신의 뜻에 따라 올바른 것을 추구하고 잘못된 것을 멀리하는 신앙적인 투쟁을 포괄적으로 의미했지만, 누레딘이 이 단어를 이교도에 대한 군사적인 투쟁으로 사용함으로써 이제는 그 의미가 아예 변질되었다.

26 보두앵 4세는 1174년 열세 살에 왕위에 올라 11년간 왕국을 통치했다. 그는 어려서부터 문둥병을 앓고 있었다. 리들리 스콧 감독의 영화 〈킹덤 오브 헤븐(Kingdom of Heaven)〉은 이 시대를 배경으로 한다. 영화와는 달리 예루살렘 왕국의 마지막 후계자인 시빌라 공주는 예루살렘이 함락되고 얼마 지나지 않아서 병으로 사망했으며, 예루살렘의 마지막 방어 책임자였던 발리안(Balian of Ibelin)과 특별한 관계에 있었다는 기록이나 증거는 어디에서도 찾을 수 없다.

27 팔레스타인에 위치하고 있으며 20세기에도 여전히 마을이 형성되어 있었다. 1948년에 이스라엘이 제1

리로 귀결되었다.

하틴 전투의 여파는 컸다. 살라딘이 라틴 왕국의 도시를 하나씩 점령하며 예루살렘으로 향하는데도 속수무책이었다. 1187년 11월 2일 예루살렘은 절망적인 상황에서 마지막 항전을 시도했지만 성곽과 연결된 최후의 보루, 성채 요새가 함락되자 항복했다.

1099년 이 성도가 제1차 십자군에게 점

●**하틴 전투** 1187년 7월 4일 예루살렘 왕국의 기독교 십자군 병력과 살라딘이 이끄는 이슬람 아이유브 왕조의 군대 사이에 벌어진 전투로, 살라딘의 일방적인 승리로 귀결되었다.

령되었을 때 솔로몬 성전 앞 광장은 학살된 무슬림들의 피가 발목까지 차올랐다. 그러나 살라딘은 시민 한 사람당 비잔틴 제국의 화폐로 10베잔트씩 몸값을 내는 조건으로 이들을 석방했으며, 더욱이 자신이 석방 비용의 상당 부분을 직접 부담하기까지 했다.

예루살렘에서 살라딘이 거둔 승리는 기독교 세계에 큰 충격을 주었다. 그러자 그들은 사용할 수 있는 최고의 카드를 뽑아들었다. 당시 유럽에서 최고 군사강국인 잉글랜드, 프랑스, 신성로마 제국의 국왕

차 중동전쟁 때 점령하고 나서 이곳 주민들을 모두 소개(疏開)시켜 현재는 폐허만 남아 있다.

들이 분쟁을 잠시 접어두고 동시에 십자군 원정을 단행한 것이다.

십자군 역사상 가장 강력한 원정부대였지만 그들의 막강한 위세는 연속된 불운과 갈등으로 무너지기 시작했다. 첫 번째는 불운한 사고였다. 아나톨리아에서 셀주크튀르크의 술탄을 상대로 연승을 거두며 육로로 남하하던 신성로마 제국 황제 프리드리히 1세Fridrich I [28]가 목적지를 얼마 남겨 놓지 않은 곳에서 갑옷을 입은 채 강을 건너다 물에 빠져 사망한 것이다.

프랑스의 필리프 2세Phillippe II Augustus, the Fair[29]와 잉글랜드의 사자왕 리처드Richard I, the Lionheart는 바다를 통해 들어왔다. 이때 십자군 내부에서 일어난 갈등은 심각한 수준이었다. 필리프는 국내 사정을 핑계로 초반에 전열에서 이탈했고, 리처드는 원정을 계속해 나갔다.

리처드는 만만치 않은 전사였다. 리처드가 아크레[30]와 야파[31]에서 승리를 거두자 살라딘은 이집트의 관문인 아스칼론[32]을 점령해서 모두 파괴해 버렸다. 서로 승리를 주고받던 살라딘과 리처드는 1192년에 현 상태를 유지하는 협약을 맺었다. 이로써 완전히 소멸될 위기에 있었던 오리엔트의 라틴 왕국은 일부나마 존속되었다.

---

28 프리드리히 1세는 '붉은 수염'이라는 별명으로 불렸던 강력한 군주였다. 유럽 내에서 독일을 부각시키기 위해 노력했으며, 교황과 대립해 북부 이탈리아의 도시들을 공격했다. 19세기부터는 독일 통일의 상징적인 인물로 재평가되었다.

29 필리프 2세는 카페 왕조의 왕들 중에서 프랑스를 중앙집권적인 국가로 만든 최초의 왕으로 평가받는다. 권모술수에 능했으며 이를 통해서 강력한 정치력을 발휘했다.

30 아크레는 팔레스타인의 항구도시였으나 현재는 이스라엘의 영토로 하이파 만에 위치하고 있다.

31 야파는 고대의 항구도시로 아크레에서 남쪽으로 약 100킬로미터 정도 떨어져 있었다. 현재 이스라엘의 수도 텔아비브의 한 부분으로 편입되었다.

32 아스칼론은 청동기 시대부터 있던 항구도시로 현재 이스라엘의 영토이다. 예루살렘 왕국의 보두앵 3세가 1153년에 파티마 칼리프 왕조의 이집트에서 빼앗아 점령하고 있었다.

● **필리프 2세의 군대에 투항하는 아크레 시민들** 1191년 필리프 2세는 리처드 1세와 함께 아크레를 탈환했으나 전쟁 중에 질병을 얻으면서 십자군 원정에 대한 열의를 잃고 리처드 1세의 맹비난에도 군대를 이끌고 프랑스로 돌아갔다.

또한 이 협약에 의해서 예루살렘을 방문하는 순례자들은 기독교도 건 무슬림이건 모두 살라딘의 보호 아래에 있게 되었다. 성지에 대한 소유를 인정하는 것이지만 한편으로는 그의 개성에 가장 잘 어울리는 임무를 맡은 셈이다.

탐욕과 미덕의 절묘한 조화

살라딘은 파티마 칼리프와 장기 왕조의 유산을 모두 가로챘지만, 과거 이슬람의 위대한 군주들이 남긴 미덕까지 물려받았을 뿐 아니라 그것을 한 차원 높이 끌어올려 이상적인 이슬람 군주의 전형을 세웠다. 그는 용기, 절제, 청빈과 같은 미덕과 함께 난세를 살았던 권력자들에게는 전혀 어울리지 않는 '관용'이라는 미덕을 하나 더 추가했다.

살라딘이 본질적으로 선량한 사람이었다는 사실에 이의를 제기하기는 어렵다. 그의 주변은 항상 탄원자들로 북새통을 이루어 방석이 모두 해져 남아나지 않았다고까지 한다. 또한 탄원자들에게 이리 밀리고 저리 밀려도 사람 좋은 너털웃음만 흘렸다고 한다.

이집트 화폐 주조국이 사용한 살라딘의 공식 명칭도 '알 말리크 앗 나시르, 유수프 이븐 아이유브, 알라 가야(Al Malik ad-Nasir, Yusuf ibn Ayyub, Ala Gaya)'이다. '도움을 주는 왕, 욥의 아들 요셉, 모범이 될 만큼 고귀한 자'라는 의미이다.

그렇다고 살라딘이 선을 행한 결과로 권력을 쥘 수 있었다고 여긴 순진한 사람이었다는 말은 아니다. 그가 근본적으로 찬탈자였다는 사실은 명확하다. 그는 누레딘이 남긴 영토와 재산은 물론 여인들까지 모두 차지했다. 그를 권력의 정점에 설 수 있도록 해 준 것은 자비심이 아니라 오히려 그 반대의 속성이었다.

살라딘은 군사적 승리로 명성을 얻은 사람이다. 다른 정복 군주들처럼 그의 연대기에도 살육과 약탈이 자랑스러운 승리의 대가로 기록되어 있다. 또한 그는 심리전의 대가였다. 지하드를 주장하며 무슬림들이 프랑크 인들에게 가지고 있는 반감을 최대한 이용해 권력을 다졌다.

포로의 처형은 민중들의 흥을 돋우고 적개심을 유지하기 위한 주기적인 공개 행사였다. 그 시대의 한 여행자는 낙타 등에 거꾸로 묶여 온갖 모욕을 받으며 메카로 끌려가는 프랑크 인 포로들의 모습을 기록으로 남기기도 했다. 포로들은 순례자들의 연례 행사로 모스크에서 도살되던 염소 대신 제물로 바쳐져 제단에서 목이 잘릴 운명이었다.

그렇다면 살라딘의 어떠한 면이 '관용의 군주'라는 이름을 얻게 했을까? 살라딘이 시리아를 석권하면서 누레딘의 마지막 근거지였던 알레포를 공략할 때의 일이다. 이 도시를 무력화하려면 도시의 관문이라고 할 수 있는 아자즈 성을 먼저 확보해야 했다. 아자즈는 그야말로 난공불락의 요새였다.

살라딘이 천신만고 끝에 이 요새를 함락시키자 알레포는 싸우지도 않고 항복했다. 살라딘과 장기 왕조의 대리자들 사이에서는 살라딘이 차지한 모든 점령지의 소유권을 인정하는 조약이 체결되었다. 서명이 끝나자 소년 왕 앗 살리흐의 막내 여동생이 살라딘에게 다가왔다. 열 살 남짓의 어린 소녀였다. 그녀가 사뿐사뿐 다가와 공손히 절을 하자 기분이 좋아진 살라딘이 그녀에게 물었다.

"공주께서 원하는 것이 무엇이오?"

"아자즈 성이옵니다."

이 당돌한 공주는 자신이 원하는 것을 얻었다.

또 다른 일화도 있다. 살라딘이 지하드를 선언하기 전 에메사의 총독은 시르쿠의 아들인 나시르 앗 딘Nasir ad-Din이었다. 나시르는 뛰어난 역량을 가진 인물로, 살라딘의 전폭적인 신임을 얻어 그의 딸과 결혼까지 한 사람이었다. 그런데 살라딘이 병석에 눕자 이 사촌 겸 사위는 시리아의 왕권을 노렸다.

응징은 즉각적으로 이루어졌다. 나시르는 독살된 시체로 발견되었다. 영지는 열두 살 난 아들에게 상속되었지만 재산은 모두 국고로 귀속되었다. 살라딘은 이 불운한 손자에게 지대한 관심을 가지고 많은 배려를 했다. 어느 날 그가 소년에게 어디까지 코란을 공부했느냐고

묻자 소년은 즉시 한 구절을 암송했다.

"고아들의 재산을 부당하게 삼킨 자는 자신도 배 속에 불을 삼키는 것과 같나니 이리하여 자신도 타오르는 불길에 휩싸이리라."

살라딘은 소년을 꾸짖지 않고 도리어 그의 영민함을 칭찬했다.

살라딘과 관련된 이러한 일화는 무수하게 많다. 특히 그는 사람들의 부탁을 들으면 이를 해결하지 않고는 마음이 편하지 않은 사람이었다. 누군가의 청원을 꼭 해결하기는 해야겠는데 가지고 있는 자금이 모자라자 자신이 소유하고 있던 마을 하나를 통째로 이웃의 아미르에게 팔았다는 어처구니없는 이야기도 전해진다.

그렇지만 이러한 일화들을 바탕으로 살라딘을 위대한 인물로 찬양하거나 아니면 겉 다르고 속 다른 사람이라고 비난한다면 모든 미덕의 본질에 대해서 크게 오해하고 있는 것이다. 살라딘이 특별한 것이 아니라 원래 관용이란 미덕(어쩌면 모든 미덕)의 속성이 바로 이런 것이다. 미덕이란 자신이 그것을 베풀 수 있는 능력이 있을 때만 유효한 법이며 능력이 수반되지 않는 미덕은 공허한 것이다.

사실 사람이라면 누구나 관용과 탐욕 사이에서 고민한다. 착한 바보가 될 것인가, 똑똑한 악당이 될 것인가. 살라딘이 생각하는 자비나 관용이란 남의 것을 탐하지 않는 것이 아니라 자신이 취할 수 있는 것은 모두 취한 후에 신의 뜻에 따라 최대한 너그럽고 온화한 모습으로 베푸는 것이었다.

이것이 바로 탐욕과 미덕을 절묘하게 조화시키는 방법이다. 그리고 어쩌면 이것이 유일한 해결 방법인지도 모른다. 귀중한 것을 자격이 없는 주인이 지키고 있을 때 자격이 있는 사람이 이것을 탈취하는 행위를 역사에서는 '성취'라고 부른다.

관용이나 자비와 같은 절대적인 가치들은 일단 그에 걸맞는 성취를 이룬 다음 단계에서 실천을 고려해야 하는 것이 바른 순서이다. 대부분의 찬탈자들은 베풀 의지가 없거나 있다고 해도 보통 그 때와 순서를 혼동하지만 살라딘은 목표와 과정을 너무나 잘 꿰뚫어 보고 있었다. 바로 이 점이 비범한 사람과 보통 사람의 차이점이다.

살라딘은 사자왕 리처드와 불가침조약을 체결하고 나서 바로 그다음 해 봄에 다마스쿠스에서 열병에 걸려 사망했다. 그는 다른 사람들에게는 온화하고 관대했지만 자신에게는 무척 엄격한 사람이었다. 그가 남긴 유산이라고는 고작 은화 몇 닢뿐이었다. 그에게 적대적이었던 동시대의 서구 역사가조차 "이 동방의 군주가 남긴 것이라고는 천 조각뿐이었다."라는 말로 그의 청빈함을 찬양했다.

신성로마 제국 황제

프리드리히 2세

이번 이야기의 주인공 프리드리히 2세Friedrich II[33]는 통상적인 개념에서 보면 '어진 통치자'라는 주제와는 정반대의 개성을 가진 사람인지도 모른다. 그는 유럽의 역사에서 '잔인한 통치'로 악명이 높으며, 가톨릭의 역사서에서는 유럽 역사상 최악의 폭군 중 한 사람으로 기록된다. 예컨대 그 자신이 정리한 반역자들에게 내리는 형벌의 순서는 다음과 같다.

　육신의 눈을 뽑아 버려라. 그들은 악마에 의해 내면의 눈이 멀었다.
　말꼬리에 매달아 먼지구덩이에 끌고 다녀라. 그들은 죄 없는 먼지를 모

---

33 독일 역사에는 프리드리히 2세가 두 사람 존재한다. '프리드리히 대왕'이라고 불리는 사람은 프로이센의 프리드리히 2세로, 18세기에 활약하던 개명군주이자 현재 독일 연방의 기초를 닦은 유능한 군주였다. 이 이야기의 주인공은 그보다 약 500년 전에 태어나 독일과 이탈리아를 동시에 통치했으며 후일 절대왕권 시대의 선구자격인 프리드리히 2세이다.

독했다.

산 채로 바다에 던져라. 그들은 충신들에게 독배를 권했다.

공중에 매달아라. 파렴치한 거짓을 퍼뜨려 공기를 더럽혔다.

마지막으로 불태워 버려라. 그들은 충성의 불꽃이 완전히 꺼져 버린 자들이다.

프리드리히 2세는 호엔슈타우펜 왕조 출신의 신성로마 제국 황제이다. 샤를마뉴 대제의 후손인 이 왕조는 교황청과 최악의 관계를 가지고 있었던 것으로 악명이 높다. 그들이 특별히 불경스러웠기 때문이 아니라 북부 이탈리아의 여러 도시들을 두고 교황청과 영토 분쟁을 벌였기 때문이다. 게다가 이 왕조 출신의 황제들은 강인하고 독선적인 성격으로 교황청과 타협하지 않으려고 했기 때문에 파문도 여러 번 당했고 물리적인 충돌도 끊이지 않았다. 역대 교황들은 이 왕조의 라이벌인 북부 독일의 벨프Welf 가[34]를 카드로 활용하기도 하고 남부 이탈리아에 있던 시칠리아 왕국을 부추기기도 했으며 밀라노를 주축으로 북부 이탈리아의 10개 도시들이 연합해 결성한 '롬바르드 도시연맹Lombard League'으로 대항하기도 했다.

✒ 오른손에는 독일의 왕관, 왼손에는 이탈리아의 왕관

이 왕조 출신으로 후일 독일 제3제국에 의해 통일 독일의 상징으로

---

[34] 호엔슈타우펜 왕조와 교황청의 대립은 이탈리아 도시들이 '교황당'과 '황제당'으로 나뉘어 내전을 벌이는 계기가 되었다. '교황파'를 'Guelphs'라고 하는데 이는 벨프(Welf) 왕가에서 나온 단어이며, '황제당'은 'Ghibellines'라고 부르는데 슈바비아 공작에서 출발한 호엔슈타우펜 왕조의 주성 'Waiblingen'에서 나온 말이다.

● 프리드리히 2세

떠오른 인물이 '붉은 수염Barbarossa'이라는 별명으로 불리던 정복 군주 프리드리히 1세Friedrich I이다. 잉글랜드의 리처드 1세, 프랑스의 필리프 2세와 함께 제3차 십자군을 지휘하면서 용맹을 떨치다가 목적지인 예루살렘을 눈앞에 두고 갑옷을 입은 채 강을 건너다 익사한 바로 그 사람이다.

프리드리히 1세는 자신의 이탈리아 정복 사업에 여러 번 제동을 걸었던 시칠리아 왕국과 화해하면서 자신의 장남이자 왕위 계승자인 하인리히 6세Heinrich VI를 시칠리아의 선왕 로제르 2세Roger II의 딸로 유일한 상속녀였던 콘스탄체Constancs of Sicily[35]와 결혼시켰다. 이 부부 사이에서 태어난 유일한 아이가 바로 프리드리히 2세이다.

프리드리히는 탄생에 대한 이야기부터 전설로 전해 내려온다. 프리드리히를 임신했을 때 콘스탄체의 나이는 마흔 살이었다. 당시에는 이 나이의 여성이 임신하는 것은 불가능하다고 여겨졌고, 그녀가 하인리히의 아이가 아니라 악마의 아이를 가졌다는 소문이 돌았다. 때문에 콘스탄체는 왕궁이 아니라 이탈리아의 동해안에 위치한 도시 레시Lesi의 광장 가운데 장막을 치고 아이를 낳았다.

1194년 크리스마스, 레시의 주민들이 환호하는 가운데 건강한 사내아이가 태어났다. 태어날 때부터 오른손에는 독일의 왕관을, 왼손에는 이탈리아의 왕관을 쥐고 있는 아이였다. 하인리히는 이 아이에게 할아버지 붉은 수염의 이름을 그대로 붙였다.

교황의 입장에서는 불길하기 짝이 없는 아이였다. 프리드리히는

---

35 하인리히와 결혼할 때 콘스탄체의 나이가 서른 살이었다. 당시 왕족들의 관행으로는 특이한 경우였는데, 이에 대해 콘스탄체가 원래 수녀로 생활하다가 남자 후계자들이 모두 일찍 죽자 환속했다는 주장과 그녀의 용모가 매우 추악했다는 주장이 있었지만 연구 결과 모두 사실이 아님이 밝혀졌다. 당시의 서신과 초상화를 살펴본 바 그녀의 용모는 준수했으며 수녀원에 들어간 적도 없었다. 현재로서는 그녀가 늦게까지 결혼을 하지 않은 이유를 알 수 없다.

한 살 때 독일의 선거후들에게 '독일 왕국King of German'의 왕으로 선출되었으며, 어머니는 시칠리아 왕국의 여왕이었다. 남은 것은 신성로마 제국 황제의 칭호뿐이었다. 이름만 들어도 섬뜩한 호엔슈타우펜 왕가가 남과 북 양쪽에서 교황령을 위협하게 된 것이다.

축복만 가득할 것 같았던 탄생이었지만 프리드리히는 일찌감치 시련을 맞이했다. 세 살 때 아버지 하인리히를, 여섯 살 때 어머니 콘스탄체를 잃은 것이다. 이렇게 되자 교황 인노첸시오 3세Innocentius III가 후견인을 자처하고 나섰다. 신성로마 제국의 황제 자리는 벨프 가의 오토 4세Otto IV of Bruswick에게 넘어갔다.

프리드리히는 주로 시칠리아의 팔레르모에 머물렀다. 열네 살 때 그는 교황의 후견을 마치고 일단 시칠리아의 왕으로 즉위했지만 오토가 장악하고 있던 독일에는 접근할 수도 없었다. 교황이 오토를 황제로 선택했던 이유는 그가 그리 뛰어난 통치자가 아니었기 때문이다. 그렇지만 능력이 모자란다고 해서 야심까지 없는 것은 아니었다.

1210년에 오토는 시칠리아 왕국에 속해 있는 칼라브리아와 아풀리아 공작령[36]을 요구하면서 로마로 진군했다. 교황은 격분해서 오토를 파문했으나 그는 아랑곳하지 않고 시칠리아 왕국을 향해 계속 남하했다. 그러자 독일의 제후들이 등을 돌렸다. 제후들은 이듬해 뉘른베르크에 모여서 파문당한 오토 대신 열다섯 살의 프리드리히를 왕으로 선출했다.

프리드리히는 소수의 측근들만 대동한 채 할아버지 시대부터 숙적인 롬바르드 도시연맹의 한가운데를 돌파했고, 1212년 9월 남부 독일의 관문인 콘스탄츠[37] 시에 도착해 시민들의 열렬한 환영을 받았다.

36 장화 모양의 이탈리아 반도에서 장화의 뒷굽 부분이 아풀리아, 장화의 앞굽이 칼라브리아이다.
37 독일 연방의 최남단에 있는 도시로 라인 강이 만들어 낸 보덴 호수변에 위치하고 있다.

이때 오토 역시 콘스탄츠를 향해 가고 있었지만 세 시간 늦게 도착했다. 콘스탄츠의 시민들은 성문을 굳게 걸어 잠갔다. 오토는 꽤 많은 병사들을 이끌고 있었지만 공성전까지 각오할 정도는 아니었기 때

● 부빈느에서 오토에게 승리한 필리프 2세

문에 눈물을 머금고 발길을 돌렸다.

프리드리히는 그해 12월에 아헨 대성당에서 즉위식을 올렸다. 그러나 공식적으로 독일의 왕이 되었다고 하지만 실질적으로는 남부 독일에서만 권위를 인정받았을 뿐 북부 독일은 오토가 지배하고 있었기 때문에 충돌은 불가피했다.

오토를 끝장낸 사람은 프리드리히가 아니라 프랑스의 필리프 2세[38]였다. 필리프는 1214년 부빈느Bouvine 전투에서 오토를 격파했다. 그는 이 전투에서 황제의 상징인 독수리 깃발을 노획하여 상당액의 기부금과 함께 프리드리히에게 보냈다. 이 전투에서 부상을 입은 오토는 재기하지 못하고 4년 후에 병사했다.

---

38 프랑스 카페(Capet) 왕조의 왕으로 제3차 십자군에 참가했으며 프랑스 역사에서는 최초로 중앙집권적인 정치 체제를 세웠던 강력한 왕이었다. 오토 4세뿐 아니라 잉글랜드의 사자왕 리처드와도 충돌했으며 프랑스 영토를 독일 쪽으로, 현재의 국경과 유사한 수준으로 확장했다.

십자군 원정과 무슬림 정책

1216년에 프리드리히의 후견인을 자처하며 비교적 좋은 관계를 유지하던 교황 인노첸시오 3세가 서거하고 호노리오 3세Honorius III가 새 교황이 되었다. 호노리오 3세는 초기에는 프리드리히와 원만한 관계를 유지했다. 1220년에 프리드리히는 교황이 축성하는 가운데 신성로마 제국 황제의 왕관을 썼다. 이때 교황은 전 세대에 무슬림에게 점령당한 예루살렘을 탈환하기 위한 십자군 원정을 조건으로 걸었다. 프리드리히는 이를 수락했는데, 사실 그가 십자군 원정을 약속한 것은 그때가 처음이 아니었다. 그는 1215년 독일의 왕으로 즉위할 때에도 똑같은 약속을 한 바 있었다.

1217년에 독일에서 바바리아 공작Duke of Barbaria의 지휘 아래 출발한 제5차 십자군은 1219년에 이집트의 관문이자 카이로로 향하는 길목에 위치한 다미에타 항[39]을 점령했다. 당시 이슬람권의 실력자는 그들의 영웅 살라딘이 세운 아이유브 왕조였는데, 바로 이 왕조의 수도인 카이로를 위협하고 있는 셈이었다.

아이유브 왕조의 술탄 알 카밀Al Kamil[40]은 합리적인 사람이었다. 그는 십자군 지도부에게 예루살렘을 중심으로 라틴 왕국을 재건해 줄 테니 이집트에서 철군하라고 제안했다. 십자군은 이 제안을 거절하고 프리드리히가 도착해 결정을 내려주기만을 학수고대했다. 그러나 프리드리히는 이집트를 향해 출발할 기미조차 보이지 않았다.

---

39 다미에타는 지중해로 빠져나가는 나일 강 하구에 위치한 항구도시로 카이로와는 불과 200킬로미터 거리에 위치해 있기 때문에 고대부터 이 지역에서 가장 중요한 전략적 요충지였다.
40 알 카밀은 살라딘의 조카였으며 당시의 술탄인 알 아딜(Al Adil)의 아들이자 후계자였다. 그는 제5차 십자군이 이집트에 도착했을 때 카이로 방어 책임자였으며 1218년에 알 아딜이 죽자 그 뒤를 이어 술탄이 되었다.

황제로 즉위한 이후에
도 마찬가지였다. 그는 이
탈리아를 향해 움직이지
않고 이로부터 5년이나
더 독일에 머물면서 독일
제후들과 관계를 강화하
는 데에만 매달렸다. 기다

● 프리드리히 2세와 알 카밀의 만남

리다 지친 십자군은 1221
년에 다미에타의 요새에서 나와 카이로를 향해 진격하다 알 카밀에
게 격파되었다. 상황이 이렇게 되자 원정 실패에 대한 비난은 프리드
리히에게 집중되었다.

1227년에 새로 교황이 된 그레고리오 9세Gregorius IX는 강경론자였
다. 경건한 원칙주의자로, 이 때문에 후일 '마녀사냥'으로 불리게 될
이단에 대한 종교재판을 처음 시작한 교황이라는 불명예를 얻게 될
사람이었다. 그의 등장과 함께 그동안 드러나지 않고 있었던 호엔슈
타우펜 왕가와 교황청의 뿌리 깊은 반목이 서서히 수면 위로 떠오르
기 시작했다.

프리드리히는 일단 1227년에 함대를 구성해서 해로로 원정에 나서
긴 했지만 출발한 지 얼마 지나지 않아서 병에 걸렸다는 이유로 회항
했다. 그러자 새 교황은 십자군 원정 약속을 지키지 않았다는 이유로
프리드리히를 파문했다.[41] 프리드리히는 교황과 타협을 시도하다 뜻

---

41 프리드리히가 회항한 이유에 대해서는 여러 견해가 있다. 과거에는 그가 애당초 십자군 원정에 나설 의
사가 없었기 때문에 꾀병을 부렸다는 입장이 일방적으로 우세했지만 현재는 항해 중에 실제로 전염병이
발생했었다고 생각된다. 아무리 프리드리히가 무슬림들과 무작정 싸우려는 투지가 결여되었다 하더라도
이미 출발한 상태에서 굳이 꾀병까지 부리며 돌아올 이유는 없었기 때문이다. 그럼에도 그레고리오 9세가
그를 파문한 이유는 과거 제5차 십자군 원정 때의 태도에서부터 문제를 삼았던 것이다.

대로 되지 않자 아예 무시하기로 결정하고 바로 다음 해에 다시 원정에 나섰다.

그런데 이 원정은 시작부터 많은 논란을 불러왔다. 그 전까지 왕이나 황제가 파문을 당한 일은 많았지만 파문된 상태에서 이 문제를 해결하지 않고 십자군을 지휘했던 적은 없었기 때문이다. 이는 황제가 노골적으로 교황을 무시하고 있다는 사실을 만천하에 공개한 셈이었다.

여론이야 어찌 되었건 프리드리히는 자신의 부대와 함께 창설된 지얼마 되지 않은 튜튼 기사단Teutonic Knights[42]을 동맹군으로 끌어들여출발했다. 목적지는 성지가 아니라 키프로스 섬이었다. 제3차 십자군시절에 잉글랜드의 사자왕 리처드 1세가 비잔틴 왕실 출신의 해적 왕을 몰아내면서 성립된 키프로스 왕국은 '이벨린의 요한John of Ibelin'[43]이 통치하고 있었는데, 그는 예루살렘 왕국의 실력자이기도 했다.

이것으로 프리드리히의 원정 목적도 드러났다. 그는 성지 회복보다 예루살렘 왕국의 통치권을 차지하기 위해 대군을 이끌고 원정에나선 것이었다. 요한은 두 세대 전에 예루살렘 왕국을 통치하던 왕의미망인 마리아 콤네나Maria Komnena가 재혼을 통해서 얻은 아들이라는 명분을 내세워 섭정 자격으로 예루살렘 왕국에 대해 영향력을 행사하고 있었다. 반면 프리드리히의 두 번째 부인 욜란드Yolande는 비

---

42 1190년 예루살렘 왕국의 아크레에서 창설되었으며 유럽 지역의 주요 근거지는 현재의 이탈리아, 독일, 오스트리아, 폴란드 등에 산재되어 있었다. 검은 십자가가 그려진 흰색 외투를 입었는데 이 상징은 후일 독일 제국과 군대의 상징인 '철십자가'의 원형이 되는 등 독일 역사에 많은 영향을 끼쳤다.

43 요한은 예루살렘이 살라딘에게 함락될 때 마지막 방어 책임자였던 '발리안'의 아들이다. 예루살렘 공방전을 무대로 한 할리우드 영화 〈킹덤 오브 헤븐〉에서 올랜드 블룸이 발리안 역을 맡은 바 있다. 영화에서와 달리 발리안은 예루살렘 왕국의 상속녀인 시빌라 공주와 결혼하지 않았으며 전 왕의 미망인인 마리아 콤네나와 결혼했다. 그들의 아들인 요한은 이를 근거로 왕국에 대한 통치권을 행사하고 있었다.

록 실질적인 영토는 거의 남아 있지 않다고 하더라도 공식적으로 교황 호노리오 3세가 직접 축성하는 가운데 '예루살렘 왕국의 여왕 이사벨라 2세Isabella II of Kingdom of Jerusalem'[44]로 즉위한 이 왕국의 유일한 상속자였다. 문제는 욜란드가 몇 달 전 아들 콘라트Conrad II를 낳고 그 후유증으로 이미 사망했다는 것이었다. 권력과 연관된 문제이니만큼 프리드리히는 키프로스에 도착했을 때부터 환영받을 만한 처지가 아니었다. 일단 그는 키프로스 왕국과 예루살렘 왕국은 별개의 것이라는 사실을 명확하게 한 다음 성지를 향해 출발했다.

이벨린의 요한과의 불화는 당시 동지중해 기독교권에서 가장 큰 군사력을 가지고 있던 그로부터 군사적인 지원을 기대할 수 없다는 것을 의미했다. 교황의 파문도 문제였다. 십자군과 동행한 성직자들은 사사건건 프리드리히와 대립했으며, 성지에 주둔하고 있는 템플 기사단Knights Templar이나 구호 기사단Knights Hospitaller도 공식적으로 그를 지원할 수 없었다.[45]

그러나 사실 프리드리히에게는 군사적인 지원이 필요 없었다. 원정에 나설 때부터 그는 성지에서 전투를 벌일 의지를 전혀 가지고 있지 않았다. 그는 예루살렘 왕국의 망명 수도인 아크레에 도착하자 아이유브 왕조의 술탄 알 카밀과 전투를 벌이는 대신 협상을 시작했다. 그러나 이것은 이미 오래전부터 두 사람이 은밀하게 벌이던 막후 협

---

44 예루살렘이 함락될 무렵 이 왕국의 왕위 계승자는 3명이었다. 문둥이 왕으로 알려진 보두앵 4세와 이복여동생 시빌라(Sibylla)와 이사벨라(Isabella)였다. 보두앵 4세가 후계 문제를 명확히 하지 않고 젊은 나이에 죽으면서 왕국은 급격한 몰락의 길을 걷게 되었다. 남은 후계자들 중 언니인 시빌라 공주는 예루살렘이 함락되고 나서 얼마 지나지 않아 전염병에 걸려서 사망했으며 막내 이사벨라가 유일한 후계자로 남았다. 그녀가 남긴 외동딸이 마리아(Maria of Montferrat)이며, 마리아가 남긴 외동딸이 바로 프리드리히의 두 번째 부인인 욜란드이다.
45 제6차 십자군 원정에 템플 기사단과 구호 기사단 소속 기사들은 대부분 개인 자격으로 합류했다.

상의 연장선으로, 정치적인 제스처에 불과했다.

이 일은 프리드리히가 황제의 자리에 오른 그 무렵부터 시작되었다. 알 카밀도 막 술탄의 지위를 계승하고 나서 힘겹게 제5차 십자군을 와해시킨 직후였다. 프리드리히의 근거지인 시칠리아 왕국은 기독교도와 무슬림이 뒤섞여 있던 곳이었다. 이 섬은 서로마 제국이 멸망한 이후부터 비잔틴 제국의 영토였는데, 7세기 중반부터 무슬림들이 침공하기 시작했다. 무슬림들은 시칠리아에서 꾸준히 영역을 넓히다 965년 시칠리아에 남아 있던 기독교도들의 마지막 요새를 함락하고 시칠리아 토후국Emerate of Sicily을 성립시켰다. 이탈리아 본토의 남부 지역인 아풀리아와 칼라브리아 역시 그들의 영역으로 들어갔다.

그러자 여기에 대해서 곧바로 기독교도들의 반격이 시작되었다. 반격의 주역은 멀리 북해로부터 내려온 노르만 인들이었다. 이들은 초기에는 이탈리아 본토의 남부 도시들이 고용한 용병 자격으로 무슬림들과의 전투를 시작했다. 11세기 중엽에 불굴의 전사로 명성이 높았던 노르만의 군왕軍王 로제르 1세Roger I [46]와 700명의 기사들은 이탈리아 본토를 장악하고 나서 1061년 시칠리아의 관문인 메시나항을 점령하여 이 섬에 대한 정복을 시작했다.

로제르의 시칠리아 정복은 이로부터 30년이 소요되었으며, 아들인 로제르 2세가 이 왕국의 초대 왕으로 등극했다. 로제르 2세가 바로 프리드리히의 외할아버지이다. 이 왕국의 종교 정책은 전통적으로 대단히 관대했다. 일찌감치 로제르 1세 시절부터 관용 정책을 표방하면

---

46 원래의 작위와 이름은 시칠리아 백작 로제르 귀스카르트(Roger Guiscard, Count of Sicily). 대백작(the Great Count) 또는 'Bosso'라는 별명으로 불렸다. 사후 시칠리아 왕국의 실질적인 창업자로 간주되어 로제르 1세(Roger I)로 불렸지만 정식으로 왕위에 오르지는 않았다. 시칠리아 섬을 완전히 정복하고 나서 몰타 섬까지 장악했다.

⋮
불멸의 제왕들

서 신앙의 자유가 허용되었을 뿐 아니라 종교를 불문하고 입대까지 허용했기 때문에 그의 부대에는 갖가지 종교를 가진 병사들이 뒤섞여 있었다.

그도 그럴 것이 시칠리아는 복잡한 역사 덕분에 당시 기독교를 믿는 노르만 인과 라틴·그리스 어를 사용하면서 정교를 믿는 비잔틴의 후예들, 무슬림들인 사라센, 유대 인들이 서로 이웃으로 살아가고 있었다. 이러한 사회적 다양성으로 인한 개방성으로 지중해의 모든 지역과 활발한 교역이 이루어지면서 프리드리히의 어머니 콘스탄체가 통치하던 시절 시칠리아 왕국은 유럽에서 가장 부유한 나라로 올라섰다.

프리드리히는 이런 환경에서 성장한 사람이었다. 팔레르모에 있는 그의 왕궁은 7세기에 이슬람의 아미르가 세운 것이었다. 모스크만 헐고 성당을 새로 지었을 뿐 동방식의 하렘과 목욕탕, 도서관 등이 그대로 보존되어 있었다. 왕궁 문만 나서면 광장에는 이슬람식 바자Bazar가 서고 기독교 성가와 무슬림들의 기도 소리가 동시에 울려퍼져도 그다지 기이하게 여겨지지 않는 그런 세계였다. 그 덕분인지 프리드리히는 모두 6개의 언어를 자유자재로 구사했다. 모국어라고 할 수 있는 이탈리아 어의 시칠리아 방언, 독일어와 라틴 어, 그리스 어, 프랑스 어, 그리고 아랍 어이다.

프리드리히는 왕관을 쓰기 전부터 시칠리아 왕국에서 무슬림들을 추방하라는 교황청의 압력을 꾸준히 받았다. 황위에 오르고 얼마 지나지 않아 종교 문제로 소동이 벌어졌을 때 그는 무슬림들을 모두 추방하겠다며 큰소리를 치다가 1224년에야 공식적으로 추방령을 공포했다. 그렇지만 이 역시 일종의 트릭이었다.

그는 무슬림들을 왕국에서 추방하는 대신 이탈리아 본토로 이주시키고, 현대의 신도시 건설 계획과 똑같은 방식의 프로젝트를 구상했다. 게다가 그는 직접 거액의 투자도 했다. 그가 신도시를 건설하기로 결정한 장소는 아풀리아 공작령의 최북단에 위치한 루체라였다. 루체라는 고대 로마 제국의 중심도시 중 하나였지만 제국이 몰락할 때 롬바르드 인과 비잔틴 제국의 공격을 연이어 받아 완전히 폐허가 되었다.

600년 가까이 방치되었던 고대 도시에 최초로 2만 명의 무슬림들이 이주했으며 이슬람식 성곽과 모스크들이 건설되고 바자가 열렸다. 그가 일찌감치 케인즈식의 경제론을 깨달았는지는 확인할 수 없지만 그의 프로젝트는 뉴딜 정책만큼이나 성공적이었다. 루체라 주변은 비옥한 저지대가 넓게 펼쳐져 있어서 고대부터 농업의 중심지였다. 도시가 건설된 바로 다음 해부터 개량된 품종의 밀과 보리, 콩, 포도와 갖가지 과일, 그리고 이 도시의 특산물이 된 벌꿀이 전 유럽으로 팔려 나가기 시작했으며 도시는 부유해졌다. 루체라 시민들은 황제에게 감사하는 의미로 기마대를 조직해서 그에게 봉사하기로 했다. 프리드리히는 이들을 기꺼이 받아들여 친위대로 활용했다.

때문에 이 왕국의 군대에서 무슬림들이 복무하는 것 자체는 이상할 것이 전혀 없었다. 그러나 샤를마뉴 대제는 무슬림의 유럽 침공을 저지하면서 '기독교 세계의 구원자' 격으로 초대 신성로마 제국의 황제에 오른 인물인데, 그런 그의 후계자를 전원 무슬림으로 구성된 사라센 기마군단이 호위하는 것은 당연하지 않았다.

이 조치는 교황을 자극했으며, 멀리 이집트에 있는 아이유브 왕조의 술탄 알 카밀의 관심을 끌었다. 프리드리히가 시칠리아로 돌아온 이후 공식적인 외교 사절단을 비롯해 두 사람의 친서를 휴대한 밀사들이 빈번하게 시칠리아와 이집트를 오가기 시작했다.

프리드리히와 알 카밀은 1229년 2월에 지중해 연안의 항구도시 야파[47]에서 만나 협약을 맺었다. 이들은 제3차 십자군 원정 당시 잉글랜드의 리처드 1세와 살라딘이 맺은 협약에 의해 남아 있던 아크레[48], 야파 등의 지중해 연안도시들과 함께 원정의 목표였던 예루살렘과 예수의 탄생지인 베들레헴, 시돈[49] 항을 포함하는 라틴 왕국을 재건하는 데 합의했다.

당시 알 카밀은 시리아에서 일어난 반란을 진압해야 했기 때문에 상당히 많은 양보를 했지만 몇 가지 조건을 붙였다. 이에 따라 예루살렘 안에 있는 무슬림들의 성지 바위사원Dome of Rock과 성전산Temple Mount은 계속 알 카밀이 통치하는 지역으로 남았고, 예루살렘의 성벽을 재건축해서 도시를 요새화하는 일도 금지되었다.

협약을 살펴보면 이러한 조건에도 불구하고 프리드리히와 알 카밀은 상대방을 전적으로 신뢰했던 것으로 생각된다. 비록 선언적인 성격이었다고 하더라도 서로에 대해 적대적인 행동을 하는 대상을 '공동의 적'으로 간주하고, 공동으로 대응하겠다는 의사를 명확하게 했다.[50]

야파에서 프리드리히가 알 카밀과 협약을 맺자 기독교 세계에서는 '피 흘리지 않는 십자군'에 대해 거세게 반발했다. 교황청은 이를 프

---

47 야파는 이 지역에서 인류가 최초로 건설했다고 하는 고대의 항구도시이다. 전설에 의하면 이 도시는 노아의 홍수가 끝난 지 40년 후에 착공되었다고 한다. 현재는 이스라엘의 수도 텔아비브의 일부분이다.

48 아크레 역시 고대부터 존재했던 항구도시이다. 예루살렘이 살라딘에게 함락되고 난 이후 예루살렘 왕국의 수도였다. 현재는 이스라엘 하이파 항의 북단에 해당한다.

49 시돈 항구는 '고기잡이'라는 의미를 가지고 있으며 현재 레바논에서 세 번째로 큰 도시이다. 고대 페니키아 인들의 거대 무역항 티레와 레바논의 현재 수도 베이루트의 딱 중간에 위치하고 있다.

50 프리드리히에 대한 반발은 예루살렘에서부터 시작되었다. 그곳의 영주들은 그를 인정하지 않았으며 알 카밀에게 서한을 보내 황제를 공격할 계획이라며 지원을 요청하는 사람들도 있었다. 알 카밀은 이런 서한을 프리드리히에게 보냈다. 즉위식 때도 왕국의 대주교는 그에게 왕관을 씌워 주기를 거부했다.

리드리히를 고립시킬 절호의 기회로 삼았다. 알 카밀의 경우도 마찬가지였다. 이슬람 세계 역시 그를 맹비난했으며 알 카밀은 협약에 반발해 군사행동을 시작한 셀주크튀르크의 술탄과 전쟁에 돌입해야만 했다.

교황과의 대립과 내분

프리드리히는 1229년 3월 예루살렘에서 예루살렘 왕국의 국왕으로 즉위하고 곧바로 대리인을 임명하고 귀국하여 6월에 시칠리아 섬으로 돌아왔다. 그가 기독교 세계의 염원이었던 성지를 회복한 것은 부인할 수 없는 사실이었지만, 그를 기다리고 있는 것은 산발적으로 일어나는 반란과 이탈리아 본토 깊숙이 진격해 온 교황의 군대였다. 더욱이 교황군의 지휘관은 프리드리히의 장인이었다.[51]

프리드리히는 격노했다. 그는 사라센 군대에게 반란을 일으킨 가에타를 공격하라는 명령서를 하달했다. 일종의 본보기였다.

도착하면 지체 없이 가에타의 과수원과 포도밭을 짓밟아라. 밤낮으로 투석기와 석궁을 쏘아 도시를 점령하라. 도시를 점령하면 귀족 남자들은 눈을 멀게 하고 코를 자르고 나서 발가벗긴 채 추방하라. 여자들은

---

[51] 교황의 군대를 지휘한 사람은 죽은 황후 욜란드의 친아버지인 존(John of Brienne)이었다. 위대한 전사로 널리 알려져 있던 그는 욜란드의 어머니 마리아와 결혼해 예루살렘 왕국의 왕이라는 직위를 얻었으나 마리아가 죽은 후 아르메니아 왕국의 공주와 재혼했다. 그러자 프리드리히는 1225년에 그의 직위를 박탈했다. 이때 교황이 이례적으로 직접 병사들을 모아 프리드리히의 영토를 침공할 정도로 강경한 입장을 표명했던 이유는 당시 교회 내에서 개혁파에 속하는 성직자들이 협상을 통해 예루살렘 왕국을 재건한 프리드리히의 입장을 지지하고 있었기 때문이었다.

치욕을 느끼도록 코를 자르고 나서 추방하라. 소년들은 고환을 자르고 난 다음 도시에 그대로 머물게 하라. 교회와 사제관만은 그대로 보존하되 성과 집과 탑은 모조리 파괴하라. 그곳에 그와 같은 징벌이 내렸다는 소식을 방방곡곡에 퍼지게 하라. 배신자들을 뼛속까지 전율케 하라!

프리드리히는 전투가 아니라 협상을 통해서 옛 왕국을 재건했지만, 그렇다고 해서 용기나 투지가 모자란 사람도 아니었고 군사적 능력이 결여된 사람도 아니었다. 다음 해까지 프리드리히는 반란을 일으키거나 점령되었던 영토를 거의 회복하고 교황령을 향해서 진격하기 시작했다. 그러자 교황은 협상을 제안해 왔다. 1230년 여름에 프리드리히가 시칠리아 교회에서 자신이 지은 죄를 고백하자 교황 그레고리오 9세가 그에게 내렸던 파문을 취소하는 형식이었다.

이것으로 일단 그의 영토 내에서 그에 대해 군사행동을 할 명분은 사라졌지만 사태는 이 정도로 진정되지 않았다. 다음 문제는 그의 독일 영토에서 발생했다. 이 사건은 그에게 심각한 정신적 타격을 주었다. 그에게 반기를 든 영주들 중에 장남인 하인리히Heinrich XII가 포함되어 있었던 것이었다. 하인리히는 프리드리히가 첫 부인인 아라곤의 왕녀 콘스탄체에게서 낳은 유일한 혈육이었다.

그동안 프리드리히는 독일의 영주들에게 화폐 발행권과 입법권을 양보하는 등 일련의 조치를 취해 전폭적인 지지를 얻었지만 '독일의 왕'으로 봉해졌던 하인리히는 교황의 사주를 받은 측근들의 의견을 따라 번번이 아버지의 조치에 역행하면서 마찰을 일으켰다. 1232년 일단 아버지를 만나 용서를 구하면서 복종을 맹세했던 하인리히가 다시 문제를 일으키자 프리드리히는 1234년에 하인리히를 폐위시키고 그의 동생 콘라트를 새로운 독일의 왕으로 임명했다.

다음 해 프리드리히는 병사들을 대동하지 않고 단신으로 독일에 들어가 영주들을 재규합했으며, 브룬스빅 – 뤼네부르크Brunswick-Lüneburg 공작령을 새로 세워 할아버지가 벨프 가로부터 빼앗은 옛 영지를 그들에게 돌려주면서 두 왕가 사이의 오랜 반목을 해소하고 화해했다. 그렇지만 그는 죽는 순간까지 큰아들 하인리히만은 용서하지 않았다.[52]

독일의 상황은 일단 진정되었지만 호엔슈타우펜 왕가의 오랜 숙적인 롬바르드 도시동맹은 여전히 가장 골치 아픈 문제로 남아 있었다. 이 북부 이탈리아의 도시들은 '황제당Ghibellines'과 '교황당Guelphs'으로 분열해 서로 반목하기 시작했으며, 이러한 혼란의 배후에는 물론 교황이 있었다.

1241년에 교황 그레고리오 9세가 죽자 프리드리히는 일말의 기대감을 가졌다. 그는 교황청을 압박해 자기 사람인 첼레스티노 4세Celestinus IV를 교황으로 세웠으나 새 교황은 겨우 한 달 남짓 만에 사망했다. 추기경들은 그 후 1년 반이 넘게 교황을 선출하지 못하다 1243년 여름에야 밀라노 출신인 40대 초반의 인노첸시오 4세Innocentius IV를 새 교황으로 선출했다.

프리드리히의 기대와는 달리 인노첸시오 4세는 전임자보다 훨씬 더 지독한 상대였다. 프리드리히가 로마를 향해 진군하자 인노첸시오 4세는 로마를 탈출해 리옹으로 피신한 후 프랑스의 루이 9세Louis IX[53]에게 보호를 요청했다. 그는 리옹에서 공의회를 소집해서 프리드

---

52 후일 하인리히의 사체를 부검한 결과 그가 한센씨 병에 걸려 있었다는 사실이 밝혀졌다. 당시 사람들은 이 병을 자신이 지은 죄악에 대해 신이 내리는 형벌로 생각했다. 프리드리히가 그를 용서하지 않았던 이유 역시 같은 것이었다고 추측된다.

53 프랑스 카페 왕조 최고의 현군이었으며 별명은 성 루이(Saint Louis)이다. 오랜 세월 전쟁을 치른 잉글랜드와 평화 협상을 성사시켰으며, 개혁적인 행정으로 왕조의 부흥기를 가져왔다. 제7차 십자군을 지휘해

리히를 폐위한다고 선언했다. '바빌론의 술탄'의 친구라는 이유였다.

교황의 선언이 프리드리히의 지위를 당장 위협하는 것은 아니었지만 많은 야심가들을 자극한 것만은 분명했다. 인노첸시오 4세는 단지 선언으로 그친 것이 아니라 황제에게 반기를 든 독일 영주들에게 군

● 인노첸시오 4세

자금을 보내고 다른 사람을 황제로 임명하기도 했다. 그러나 독일에서의 성과는 그리 좋지 않았다. 그렇지만 이탈리아에서는 롬바르드 도시연맹과 교황령 인근의 도시들 대부분이 이를 독립의 기회로 활용하고자 했다.

황제와 교황의 대립으로 10년 넘게 북부 이탈리아와 교황령 부근은 참혹한 전쟁터가 되었다. 프리드리히는 강경 일변도로 대응했다. 그의 기준으로 '반역'을 일으킨 여러 도시를 파괴하고 교황에게 충성스러운 성직자들을 투옥해서 고문한 다음 자신의 독창적인 처형 순서에 따라 목을 매달거나 산 채로 불태웠고, 교회 재산도 압류했다.

이집트에 상륙해서 다미에타를 점령했으나 나일 강의 대홍수로 타격을 입고 자신은 포로가 되어 거액의 배상금을 물고 석방되었다.

개혁 군주로서의 면모

그의 시대부터 수백 년 동안 유럽의 역사가들은 프리드리히에 대해 평가하는 데 애를 먹어 왔다. 동시대의 사람들은 그를 '세계의 혼미 Stupor Mundi'라고 불렀다. 그는 당대에 그만큼 이질적인 존재였다. 그가 자기 나름대로는 진지한 신앙심을 가지고 있었다는 사실은 의심의 여지가 없지만, 가끔 그는 예수와 무함마드를 싸잡아 우매한 사람들을 속여먹은 사기꾼들이라고 비난하곤 했다.

그는 근본적으로 맹목적인 신앙보다는 논리와 이성을 중요하게 생각하는 사람이었다. 이러한 특성은 과학과 지식에 대한 무한한 열정으로 나타났다. 유대 인이나 사라센 인을 가리지 않고 학자들을 고용해서 고대 그리스의 과학 서적들을 번역하도록 했다. 그가 흥미를 가졌던 과학 분야는 대수학, 기하학, 천문학, 생물학 등 다양하다. 그의 취향을 잘 알게 된 술탄 알 카밀은 그에게 천문이나 과학 실험도구들을 자주 선물했다.

그 자신이 뛰어난 수학자였기 때문인지 동시대의 수학자들과 퀴즈를 주고받으며 이를 과시하기도 했다. 수학, 특히 기하학에 대한 조예는 그가 아풀리아 지역의 해발 500미터 언덕 위에 지은 델 몬테 성[54]에서 그 단면을 엿볼 수 있다. 이 성은 위치로 보나 생김새로 보나 군사 요새의 용도로 적합하지만 해자도 없고 들어올릴 수 있는 다리도 없으며 군사 요새로 활용된 적도 없다.

정확한 정팔각형의 평면에 8개의 거대한 팔각기둥을 벽면으로 연결해 세운 이 성은 주거, 군사, 감옥 등 어느 용도로든 사용하기에 불

---

54 델 몬테 성(Castel del Monte)이라는 이름 자체가 그저 '산 위에 지어진 성'이라는 뜻이다. 이탈리아 아풀리아 카운티에 속하며 포도주 산지로 이름 높은 안드리아에 위치하고 있다.

● 아들 콘라트와 함께 사냥에 나선 프리드리히 2세 시, 수학, 자연과학 등 다방면에 뛰어난 자질을 가지고 있던 프리드리히 2세는 취미인 사냥을 하면서도 조류를 관찰하여 인류 최초의 조류도감이라 할 수 있는 《새와 함께 사냥하는 기술》을 남겼다.

편하다. 이 성은 특정한 용도로 사용하기 위해서가 아니라 단지 정교한 기하학적인 구조 그 자체를 위해서 지은 불가사의한 성이다.

프리드리히는 문화도 적극적으로 후원했으며, 고대 그리스 철학자처럼 스스로 다양한 분야를 섭렵하는 문화인이 되고자 했다. 비록 그의 시 대부분이 여자를 유혹하기 위한 수단으로 쓰이기는 했지만 실제로 그는 시인이었으며 화가였다.

그의 취미는 사냥이었는데 사냥하면서도 조류를 세밀하게 관찰해서《새와 함께 사냥하는 기술De Arte Venandi cum Avibus》이라는 명저를 남겼다. 이 책은 인류 최초의 조류도감이라고 할 수 있는데 서문에서 그는 아리스토텔레스가 주장한 바에 따라 '관찰'과 '실험'을 통해서 이 책을 썼다고 자랑스럽게 밝히고 있다.

그의 현실적이고 실용적인 사고는 시칠리아 왕국에 법치주의를 세우는 데 결정적인 역할을 했다. 그는 1140년에 할아버지 로제르 2세가 시작한 법률 개혁을 거의 한 세기 만에 마무리했다.[55] 시칠리아 왕국의 법 체계는 19세기에 나폴레옹이 이 섬을 접수할 때까지도 큰 틀에서는 개정 없이 유지되었으며 다른 유럽 국가의 법 체계에도 많은 영향을 미쳤다.

유럽에서 가장 역사가 오랜 대학교 역시 그의 작품이었다. 그는 1224년에 나폴리에 유럽 최초의 대학교를 세웠는데, 현재의 나폴리 페데리코 2세 대학교이다. 세워질 때부터 13개의 학과가 있는 종합대학교였으며 대표적으로 중세 유럽 신학의 최고봉으로 여겨지는 토마스 아퀴나스Thomas Aquinas가 바로 이곳 출신이다.

[55] 세계 최초로 의약분업을 실시한 사람도 바로 프리드리히 2세였다. 그는 의사와 약사의 역할을 구분해서 의사의 처방 없는 의약품을 판매하지 못하도록 법률로 규정했다. 현대의 의약분업과 똑같은 맥락이었다.

악명

같은 시대의 사람들과는 다른 프리드리히의 성향이 항상 긍정적인 방향으로만 결과를 낸 것은 아니었다. 그는 당대 지배 계급에 당연히 요구되던 종교적인 경건함이 절대적으로 결여되어 있었으며, 통치자의 미덕 중 하나인 금욕주의를 철저하게 부정한 사람이었다. 이러한 개성은 교황과 대립할 때마다 항상 결정적으로 불리하게 작용했다.

당시 그의 왕궁을 방문했던 유럽 인들은 저녁마다 악사들이 이국적인 음악을 연주하고 아름다운 사라센 소녀들이 춤을 추는 가운데 황제의 하렘에서 벌어지는 광란의 파티에 경악했다. 그래서인지 몰라도 그들은 한여름 밤 무더운 시칠리아의 열기와 파티의 열기를 식히기 위해 황제가 사라센 인 궁정 마법사들에게 소나기를 부르라고 명령하곤 했다는 기록을 남겨 놓았다.

그 시대의 다른 왕족이나 귀족 들 역시 대부분 가정적인 사람들이 아니었지만 최소한 부적절한 관계 자체를 죄악으로 생각했으며 대외적으로는 이를 감추려고 부단히 노력하는 것이 정상이었다. 그러나 프리드리히는 공공연하게 애정행각을 벌였는데, 그중에는 그의 유혹에 넘어가 수녀원에서 도망나온 수녀까지 포함되어 있었다. 그는 부적절한 관계를 통해서 태어난 자식들도 공평하게 대우해 아들은 공직에 임명해서 중요한 임무를 맡기고 딸은 명문가로 시집보냈다.

진한 초록색 눈동자를 제외한다면 프리드리히의 용모는 그리 탁월한 편이 아니었다. 대머리이기까지 했지만 여자를 유혹하는 기술에는 일가견이 있었다. 그는 정식 결혼만 4번을 했다. 그에게 500명의 아라곤 기사를 데려다 준 첫 번째 부인 콘스탄체는 연상이었다. 결혼할 당시 프리드리히는 열네 살, 콘스탄체는 스물다섯 살이었는데 두 사람 모두 행복했으나 콘스탄체가 비운의 황태자 하인리히를 낳고 얼마 지나지 않아 전염병에 걸려 사망하면서 끝났다. 두 번째 부인인 예루살렘 왕국의 여왕 욜란드는 열세 살 때 서른한 살의 프리드리히와 결혼했다. 그녀는 허니문에 임신을 해 후일 프리드리히의 뒤를 이은 콘라트 4세Conrad IV를 낳았으나 출산 후 회복하지 못하고 사망했다. 세 번째 부인 이사벨라Isabella of England는 잉글랜드 헨리 3세 Henry III[56]의 여동생으로 대단한 미인이었다. 그녀는 모두 다섯 아이를 낳았는데 딸 마거릿 하나만 부모들보다 오래 살았다. 마거릿은 결혼 6년 만에 사망했다.

네 번째 부인인 비앙카 란시아Bianca Lancia는 이탈리아 명문가 출신으로, 학자에 따라서는 정식 부인으로 인정하지 않기도 한다.[57] 프리드리히보다 열 살 혹은 열다섯 살 정도 어린 그녀는 십대 시절부터 프리드리히와 줄곧 내연의 관계만 유지하다 이사벨라가 죽고 나서 부인 역할을 했지만 정식으로 직위를 받지는 못했다.

비앙카 이외에도 자식을 낳음으로써 역사서에 기록된 여인들만 8명인데, 그 외에 얼마나 많은 여인들이 프리드리히의 주변에 있었는지는 알 수 없다. 또한 그들과의 교제 기간을 살펴보면 프리드리히가 항상 서너 명 이상의 여인들을 동시에 만났음을 알 수 있다.

이러한 화려한 애정행각은 공공연히 알려져 있었으며, 교황들이 그를 공격하는 좋은 단서가 되었다. 그들은 프리드리히의 부인들이 죽을 때마다 독살설을 퍼뜨렸으며, 말도 많고 탈도 많았던 제6차 십자

---

56 헨리 3세는 사자왕 리처드 1세의 조카이다. 그는 잉글랜드를 56년 동안 통치하면서 아버지 존이 만든 혼란을 수습했다.
57 프리드리히는 임종 직전에 비앙카와 결혼했다. 그녀는 1남 2녀를 낳았으며 아들 만프레드(Manfred)는 후일 시칠리아의 왕이 되었다.

군 원정 때에는 술탄의 딸에게서 예루살렘 왕국의 후계자를 생산했다는 소문을 내기까지 했다. 여자관계를 숨기지 않는 그였기에 이러한 소문이 돌 때마다 황제로서의 명성에 타격을 입었다.

호엔슈타우펜 왕가 출신다운 강인한 성격과 엄정함, 고집과 같은 인격적인 요소들이 복합적으로 작용해서 나타난 잔인성이 프리드리히 2세에게 폭군의 모습을 갖도록 했다. 이러한 면은 장기적으로 교황과 대립하면서 점차 마이너스 요인으로 작용했다. 사실 상대 도시를 파괴하고 이른바 '반역자'들을 처단하는 일은 증오심에 가득 찬 상호 간의 보복행위였으므로 초기에는 황제의 영향력에 큰 손상을 끼치지 않았다.

그러나 프리드리히의 일관성이 문제였다. 그가 장기간 잔인한 처사를 행하자 사람들은 점차 그에게서 등을 돌렸다. 초기에 일방적으로 우세하던 전세는 서서히 불리해지면서 마지막에는 점차 서로 밀고 밀리는 백중세가 유지되었으며, 친구나 측근 중에서도 그를 배신하는 사람들이 생겨나기 시작했다.

배신자들 중에서도 이탈리아 인 피에트로Pietro della Vigna는 프리드리히에게 정서적으로 심각한 타격을 주었다. 피에트로는 친구이자 가장 신임받는 신하이기도 했다. 그는 오랫동안 프리드리히를 곁에서 보필해 온 법학자이자 시인이었다. 언제나 프리드리히의 왕국에서 가장 어려운 임무였던 교황청과의 외교를 도맡아 처리했으며 거의 불가능하게 생각되었던 잉글랜드의 이사벨라와의 세 번째 결혼을 성사시키기까지 했다.

그렇지만 아무리 개인적으로 친밀한 사이라고 해도 당시의 전형적인 법학자답게 경건한 신앙심으로 무장한 바른 생활 사나이 피에트로에게 프리드리히는 너무나 이단적인 존재였을 것이다. 결국 그는 프리드리히를 독살하려는 음모에 가담했고, 그가 반역행위를 했다는 명백한 증거가 드러나자 황제는 눈물을 흘렸다.

피에트로 역시 다른 반역자와 마찬가지로 두 눈이 먼 상태에서 쇠사슬에 묶여 피사의 감옥에 수감되었다. 이때 그는 황제의 방문을 받았고, 황제가 다녀간 후 뇌수가 튀어나올 때까지 돌바닥에 머리를 찧어 자살했다.

이런저런 일들로 인해서 프리드리히는 말년에 자포자기 상태에 빠졌다. 정사는 거의 돌보지 않고 전투에는 아예 참가하지도 않으면서 오직 취미인 사냥에만 매달렸다. 1250년 겨울에 프리드리히는 회복이 불가능한 중상을 입었다. 포도주에 취한 채 사냥을 하다 말에서 떨어져 부상을 입은 것이었다.

자신의 운명이 끝나가고 있다는 사실을 안 프리드리히는 침대에 누운 채 오랜 연인이었던 비앙카 란시아와 혼배미사를 올리고 나서 편안하게 눈을 감았다. 그의 사망 소식이 전해지자 교황 인노첸시오 4세는 종교인답지 않은 기록을 남겼다.

> 하늘에 환호성이 들리고 대지는 기쁨으로 들떴다. 미친듯한 폭풍우가 온화한 봄바람으로 바뀌었다. 신의 교회를 혼돈 속으로 몰아넣은 바로 그 사람이 죽었다!

황제의 유언은 자신을 관에 넣을 때 시토 수도회Order of Cistercians[58]

---

[58] 시토 수도회는 성 베네딕트 수도회의 계열로 베네딕트 수도회의 창시자인 성 베네딕트(St. Benedictus)가 정한 수도의 원칙인 '기도와 노동(Pray and Work)'을 가장 엄격하게 해석하는 수도회이다. 1098년에 창설되었으며 수녀원은 1120년에 세워졌다.

의 수도복을 입혀 달라는 것이었다. 시토 수도회는 흔히 '백의의 수도 사White Monks'로 알려져 있는데, 십일조나 기부금과 같은 교회를 통한 모든 수입을 거부하고 오직 자신의 노동으로 얻는 수입만으로 철저하게 은둔 생활을 한다.

프리드리히 2세가 죽고 나서 그의 업적들은 빠르게 해체되었다. 그가 재건했던 예루살렘 왕국은 아마도 당시의 세계에서는 그를 유일하게 이해했을 술탄 알 카밀이 1238년에 사망하자 곧바로 무슬림들의 공격을 받았으며, 약 3년 정도 버티다 1241년에 예루살렘이 재정복되면서 소멸했다.

예루살렘만이 아니라 거대했던 그의 제국 자체도 해체 대상이었다. 교황 인노첸시오 4세는 프리드리히의 후계자인 콘라트 4세에게 신성로마 제국 황제의 왕관을 씌워 주는 것을 거부하고 오토의 후손인 홀랜드 백작 빌헬름 2세Wilhelm II, Count of Holland를 대립황제로 세웠다. 이는 결국 긴 독일의 내전으로 이어져 20년간 제위가 공백 상태로 지속되는 '대공위 시대'를 맞이하게 된다.

콘라트는 독일에서 빌헬름 2세를 격파하고 나폴리 공작령을 정복하는 등 상당한 역량을 과시하면서 위세를 높였지만 아버지가 죽은 지 불과 4년 후에 말라리아에 걸려 사망했다. 그의 유일한 혈육인 '작은 콘라트' 콘라딘(Conradin, Conrad V)은 내전 중에 포로가 되어 1268년에 열여섯의 나이로 참수당함으로써 호엔슈타우펜 왕조의 적통은 끊어졌다.

강력한 왕조가 사라진 풍요로운 시칠리아 왕국은 인노첸시오의 후계자들과 유럽의 여러 실력자들의 각축장이 되고 말았다. 대략 40년 정도의 혼란기를 거쳐 왕국은 둘로 분할되어 시칠리아 섬은 스페인 아라곤 왕국이, 이탈리아 남부는 나폴리 왕국이 차지했다.

● 처형 소식을 전해듣는 콘라딘

가장 비참한 최후를 맞은 곳은 프리드리히가 세운 무슬림들의 도시 루체라였다. 이 도시는 75년 동안 번성했지만 1300년에 나폴리 왕국의 공격을 받아 함락되었다. 주민들은 대부분 학살되거나 추방되었으며, 기독교로 개종한 소수의 사람들만 거주가 허락되었지만 노예와 같은 상태를 벗어나지 못했다. 모스크는 모두 허물어졌으며 그 자리에는 성당이 들어섰다.

어느 시대, 어느 사회건 사람들은 항상 통치자의 '비전'을 원한다. 그런데 이때의 문제점이 장기적인 관점에서 보자면 사회가 '바라는 것'과 그 사회에 '바람직한 것'이 언제나 일치하지는 않는다는 사실이다. 프리드리히는 이런 경우 통치자가 취해야 할 태도는 어떤 것인가 하는 질문을 던진다.

프리드리히는 그가 속한 사회의 절대적인 시대정신인 '경건함'이나 '신앙심'이 결여되어 있었고 성격적인 결함도 많았기 때문에 그의 시대에는 당연히 '악의 축'으로 몰릴 수밖에 없었다. 좋은 전쟁보다 나쁜 평화가 사람들에게 항상 더 바람직하다고 할 수는 없지만 당시 기독교 세계와 이슬람 세계는 자신과 생각이 다르다는 이유만으로 사람을 죽이는 것이 미덕이라고 생각하던 상황이었다.

상대에 대한 증오심과 적개심에 가득 차 있었던 두 세계에서 프리드리히가 파트너인 알 카밀과 함께 제시하고자 했던 메시지는 신에 대한 믿음보다는 인간에 대한 믿음이 우선하며, 사고하는 인간이라면 언제나 화해와 타협이 가능하다는 사실이었다.

만약에 그가 현대의 정치 지도자였다면 당시보다는 훨씬 더 광범위한 지지를 받았을 것이다. 더욱이 그가 가지고 있던 종교에 대한 불경스러움, 과학과 지식에 대한 갈증, 약간의 경박함과 바람기, 오만무도한 태도와 같은 것은 미디어를 통해서 화려하게 포장되어 인간적인 약점이 아니라 오히려 인간적인 매력으로 부각되었을지도 모른다. 이러한 관점에서 신성로마 제국의 황제 프리드리히 2세는 지나치게 일찍 태어난 현대인이었다고 할 수 있다.

2

정의

모호하고 변덕스러운 여신

민순의 영웅 **주원장** | 혁명의 사생아 **나폴레옹 보나파르트** |
붉은 차르 **블라디미르 레닌**

...자 옳을 '의'는 '양'과 나를 의미하는 '아', 두 글자를 합쳐서 만든 것이다. 여기에서 양은 하늘에 제사...
...지낼 때 바치던 제물을 말한다. 그래서 이 글자는 하늘에 제를 올리는 의식을 치르면서 하늘과 내가...
...치되는 경건한 상태를 표현하는 것이었다. 따라서 '의'는 하늘의 뜻과 일치하는 올바른 가치관을 의...
...한다.

...와 가장 근접한 서양의 가치 개념은 정의를 의미하는 'Justice'이다. 서양에서는 이를 양 눈을 가리고...
... 손에는 저울을, 다른 손에는 칼을 들고 있는 여신의 모습으로 인격화하면서 이 가치 자체를 신의 영...
...으로 귀속시켰다. 이는 정의라는 미덕 자체가 인간이 노력해서 실현하기에는 불가능하다는 전제를...
...지고 논의를 시작한다는 의미이다.

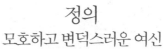

정의
모호하고 변덕스러운 여신

한자 옳을 '의義'는 '양¥'과 나를 의미하는 '아我', 두 글자를 합쳐서 만든 것이다. 여기에서 양은 하늘에 제사를 지낼 때 바치던 제물을 말한다. 그래서 이 글자는 하늘에 제를 올리는 의식을 치르면서 하늘과 내가 일치되는 경건한 상태를 표현하는 것이었다. 따라서 '의'는 하늘의 뜻과 일치하는 올바른 가치관을 의미한다.

'의'와 가장 근접한 서양의 가치 개념은 정의를 의미하는 'Justice'이다. 서양에서는 이를 양 눈을 가리고 한 손에는 저울을, 다른 손에는 칼을 들고 있는 여신의 모습으로 인격화하면서 이 가치 자체를 신의 영역으로 귀속시켰다. 이는 정의라는 미덕 자체가 인간이 노력해서 실현하기에는 불가능하다는 전제를 가지고 논의를 시작한다는 의미이다.

따라서 서양의 철학자들은 본질적으로 정의가 무엇인가 하는 문제는 그저 '보편적으로 옳은 것' 정도로 애매하게 정의해 두고 그것을 집행하는 과정에 초점을 맞추었다. 플라톤은 정의의 본질을 '조화

Harmony'로 파악했고, 아리스토텔레스는 '평등Equivalence'으로 파악했다.

● 의와 이

흔히 인仁, 의義, 예禮, 지智, 신信은 오상五常이라고 불린다. 이 중에서 유독 '의'만은 다른 것과 달리 불확실성, 모호성 혹은 상대적 가치라는 특징을 가지고 있다. 의나 정의正義를 실현하기 위해서는 먼저 '진정한 하늘의 뜻'을 아는 것이 전제 조건인데, 보통의 인간은 이 진정한 하늘의 뜻을 알기가 대단히 어렵다는 근본적인 문제가 있기 때문이다.

경건한 고대인들이 하늘에 제사를 지내면서 정성스럽게 제물을 바치고 경건하게 하늘의 뜻을 물었을 때 어쩌면 하늘은 정말로 그 답을 알려 주었을지도 모른다. 하지만 이 경우에도 커뮤니케이션의 오류라는 문제가 발생한다. 개인이 답을 받은 '하늘의 뜻'은 전적으로 개인적인 커뮤니케이션의 결과로, 이에 대한 해석은 각자의 주관적인 가치 기준에 따라 달라질 수밖에 없다.

'의'라는 가치 자체가 근본적으로 옳고 그름에 대한 판단을 전제로 하는 것이니만큼 이러한 모호성은 대단히 심각한 문제였다. 동양의 철학자들은 이 문제를 오래전부터 인지하고 있었다. 그래서 보편적인 가치에 대한 절대적인 기준을 세우고자 노력했던 맹자는 '의'를 개인적인 이해관계를 의미하는 '이利'에 대한 상대적인 개념으로 파악하고, 하늘의 마음인 '천심天心'을 '의'의 기준으로 제시했다.

사실 최근에 사람들은 자주 정의를 외치지만 많은 경우 그들이 주장하는 바는 진정한 '의'가 아니라 '이'인 경우가 많다. 개인적이거나 집단적인 이해관계를 정의라고 착각하거나 잘 알고 있으면서도 억지 논리로 자기정당화를 시도하고 있는 것이다. 이때 자신이 얻어야 정당하다고 생각하는 이익과 하늘이 옳고 그름을 결정하는 진실한 정의를 구분하지 않는다.

사실 맹자도 천심의 존재만을 주장했을 뿐 이에 대해 명확한 개념을 제시하지는 않았다. 그는 '민심民心이 바로 천심'이라는 사회적 보편성을 기준으로 제시했는데 사회적인 가치를 판단하는 중대한 문제에서 항상 민주주의적인 다수결의 원칙을 따른다는 것은 아무래도 꺼림칙한 일이 아닐 수 없다.

우리는 역사를 통해서 많은 사람들이 '바라는 것'과 많은 사람들에게 '바람직한 것'이 언제나 일치하지는 않는다는 사실을 알고 있다. 그렇다고는 해도 어떤 사회나 다수의 사람들이 가치에 대한 결정을 내려야 할 경우 다수결 이외에는 별다른 대안이 없을 것 같다.

● 영원한 정의는 없다

서양의 경우에는 상황이 더욱 좋지 않았다. 그들은 가치판단의 기준으로 인간 대신 신을 선택하면서 정의와 관련해서 획일적으로 '신의 정의Divine Justice'라는 개념을 세웠는데 여기에서 또 커뮤니케이션의 오류가 발생했다. 신과 인간 사이의 커뮤니케이션을 독점한 사제들이 신의 뜻 대신 자신의 집단적 이익을 추구하면서 이 가치에 대한 모호함은 거의 수습할 수 없는 지경에 이르렀다.

그러자 르네상스 시대를 거쳐 개명의 시대로 들어오면서 유럽의 철학자들은 '신의 정의'라는 절대적인 도덕 기준에 대해 회의하고 이를 공격하기 시작했다. 이러한 회의론의 와중에 정의에 관한 도덕적인 모호성을 결정적으로 논파한 사람이 있었는데, 바로 불운한 천재 프리드리히 니체Friedrich Wilhelm Nietzsche였다.

그는《짜라투스트라는 이렇게 말했다》에서 '도덕적 기준은 상대적이다'라는 문제를 처음으로 제기했으며, 몇 년 후에 발표한 논문〈선악을 넘어서Jenseits von Gut und Böse〉와〈도덕의 계보학Zur Genealogie der Moral〉에서 이 문제를 집중적으로 다루었다.

니체에 따르면 인간은 자신이 속한 사회적인 계급에 따라 도덕을 인식하는 기준이 상이하다. 특히 지배자와 피지배자가 상대를 평가하면서 적용하는 도덕적 기준에는 결정적인 차이가 있는데, 지배자가 피지배자에게 요구하는 기본적인 미덕은 '선량함good or bad'이다. 여기에서 말하는 선량함이란 온순함이나 이타주의와 깊은 연관이 있다.

사실 지배자의 입장에서야 사회의 권력 관계에서 발생하는 모순을 인지하지 못한 채 지배자에게 순응하면서 묵묵히 이타적인 행위를 해 주는 사람들이 최고의 피지배자일 것이다. 반면에 피지배자의 입장에서는 선량함이 아니라 '올바름right or evil'을 기준으로 지배자를 판단하게 된다.

따라서 개인적인 미덕이 아니라 사회적으로 추구해야 할 가치로서의 혹은 정의는 태생적으로 민주적이기 때문에 궁극적으로 피지배자에게 귀속된다고 할 수 있다. 어떤 시대 어떤 사회든 지배적인 소수와 피지배적인 다수로 구성되는데, 이 가치는 근본적으로 '보편성'을 기반으로 하기 때문이다.

여기에서 또 다른 문제가 발생한다. 대중적인 보편성을 기반으로 정의의 기준이 세워질 수밖에 없다면, 사회적 인식이란 시대에 따라 항상 변화하는 것이기 때문에 어제의 정의는 오늘의 정의와 항상 같을 수는 없다. 그렇기 때문에 프리드리히 니체는 일찌감치 이 심각한 문제점을 간파하고 우리들에게 경고했던 것이다.

"영원한 정의는 없다!"

● 혁명과 혁명가

사회적인 측면에서 정의는 보편성과 함께 다른 미덕들과 차별되는 또 하나의 특성을 갖는다. 바로 이 가치가 항상 적절한 '행동'을 요구한다는 점이다. 일반적으로 관용이나 신뢰와 같은 사회적인 가치는 근본적으로 의식의 문제로, 잘못된 점을 인지하고 수정한다면 미덕이 실현된다. 그렇지만 정의는 이것만으로는 부족하다. 인지나 수정에서 끝나지 않고 적극적인 행동을 통해서만 실현될 수 있는 것이다.

어떤 시대, 어떤 사회에서건 지배자들은 언제나 그 사회가 추구하는 정의라는 이름의 보편적인 가치를 실현할 의무를 진다. 그렇지만 이기적인 동물인 인간은 사회적인 정의보다는 개인적인 이익을 우선시하는 경향이 있기 때문에 결국 사회 계층 사이에서 가치관이 충돌하게 되고 이러한 가치관의 충돌은 사회 전반적인 갈등을 야기하는 요인이 된다.

피지배자의 입장에서 보자면 그 사회의 지배자들은 언제라도 막강한 힘을 가진 '사악한evil' 불의의 존재로 변모할 수 있는 위험을 가지고 있었다. 이런 경우가 발생하면 피지배자들은 심각한 선택의 문제에 직면하게 된다. 첫 번째는 인내. 잘못된 상황을 인지했지만 '선량한' 사회의 구성원으로 체제 유지의 의무를 다하는 것이다.

이럴 경우 인내가 아니라 잘못을 수정하고자 하는 '적극적인 행동'을 선택할 수도 있다. 그러나 이 '적극적인 행동'은 자신이 속한 사회의 기존 질서를 파괴하는 위험과 그에 따르는 비용을 스스로 감수해야만 한다는 사실이 문제이다.

지배자와 피지배자 사이에서 발생한 사회적 갈등의 정도가 그 사회가 감당할 수 있는 한계치를 넘게 되면 피지배자들은 지배자들을 교체하기 위한 '적극적인 행동'을 개시한다. 이로써 사회 계급이 충돌하고 단기간에 기존의 사회 체제가 붕괴되는 격렬하고 급격한 과정에 들어서게 되는데, 이를 '혁명'이라고 한다.

그런데 이 '혁명'에 또 다른 문제가 있다. 역사의 기록을 세심하게 살펴본다면 유감스럽게도 대부분의 혁명은 그 순수함이 아주 짧은 기간 동안만 지속되었다는 사실을 알 수 있다. 혁명 과정에서 지배자 계층에 전격적으로 합류한 구성원들이 서로 권력의 공백을 차지하기 위한 투쟁을 하게 되면서 목적이 변질되어 버리며, 이에 따라 혁명의 본질적인 추구 대상인 '사회 정의'를 배신하게 된다. 한때 민중의 추앙을 받던 혁명가들은 억압적인 지배자로 탈바꿈해 또 다시 타도의 대상이 되곤 했다.

이상주의적인 관점에서 혁명이란 그동안 실현되지 못하던 사회 정의가 구성원 대다수의 지지를 받아 비로소 급격하게 실현되는 과정이 되어야 한다. 그렇지만 이러한 이상과는 달리 실제 역사에서 대부분의 혁명은 그 사회의 지배적인 소수가 교체되는 단순한 과정에 불과했던 것이다.

● 주원장, 나폴레옹, 레닌

이 장에서는 역사에 큰 족적을 남긴 세 사람의 혁명가들을 다루고자 한다. 중국 명나라를 창건한 주원장, 프랑스 혁명의 최대 수혜자 나폴레옹 보나파르트, 러시아 혁명의 총아 블라디미르 레닌. 모두 입지전적인 인물들로, 이들은 혁명가로 출발해서 대제국의 주인이 되었다.

이들은 하나같이 뿌리 깊은 사회적 모순과 만연된 불의를 타파하고 오랫동안 도탄에 빠져 있던 민중들을 구원할 것으로 기대를 모았던 시대의 총아들이었다. 그렇지만 유감스럽게도 그들의 혁명은 숭고하지도 않았고 그들의 정의는 영원하지도 않았다.

모순의 영웅

주원장

명나라의 창업자 홍무제洪武帝 주원장朱元璋. 전 세계의 역사에서 '입지전적 인물'에 대해 이야기할 때 주원장을 뺀다면 큰 의미가 없다. 5,000년 중국 역사 속에서 수많은 황제들이 명멸했지만 그들 중에서 진정한 '민중의 아들'은 주원장 단 한 사람뿐이다.

한漢나라의 건국자인 한 고조 유방 역시 지체 높은 귀족이 아닌 비천한 농민 출신이기는 했다. 그렇지만 유방은 상당한 재산을 가진 부농이었으며 그 재산의 일부를 가지고 마을의 촌장 벼슬을 살 수 있을 정도로 여유 있는 집안 출신이었다.

유방과 달리 주원장은 하루하루 먹을 것을 걱정해야 하는 극도로 궁핍한 소작농 출신이었다. 그것도 6남매 중의 막내로 일찍이 부모를 잃고 형제가 뿔뿔이 흩어져 호구지책으로 절에 들어가 탁발승 노릇을 하기까지 했으며 사회적 여건상 그것도 여의치 않자 절망적인 심정으로 홍건적紅巾賊에 가담했다.

그는 작은 무리를 이끄는 소두령으로 출세하기 시작해서 홍건적 부대의 최고 지휘관으로 성공을 거두며 스스로 권력 기반을 닦았으며, 이를 배경으로 천하 패권을 노리는 각축장에 합류해 경쟁자들을 물리치고 최종적으로 천하의 주인이 된 사람이다.

주원장은 당시 중국의 시대상황이 낳은 인물이었다. 칭기즈 칸의 손자 쿠빌라이에 의해 중국식 왕조로 창건된 원元나라는 채 90년을 존속하지 못했다. 원 왕조의 황제들이 강력한 통치력을 행사한 기간도 고작 한 세대 남짓밖에 되지 않았다. 이는 승계 순서가 아니라 실력으로 칸의 자리를 차지했던 쿠빌라이의 원죄라고 할 수도 있다.[1]

원 왕조는 승계 원칙이 명확하지 않았기 때문에 역대 황제들은 형제나 일족 들을 실력으로 제압하여 통치권을 확보해야 했다. 이 때문에 왕조 말기에는 13년 동안 7명의 황제가 교체되었으며 그들 중 대부분이 쿠데타나 암살로 생을 마감했다. 때문에 원나라의 황제가 가지고 있던 권위는 왕조의 후반부에 이르면서 거의 소멸되었으며, 황위 승계에 결정적인 역할을 하던 강력한 군벌 세력이 실질적인 통치권을 행사하게 되었다.

원나라의 11대 황제인 순제順帝[2]는 중국의 역사가들에 의해서 대단히 무능한 통치자로 매도되고 있지만 사실 이는 상당히 억울한 평가이다. 그는 명석한 인물이었으며 땅에 떨어진 황제의 권위를 회복하기 위해서 나름대로 다양한 시도를 해서 어느 정도 성공도 거두었다.

1 이러한 방식은 초원에서 오랫동안 지켜지던 쿠릴타이(Khuriltai)의 전통에 기인한 것이다. 원래 몽골의 칸은 다른 유목민들과 마찬가지로 상속제가 아닌 쿠릴타이에 의한 선출제를 유지하고 있었다. 쿠릴타이는 칸의 선출이나 전쟁 의결과 같은 중요한 사안을 부족장들과 주요 군사 지도자들이 모여서 결정하던 대부족회의를 말한다. 몽골 인의 개념으로는 당대의 가장 강력한 실력자가 칸이 되는 것은 당연한 일이었다.
2 이름은 토군 티무르(Toghun Temur), 1320년생으로 열세 살의 나이에 황제로 즉위해 36년간 통치했다. 시호는 혜종(惠宗)이다.

그렇지만 한 나라를 다스리는 군주로서는 지나치게 변덕스럽고 의심이 많으며 심성이 나약했다는 점이 결정적인 문제였다. 순제는 당시의 실권자인 바얀Bayan[3] 엘 티무르El Temur의 격렬한 반대로 일곱 달 이상 즉위를 하지 못하다 바얀이 조카에게 살해당하면서 간신히 황제로 즉위할 수 있었다. 이때 그의 나이는 열세 살이었다. 이러한 상황에서 소년 시절을 보냈으니 비정상적인 성격을 갖게 된 것은 어쩌면 당연한 일이었다.

● 주원장

순제가 즉위한 직후, 황실에서는 권력 투쟁으로 바람 잘 날이 없는 가운데 천재지변이 연이어 덮치면서 대혼란의 시대가 시작되었다. 유럽의 인구를 격감시킨 페스트가 유입된 것을 시작으로 대기근과 홍수가 연달아 발생하고 메뚜기 떼가 습격하면서 굶어죽는 사람들이 속출했다.

전국적으로 수백만의 유민이 발생했으며 이는 산발적인 반란으로 이어졌다. 이러한 농민 반란은 점차 조직적인 봉기의 형태를 갖추기

---

3 일반적으로 '장군'으로 해석할 수 있는 군사 지휘관을 의미하지만 한 부족을 대표하거나 동일한 기(旗)를 사용하는 동질적인 집단 전체를 통솔하는 경우가 많았다.

시작했는데, 배후에는 종교 단체들이 있었다. 그러한 종파 중에서 가장 영향력이 컸던 것이 백련교白蓮教였다. 이들은 13세기 중반 남송南宋에서 티베트 불교의 영향을 받아 정통 불교 종파로부터 파생된 종파로 '세상이 어지러워지면 미륵불이 내려와 세상을 구한다天下大亂彌勒佛下生'라는 미륵신앙을 기반으로 했다.

순제는 백련교의 교주였던 한산동韓山童을 체포해서 처형함으로써 화를 자초했다. 한산동의 처형은 불에 기름을 붓는 격이 되었다. 이를 계기로 산발적인 농민 반란이 조직화되면서 '홍건적紅巾賊의 난'으로 커져 버린 것이다.

홍건적의 난

주원장은 1328년 10월, 중국의 남동부 남경南京 인근에 위치한 호주濠州에서 태어났다. 호주는 현재의 안휘성安徽省 봉양현鳳陽縣이다. 집안은 가난을 대물림한 떠돌이 소작농 집안으로, 그의 위로는 3명의 형과 2명의 누나가 있었다. 1341년 이 지역에 심한 가뭄이 든 상태에서 메뚜기 떼가 습격하고, 연이어 전염병이 창궐했다. 주원장 일가도 이러한 재앙에서 벗어나지 못했다. 그는 아버지와 큰형을 잃었으며 가족은 뿔뿔이 흩어졌다. 작은 형만 본가에 남고 바로 위의 형은 형편이 조금 나은 집에 양자로 들어갔다. 두 누나는 가난한 집으로 시집을 갔다.

열일곱 살이었던 막내 주원장은 황각사皇覺寺로 출가해서 중노릇을 하기 시작했다. 그러나 전국적으로 재앙이 덮친 상황에서 그것도 쉬운 일이 아니었다. 그는 절에 머물지 못하고 3년간이나 안휘성과 인근

불멸의 제왕들

의 하북성河北省 일대를 떠돌면서 탁발로 생계를 유지했다.

사회적인 상황이 조금 진정되자 주원장은 황각사로 돌아와서 공부에 매진했다. 문자 그대로 주경야독晝耕夜讀이었다. 낮에는 절 주변에 있는 밭을 갈고 저녁에는 불경뿐 아니라 유가儒家나 법가法家 등 구할 수 있는 모든 분야의 책을 구해서 독서에 몰두했다. 후일 황제가 된 다음의 행적을 통해서 알 수 있듯이 주원장은 지적인 호기심이 유별난 사람이었다.

1351년 정권 교체를 목표로 하는 민중 봉기라기보다는 절망에 빠진 민중들이 정신적으로 위안을 찾던 정도의 백련교[4]를 순제가 성급하게 탄압하고 교주 한산동을 처형하면서 중국 전체를 뒤흔드는 대변혁의 방아쇠가 당겨졌다. 한산동의 처 양楊씨는 어린 아들 한림아를 데리고 남쪽 지역으로 도망쳐 반원 투쟁의 기치를 높이 들었으며, 여기에 전국에서 숱한 인물들이 호응했다.

백련교도를 주축으로 한 이들은 동일한 이념을 추구하는 동지라는 개념으로 머리에 붉은 두건을 둘러 '홍건적'이라고 불리게 되었다.[5] 안휘성에서는 유복통劉福通이 가장 유력한 인물로 10만의 병력을 모았으며 대지주인 곽자흥郭子興도 별도로 군대를 일으켜 호주를 점령

---

4 백련교에 대한 탄압은 원나라 순제만 시도한 것이 아니었다. 백련교는 백련종(白蓮宗)이라는 불교의 한 종파에서 시작되었으나 샤머니즘이 결합된 형태의 교리를 가지고 있었고 '개벽론'을 전제로 했다. 이는 일반적인 해석과 함께 황제가 다스리는 시대가 종말을 고하고 민중의 시대가 열린다는 뜻으로도 해석되기 때문에 처음 종파가 생성되었던 송나라 시대부터 탄압의 대상이었다.

5 중국의 무협소설이나 영화에는 명교(明敎)라는 무림단체가 자주 등장하고 일부 작품에서는 명교와 백련교가 깊은 관련이 있거나 유사한 것처럼 묘사하는 경우가 종종 있지만 역사적으로 백련교와 명교는 아무런 관계가 없다. 백련교는 불교에서 파생된 종교인 반면, 명교는 페르시아의 마니교를 지칭하는 말에서 파생되었다. 당시 명교 신도의 대부분도 순수한 중국인들이 아니라 이슬람의 확장기에 정치적, 종교적 박해를 피해 중국에 망명한 페르시아계 유민들이었다. 이러한 혼란이 생긴 이유는 백련교주 한산동이 스스로 명왕(明王)이라고 칭했기 때문일 것이다.

했다.

이들을 도적떼로 볼 수도 있고 반정부 혁명 세력으로 볼 수도 있지만 분명한 사실은 대부분의 구성원들이 굶주린 농민이었다는 것이다. 당연히 상인이나 지주, 사찰과 같이 '가진 자'로 분류되는 사람들은 약탈에 시달렸다. 주원장이 있던 황각사도 예외가 아니었다. 절이 습격당해 폐허로 변하자 주원장은 앞날이 막막해졌다.

그는 이때 절에 계속 머물 것인지 아니면 이 참에 아예 홍건적에 가담할 것인지를 두고 심각하게 고민했다고 한다. 주원장에게는 약간 엉뚱한 면이 있었다. 그는 황각사에서 공부하던 와중에 얻은 어설픈 주역 지식을 가지고 스스로 점을 쳤는데 당장 떠나라는 점괘가 나왔다. 그는 그 길로 호주를 장악하고 있던 홍건적의 수령 곽자흥을 찾아갔다.

곽자흥은 주원장의 인물 됨됨이가 맘에 들었다. 그는 파격적으로 주원장을 친위대 소속의 경호대장 격인 구천장九天長에 임명했다. 주원장은 험상궂게 생긴 추남이었으나 성격은 호방하고, 담력과 배짱이 있어 전투에서는 용맹했으며, 재물에 욕심이 없어 전리품을 모두 윗사람에게 바치거나 부하들에게 나누어 주었다. 때문에 그의 주변에는 사람들이 많이 모여들었다. 곽자흥 또한 그를 중용했을 뿐 아니라 자신의 양녀를 시집보내기까지 했다. 그녀는 곽자흥의 절친한 친구인 마공馬公의 딸로 어릴 적에 고아가 되어 양녀가 되었다. 후일 황후가 되는 마씨 부인으로, 대단히 현명한 여인으로 알려져 있다.

사실 홍건적이 봉기했던 초기, 원나라 조정에는 이를 제압할 만한 군사력이 충분치 않았다. 몽골 군의 막강한 전투력은 그 시기에도 그대로 유지되고 있었던 것이다. 백부를 살해하고 그의 자리를 차지한 젊은 바얀 토구타는 상당히 유능한 군사 지휘관이었다.

그는 서주徐州에서 압도적인 병력의 홍건적을 격파했다. 그러자 결정적인 순간에 황제의 고질적인 의심병이 도졌다. 토구타를 경계하고 시기해서 그를 진압군 사령관직에서 해임해 버린 것이다. 한창 전투가 벌어지고 있는 와중에 군 사령관이 교체되었으니 지휘 체계가 제대로 가동될 리 없었다.

● 마황후

서주의 홍건적들은 기사회생해서 곽자흥이 버티고 있는 호주로 몰려들었다. 당시 홍건적들 사이에서도 주도권 다툼이 치열했다. 서주에서 패퇴한 무리들에 의해서 곽자흥이 실권을 잃자 크게 실망한 주원장은 고향 마을로 돌아갔다. 그는 그곳에서 대략 700명의 병사들을 모아 자신의 부대를 조직했다.

그중에는 후일 개국공신으로 명성을 날리게 될 화운花雲, 당승종唐勝宗, 곽흥郭興, 서달徐達, 탕화湯和와 같은 인물들이 포함되어 있었다. 그중 서달과 탕화는 황각사 시절에 사귄 친구들이었다. 후일에는 이들이 이름 높은 장군과 신료가 되겠지만 처음 모였던 이 무렵에는 무기라고는 처음 손에 잡아 보는 오합지졸들이었다.

이 초보 홍건적들은 과감하게 인근의 저주성滁州城을 공격해 성을 함락했다. 주원장은 곽자흥을 지휘관으로 모셔 왔다. 주원장이 저주성을 확보하자 등유鄧愈, 이선장李善長과 같은 후일의 명장들이 가세했으며, 조카인 주문정朱文正과 이문충李文忠도 그의 휘하에 합류했다. 이들 역시 후일 불굴의 용사로 명성을 날리게 된다.

저주성을 확보하고 병력이 늘어나자 주원장은 상대적으로 풍요로운 화주和州를 공격해서 식량을 확보하고자 했다. 일단 점령하는 데 까지는 큰 문제가 없었지만 그다음이 문제였다. 무려 10만 명의 몽골 군이 화주를 포위한 것이다. 처절한 방어전이 벌어졌고, 초보 홍건적 들은 다시 한 번 세상을 놀라게 했다.

수십 배나 되는 몽골 군의 맹공을 견뎌 낸 것이다. 몽골 군은 상당한 병력 손실을 입은 채 철수했다. 이 화주 공방전은 주원장의 이름을 전국적으로 알리는 계기가 되었다. 이때가 1355년 3월, 그가 홍건적에 가담한 지 3년이 채 되지 않았을 때였다.

이때는 홍건적의 봉기가 정점을 향해 가파르게 올라가던 시기에 해당한다. 홍건적의 최고 실력자 유복통은 처형된 백련교주 한산동의 어린 아들 한림아를 소명왕小明王으로 맞아들여 새로운 나라 대송大宋의 건립을 선포하고 스스로 승상의 자리에 올랐다. 그는 곧바로 개봉開封을 공격해 점령하고 새로운 거점으로 삼았다.

그렇지만 혁명은 변질되기 마련이다. 초반의 순수한 열기가 가라앉으면 천하 제패를 노리는 숱한 야심가들이 등장하게 된다. 이 야심가들의 목표는 혁명이 아니라 권력이다. 이러한 야심가들이 갖가지 방법으로 재주를 겨루어 마지막에 단 한 사람의 승자가 남게 되며 그 승자가 모든 것을 갖는 흥미진진한 게임으로 역사가 바뀌곤 하는데, 원나라 말기의 상황이 바로 그러했다.

홍건적이 봉기하면서 유복통이 동쪽을 장악했다면 서쪽의 실력자는 호북과 호남을 장악한 서수휘徐壽輝였다. 그는 스스로 황제에 오르면서 국호를 천완天完이라고 했다. 서수휘의 휘하에는 호시탐탐 독립을 노리는 진우량陳友諒, 명옥진明玉珍과 같은 야심가들이 포진하고 있었다.

홍건적과는 상관없이 봉기한 태주泰州 출신의 장사성張士誠도 걸출한 인물이었다. 그는 원래 소금 밀매상이었는데[6] 순식간에 중국에서 가장 풍요로운 지역인 양자강 하구의 소주蘇州를 장악했다.

주원장의 대두

우리의 영웅 주원장은 이때까지도 본격적으로 무대에 오르지 않고 있었다. 그는 명목상으로 소명왕 한림아 휘하의 장군 곽자흥의 부장이었다. 그런데 1355년에 곽자흥이 병에 걸려 급사하면서 주원장은 절호의 기회를 맞이했다.[7] 소명왕은 곽자흥의 큰아들 곽천서郭天徐를 아버지의 후임으로 임명하고 주원장을 부원수에 임명했다.

제한적이긴 하지만 독자적인 지휘권을 갖게 된 주원장은 과감한 군사행동을 감행했다. 그는 양자강을 넘어 강남으로 내려가 물류의 중심지인 태평성太平城을 기습 점령했다. 성을 탈환하기 위해 몽골인들은 급히 병력을 파견했지만 주원장은 이들을 격파하고 태평성에 별도의 독립군단인 익원수부翼元帥府를 설치하여 스스로 원수가 되었다.

그다음 해인 1356년은 주원장에게 상당히 의미 있는 해였다. 중국 남동부의 중심이라고 할 수 있는 남경을 장악했기 때문이다. 그는 남경을 응천부應天府로 개명하고 활동의 중심지로 삼았다.

주원장이 막 무대에 등장한 이 시기는 유복통을 중심으로 하는 주

6 원나라는 조세의 종류가 많지 않았고, 소금을 정부가 전매하면서 얻는 수입, 이른바 염세(鹽稅)를 주요 세원으로 삼았다. 당시 원나라에서는 사적으로 소금을 거래하는 행위가 불법이었지만 위험한 만큼 수익도 큰 장사였다. 장사성은 이러한 소금 밀거래로 부를 축적하여 병사를 모아 봉기한 인물이다.
7 곽자흥은 당대의 협객들과 교류가 많은 호걸이었다. 그가 죽은 이유는 명확하지 않지만 역사에서는 "동지들 사이에 다툼이 끊이지 않아 항상 이를 염려하다 병을 얻어 죽었다."라고 기록하고 있다.

류 홍건적이 한창 기세를 올리고 있었다. 그렇지만 지나치게 낙관적인 상황 판단과 성급한 결정이 화를 불렀다. 홍건적 지휘부는 원나라 황실 타도를 목표로 북벌을 시도했다.

당시 정세를 보자면 홍건적과 다른 세력들이 동시에 봉기한 남부는 군웅이 할거하던 혼란한 지역이었지만 북부는 엄연히 원나라 황실의 지배력이 미치던 지역이었다. 유복통은 1357년에 개봉에 대병력을 집결시킨 후 세 방향으로 나누어 기세 좋게 북진을 시작했다.

그렇지만 몽골의 바얀들은 부패하기는 했어도 무능한 지휘관들은 아니었다. 좀처럼 기세가 꺾일 것 같지 않던 홍건적들은 몽골의 정예군을 상대한 전투에서는 고전을 면치 못하고 질질 끌다 결국 북벌군의 반 정도는 전사하고 나머지는 항복하는 사태가 발생했다. 그러자 전황이 극적으로 역전되면서 거꾸로 대송의 수도 개봉이 원나라의 대군에 포위되었다.

유복통은 100일 가까이 몽골 군의 맹공을 견디면서 분전하다 식량이 떨어지자 한림아와 함께 가까스로 탈출해 멀찌감치 남쪽 저주의 안풍安豊으로 도피했다. 이 사태는 새로운 상황을 만들어 냈다. 홍건적의 지휘부가 몰락하자 야심을 감추고 있던 혁명가들이 천하 패권을 노리며 본격적으로 모습을 드러내기 시작했다.

이때의 세력 분포를 주원장을 중심으로 보면 선두주자는 서쪽에 둥지를 튼 진우량과 동쪽에 이웃한 장사성이었다. 진우량은 서수휘의 휘하에서 독립한 인물로 1360년에 서수휘를 죽이고 스스로 황제가 되어 국호를 '한漢'이라고 했다. 장사성은 홍건적이 개봉을 잃은 시기에 남송 시대부터 가장 번화하고 풍요로운 평강平江 일대를 점령한 다음 소주를 중심으로 호주, 상주尙州, 항주杭州 등 풍요로운 지역을 넓게 장악하고 있었다.

주원장이 언제부터 천하의 대권을 의식했는지 지금으로서는 명확하게 알 도리가 없다. 그는 남경을 근거지로 삼아 궁지에 몰린 소명왕 한림아를 지원했으나 곽자홍이 남긴 모든 것을 가로챘다. 곽자홍의 장남인 곽천서는 주원장보다 앞서 남경을 공격하다 전사했고, 차남인 곽천작郭天爵은 없는 죄를 뒤집어쓰고 처형되었으며, 남아 있는 상속자들인 딸과 조카는 주원장의 첩이 되었다.

주원장이 남경에 입성한 이후부터 변화의 조짐이 보이기 시작했다. 먼저 그의 주변에 유학자들이 몰려들었다. 유기劉基, 송렴宋濂, 도안陶安와 같이 실력과 명성을 겸비한 사람들이었다. 주원장은 유학자들과 어울리면서 홍건적과 서서히 멀어지기 시작했다. 백련교는 불교의 만민평등 사상에다 신비주의를 뒤섞은 서민들의 종교인 반면 유교는 원래부터 통치자들의 논리였다.[8]

주원장 주변에 몰려든 유학자들은 대부분 현실정치에는 참여한 적이 없고 재야에서 글을 쓰거나 학생들을 가르치던 사람들이었다. 이러한 사람들은 현실적인 정치에 익숙해지기 전까지는 이상과 원칙에 충실한 성향을 보이게 마련이다. 결국 주원장의 새로운 참모들과 홍건적이 사상적 기반으로 하는 백련교의 교리와는 타협할 여지가 전혀 없었다.

주원장은 모순적인 태도를 견지했다. 그가 남경에 입성하면서 공포한 격문은 유교적인 이념에 바탕을 두어 기존의 사회 체제를 견고하게 유지하고자 하는 것이었으며 이른바 백련교의 개벽론이라든지

---

8 유교는 주나라의 사회를 모델로 만들어진 윤리 체계이다. 주나라는 전 국민을 10개의 계급으로 분류했던 철저한 계급 사회였다. 유교는 그 계급 중에서 경(卿), 대부(大夫), 사(士)의 지배층을 위한 윤리이며 민(民) 이하의 보통 사람들은 유교의 계율인 예(禮)가 아니라 형(刑)으로 다스려야 한다고 주장하는 이데올로기이다. 유학의 대가들 중에서 유일하게 맹자만이 이단적인 혁명론을 주장했다. 그렇지만 그의 혁명론 역시 지배층의 교체만을 의미하는 제한적인 '역성혁명론(易姓革命論)'이었다.

새로운 세상과 같은 개념은 전적으로 배제되어 있었다. 그럼에도 그는 소명왕 한림아의 장수로 남아 있었으며 1362년에는 소명왕에 의해서 오왕吳王에 봉해졌다.

천하는 사파전의 양상이 되었다. 원나라의 세력이 남아 있는 가운데 주원장, 진우량, 장사성이 서로 각축을 벌였다. 서로 물고 물리는 이들의 관계에서 가장 먼저 균형이 깨진 것은 주원장과 진우량의 관계였다. 한왕을 자처하던 진우량의 장점은 막강한 선단을 바탕으로 양자강의 수로를 지배한다는 것이었다.

주원장은 수전으로 진우량과 승부를 벌여야 했다. 선공은 진우량이 했다. 그는 60만의 병력과 100척이 넘는 전함을 동원했다. 주원장은 이때에 소명왕이 있는 안풍을 공격한 장사성의 군대와 접전을 벌이던 중이었다. 양쪽에서 협공을 당한 꼴이었다. 그러나 다행히 장사성이 소극적인 태도를 보이면서 주원장에게 기회가 생겼다.

주원장은 장사성과 휴전은 했지만, 갑자기 대규모의 함대가 생길 리는 없었다. 그는 수백 척의 고깃배를 동원해서 응전했다. 이것이 이 시대 최대의 명승부 중 하나인 파양호鄱陽湖 전투이다. 파양호는 양자강 남쪽 강서성江西省에 위치해 있으며 여러 개의 지류가 모이는 곳이었다.[9]

1363년 주원장과 진우량은 이곳에서 사흘 밤낮 동안 치열한 격전을 벌였다. 양측에서 엄청난 전사자들이 속출하는 가운데 주원장 자신이 자칫하면 사로잡힐 위기를 맞기도 했다. 그러나 행운은 주원장의 편이었다. 마지막 날 진우량이 화살에 맞아 전사함으로써 주원장

9 당시 파양호는 양쪽으로 수백 리에 이르는 거대한 호수였으나 주변이 농지로 개발되면서 점차 토사가 퇴적되어 호수면이 크게 줄었으며 홍수기에는 범람을 한다. 강서성의 성도 남창(南昌)은 이 시대에는 호수변에 위치한 항구도시였지만 현재는 내륙으로 20킬로미터 이상 떨어져 있다.

은 극적인 역전승을 거두었다.

파양호 전투를 계기로 팽팽하던 주원장과 장사성의 균형도 무너졌다. 진우량이 지배하던 서부의 광대한 세력권이 모두 주원장에게 편입되었을 때야 장사성은 두 사람이 파양호에서 혈전을 벌이던 시기에 협공을 가해서 이득을 취하지 않았던 자신을 책망했을 것이다.

장사성은 개인적인 기질이 주원장과는 많이 달랐다. 그는 홍건적과는 무관한 사람이고 그들에게 적대적이기까지 했다. 장사성은 주원장이 홍건적에 합류한 다음 해인 1353년에 불법으로 운영하던 자신의 염전에서 일하던 청년들을 모아서 봉기를 일으켰다. 그는 소주가 속해 있는 현재의 강소성江蘇省 출신이었다.

소주는 남송 시대부터 상공업이 발달해 중국에서 가장 풍요로운 도시였다. 소주는 이러한 풍요로움에 걸맞는 화려한 문화를 가지고 있는 곳으로 퇴폐적이고 향락적인 분위기의 도시였다. 장사성은 그곳에 가장 잘 어울리는 지도자였다. 그는 문학과 예술의 후원자였다. 성격이 호방하고 매일 연회를 즐기면서 씀씀이가 커서 주변에는 내로라하는 당대의 문인과 예술가 들이 모여들었다. 장사성은 천하 제패에 전력을 다하기보다는 이러한 생활 자체를 즐기는 편이었다.

장사성은 1357년에 주원장에게 한 번 패배를 당하고 나서 원나라와 손을 잡아 관직을 제수받으면서 매년 양곡 10만 석 이상을 공급하였다. 원나라와 동맹을 맺은 상황이니 주원장은 소주 방면으로는 감히 넘볼 생각도 하지 못했다. 1362년 장사성은 홍건적의 상징적인 존재라고 할 수 있는 유복통을 격파하고 죽임으로써 전성기를 맞이했다.

그런데 이 놀라운 성과에 오만해진 장사성은 원나라와 관계를 끊고 독립을 선언하면서 스스로 오왕吳王이라 칭했다. 이것은 헛된 명성만

얻을 뿐 아무런 실익이 없는 자충수였다. 진우량이 무너진 이후 장사성은 갑자기 자신보다 덩치가 3배로 커진 주원장을 상대하게 되었다. 이때부터 수세에 몰리기 시작한 장사성은 1367년에 소주가 함락되면서 몰락했다.

걸출한 인물들이 몰락하는 계기는 지나친 자부심이 화근이 되는 경우가 많다. 진우량의 경우는 막강한 전투선단이 그랬고 장사성의 경우는 한없는 풍요로움이 그랬다. 반면에 주원장은 태생적으로 내세울 것이 별로 없는 인물이었다. 그에게는 무엇인가를 이루어야 한다는 절박함이 있었으며 이것은 경쟁자들이 가지고 있지 않은 것이었다.

장사성이 자살하면서 남쪽을 모두 장악한 주원장은 북경을 향해 대망의 북진을 시작했다. 그는 바로 다음 해인 1368년 1월 4일 산동성을 평정한 후 스스로 황제에 올랐다. 국호는 명明, 수도는 응천부인 남경, 연호는 홍무洪武였다. 이때 주원장의 나이는 마흔이었다.

원나라의 수도이자 당시에는 대도大都라고 불리던 북경은 바로 그해에 함락되었다. 순제는 수도를 북방의 상도上都[10]로 옮기고 계속 명나라와 대립했다. 이때부터 이 왕조는 대제국 원元과 구분해서 북원北元이라고 한다. 명나라가 북원까지 제압하고 완전히 천하를 평정하는 데는 그로부터도 한 세대 이상이 걸리지만, 한족漢族의 왕조가 한 세기 만에 부활된 것이다.

10 원래 쿠빌라이가 여름 수도로 사용하던 곳으로 내몽골 자치구에 속한다. 북경에서 북으로 280킬로미터 정도 떨어진 곳에 위치해 있다. 사방 2킬로미터 정도의 정방형 도시로 전성기에는 10만 명 이상이 거주했으나 현재는 폐허만 남아 있다. 북원은 이곳에 잠시 머물다 수도를 옮겨 최종적으로 카라코룸(Karakorum)에 정착했다.

콤플렉스가 부른 참극

주원장은 중국 역사상 기층민 출신으로 천하의 대권을 잡은 유일한 인물이라는 사실 하나만으로도 민중의 영웅이 될 수 있었던 사람이 었다. 그러나 애석하게도 그는 민중의 바람을 철저하게 외면했다. 그는 성공과 함께 민중을 배신하고 포악한 권력자의 길을 선택했다. 그의 잔인함은 중국 역사에서도 최상위에 꼽힐 정도이며 명 왕조 전체를 가혹한 폭정이 지배하게 되는 단서를 제공했다.

주원장은 진우량을 격파하고 장사성에 대해 주도권을 잡게 되었을 때부터 홍건적과의 결별을 가시화했다. 이는 민중의 종교인 백련교를 버리고 귀족의 전통적인 윤리인 유교로 회귀한다는 의미였다. 그는 이 무렵 백련교와 미륵교彌勒教를 사람들을 현혹하는 요술妖術로 규정했다. 이와 관련한 상징적인 사건이 소명왕 한림아의 살해였다.

1366년 장사성을 포위한 상태에서 주원장은 부하 장수인 요영충廖永忠에게 저주에 머물고 있던 소명왕을 응천부로 모셔오라는 명령을 내렸다. 그런데 그가 탄 배가 양자강에서 풍랑을 만나 뒤집어지며 소명왕이 익사했다. 요영충이 배 밑바닥에 구멍을 뚫은 것이었다. 주원장은 얼마 후 요영충에게 없는 죄를 뒤집어씌워 사형에 처했다.

장사성을 격파한 후 자신에게 끝까지 저항했던 소주 지역에 대한 복수도 지나치게 치졸했다. 그는 장사성의 참모들을 참수하고 그 시체는 거리에 버렸다. 또한 그곳의 관리, 군인, 재산가 들과 그 가족 30만 이상을 추방해서 강제 이주를 시켰으며 그들의 토지와 재산을 모두 몰수했다. 마지막으로 소주 자체에 대해서도 높은 세율을 책정해 이곳을 완전히 황폐하게 만들었다.

장사성에게 극진하게 대우받던 당대의 문인과 지성인 들 역시 화를 면하지 못했다. 당대 최고의 문인이었던 천재 시인 고계高啓는 일단 호부시랑戶部侍郞에 중용되어《원사元史》까지 편찬하지만 끝내 허리를 잘라 죽이는 형에 처해졌고, 이름난 학자 양기楊基는 감옥에서 옥사했으며, 장우張羽는 호송 도중에 자살했다.

이들 이외에도 문화의 도시 소주를 빛내던 많은 지성인들이 살해되었다. 이제 주원장은 탄압받던 농민을 위해 궐기한 의병의 지도자가 아니었으며 남경 시절에 보여주던 온화한 통치자의 모습도 옅어져 갔다. 그는 점차 난폭한 정복자가 되어 갔다.

황제에 오른 후 이러한 경향은 더욱 강해졌다. 어떤 정권에서든 권력을 창출한 이후에는 대대적인 숙청이 불가피하다. 최종 승자가 과거의 동지나 공신 들을 정리하는 행위를 비판하는 것은 무의미하다. 그러나 그 방법론은 항상 문제가 될 수 있다.

송 태조 조광윤趙匡胤은 그러한 정리 작업 자체가 싫어서 자신을 황제로 세웠던 동료 장수들과 말술을 마시고 나서 모든 병권을 인수받아 후대의 칭송을 받았다.[11] 조광윤과는 정반대로 주원장은 사상 유래가 없는 공포정치를 시행했다. 주원장의 폭정은 '호람의 옥胡藍之獄'으로 대표된다.

주원장의 모사 호유용胡惟庸은 크게 신임을 얻어 승상직에 올라 인사권을 장악하고 전횡을 부렸다. 그러자 당연한 반발로 밀고가 들어왔으며 주원장은 이 사건을 자신의 입지를 강화하는 데 철저하게 이용했다. 호유용 자신이야 죽어도 크게 아쉬울 것이 없는 인물이었지

---

11 후주의 근위군 사령관이었던 조광윤은 원래 황제의 자리를 사양하다 동료 장수들과 어울려 술을 마시다가 취중에 황제가 되기를 승낙했다. 그는 후일 역으로 그들과 다시 말술을 마시면서 당시의 실력자인 석수신(石守信) 등으로부터 조용히 군권을 넘겨받았다. 이 사건을 중국사에서는 '배주석병권(杯酒釋兵權)'이라고 한다.

:
불멸의 제왕들

만 관련자들이 문제였다.

호유용의 음모에 연루되었다는 죄목으로 사형당한 사람의 수는 그 당시에만 1만 5,000명이었다. 그런데 시간이 지나도 관련자들이 계속 추가되어 최종적으로 무려 3만 명에 이르게 되었다. 주원장의 의도는 명확했다. 그는 호유용이 죽은 지 10년이 지난 후에 혁명 동지이자 친구였던 전 승상 이선장까지 이 음모에 관련된 혐의를 씌워 사형에 처했다. 이것이 '호유용의 옥胡惟庸之獄'이다.

남옥藍玉은 호유용과 달리 억울한 인물이다. 그는 주원장 치세의 후반부를 장식하는 명장이었다. 명나라는 힘을 회복한 북원에 연패하면서 한 전투에서만 무려 40만의 전사자를 기록하는 등 고전을 계속했다. 남옥은 명나라 군대의 연패 행진을 끊은 명장이었다. 그렇지만 그가 얻은 명성이 주원장의 시기심을 자극했다는 사실이 문제였다.

이번에는 남옥이 모반을 꾀하고 있다는 밀고가 들어왔다. 이어 2만 명이 이에 연루되어 사형당했다. 이것이 '남옥의 옥藍玉之獄'으로, 호유용과 남옥의 사건을 묶어서 '호람의 옥'이라고 한다. 이 두 번의 옥사뿐 아니라 거의 모든 공신들이 갖가지 죄를 뒤집어쓰고 죽어 갔다. 그는 친구건 친족이건 일단 제거 대상으로 결정하면 인정을 두지 않았다.

이문충李文忠은 주원장의 작은 누나의 아들로, 주원장이 곽자흥을 떠나 스스로 부대를 조직했을 때 소년의 몸으로 휘하에 가담해 줄곧 충실하게 따르며 험난한 전투에서 여러 차례 큰 공을 세워서 조국공曹國公에 봉해졌다. 이문충은 강직한 인물이었다. 그는 주원장이 혁명 동지들을 몰살하는 것을 보다 못해 이를 말리는 상소를 올렸으며 주원장은 조용히 그를 독살하는 것으로 대답을 대신했다.

주원장의 처형 방식도 문제였다. 반역죄에 대한 처벌은 무조건 족주형族誅形으로, 남녀노소를 가리지 않고 일가족 모두를 죽였다. 죽이는 방법도 다양해서 사지를 절단하는 능지凌遲나 허리를 자르는 요참腰斬은 점잖은 편에 속했다. 머리가죽을 벗겨 죽이는 박피형剝皮形도 있었다. 죽은 자들의 시체는 길거리에 버려지거나 사람이 많이 다니는 장소에 전시되었다.

주원장의 형벌 중에서 압권은 '정장廷杖'이라는 것이다. 형벌 자체는 단순해서 관료에게 과실이 있으면 그를 궁정 마당에 무릎 꿇게 한 다음 몽둥이로 내리쳤다. 이 정장형은 법률에 정해진 바도 없고 집행 규정도 없었다. 순전히 황제의 기분에 의해서 매질의 강도와 횟수가 결정되었다. 수많은 신하들이 하필이면 주원장이 저기압일 때 걸려서 몽둥이찜질을 당하고 죽어 나갔다.

세상에는 비천한 상황을 극복하고 성공한 예가 숱하게 많다. 그렇게 성공한 사람들이 과거의 부끄러운 시절에 대해 보이는 태도는 두 가지이다. 스스로를 극복하는 과정을 자랑스럽게 생각하든가 과거에 대해서 열등감을 가지든가. 주원장은 아쉽게도 후자에 속했다. 그는 천한 출신에 많이 배우지 못한 자신에 대해서 부끄럽게 생각했다. 이러한 열등감이 '문자의 옥文字之獄'이라는 역사상 유래 없는 황당한 참극을 만들어 냈다.

주원장의 과거를 연상시킬 수 있는 모든 글자의 사용이 금지되었다. 중 승僧, 대머리 독禿, 빛 광光은 그의 황각사 시절과 관련이 있었고, 도둑 도盜, 도둑 적賊은 황건적 시절과 연관이 있었다. 여기에 승僧과 음이 같은 날 생生을 비롯해 적賊과 모양이 닮은 곧 칙則이 추가되었다. 이 규정을 어겨 숱한 신하들이 처형되었으며 길 도道, 다를 수殊와 문자와 제비帝扉와 같은 단어들이 추가되면서 금지어의 수는

계속 늘어났다.[12]

　재주가 있는 사람들에 대한 열등감도 표면으로 드러났다. 유학자 유기劉基는 명 왕조의 사상적 기반을 만든 사람이었다. 그는 점차 변모해 가는 주원장을 두려워해 고향으로 은퇴했는데, 그가 병에 걸리자 주원장은 위로한다며 궁중의 의사를 보내 독살했다. 개국 일등공신으로 뛰어난 두뇌를 가지고 있던 서달徐達 역시 병에 걸려 요양하던 중에 황제가 보낸 거위 요리를 먹고 사망했다.

유교적 이상국가의 건립

그러나 여러 가지 문제에도 주원장은 단순히 잔인무도한 폭군이나 시기심에 불타는 소인배로만 매도할 수는 없는 인물이었다. 그는 철저하게 유교적인 가치관을 가진 군주였다. 백성들의 가난을 자신의 탓으로 돌려 자책했으며 농촌의 빈곤 문제를 해결하기 위해 전력을 다했다.

　대대적인 치수공사를 벌이고 유민들을 적극적으로 정착시켜 농민으로 끌어들인 결과 그의 30년 통치 기간 중에 중국의 농업 생산량은 수요를 훨씬 뛰어넘는 수준으로 향상되어 고질적인 식량 부족 문제가 해결되었다.

　또한 주원장은 젊은이들을 좋아했다. 그는 특히 아직 권력의 맛을 알지 못하는 젊은 선비들과 스스럼없이 어울리는 것을 즐겼다. 반지

---

12 명나라가 신생국 조선과 외교 문제를 일으켜 주원장이 정도전을 북경으로 압송하라고 한 사건이 바로 이 '문자의 옥'과 관련이 있다. 멀리 떨어진 한양에서 이러한 내부의 규율을 알 리 없는 정도전이 외교문서에 이러한 글자들을 사용해 이에 격노한 주원장이 그의 송환을 요구한 것이다.

성주의적인 성향을 뚜렷하게 가지고 있었으면서도 국립대학인 국자감國子監에 나가 학생들에게 직접 강의를 했으며 강의가 끝나면 오랫동안 학생들과 논쟁을 벌였다. 그는 자신과 논쟁을 벌이던 학생 중에서 눈에 띄는 인재가 있으면 곧바로 고위직에 채용했다.

주원장은 정서적으로도 대단히 놀라운 사람이었다. 마음에 들지 않는 각료를 맨바닥에 꿇어앉혀 놓고 몽둥이찜질을 가해 초죽음으로 만들어 놓은 다음에 그 길로 국자감에 나가 젊은 학생들과 나라의 장래를 위해 허심탄회하게 대화하면서 기분을 전환하곤 했다. 이렇듯 변화무쌍한 그의 성격을 두려워해 자살하는 관료들까지 있었다.

또한 그는 위험할 정도로 감성이 예민했던 사람이기도 했다. 평소에 색을 밝혀서 수많은 비빈을 거느리고 모두 26명의 왕자와 16명의 공주를 생산할 정도였지만 평생 반려자로 생각한 사람은 일찌감치 결혼했던 마황후 한 사람뿐이었다. 그는 마황후가 먼저 세상을 떴을 때 며칠간이나 식음을 전폐하고 통곡하기도 했다.

정서적으로 극과 극을 오갔던 사실에서 주원장은 심각한 조울증 환자였음을 추정할 수 있다. 그는 조울증 환자들의 전형적인 증상을 모두 보이고 있으며, 상당수의 조울증 환자들이 그러하듯이 개인적인 성정이 음울하면서 동시에 호방했다. 이렇게 부조화스러운 다중인격이 사람을 끄는 묘한 매력으로 작용하기도 했다.

명나라는 중국 역사상 가장 보수적이고 폐쇄적이며 권위주의적인 정권을 만들어 냈다. 고위 관료들도 황제 앞에서는 노예나 죄인처럼 무릎을 꿇고 앉아 머리를 들지 않아야 했다. 이런 것들이 바로 열등감에 가득 찼던 조울증 환자 주원장이 처음 고안한 예법이며, 그대로 중국의 권위주의적인 전통으로 굳어졌다.

그렇지만 한 가지 분명한 사실은 주원장이 아무리 폭군이었다고 해도 그는 본질적으로 혁명가였으며, 유교적인 이상국가의 건립이라는 뚜렷한 목적을 가지고 있었다는 점이다. 그러나 그의 후계자들은 그렇지 못했다. 쿠데타로 집권한 아들 영락제榮樂帝 성조成祖로부터 시작해 점차 혁명 정권이라는 본질 자체가 유명무실화되었으며, 오직 주원장이 창안한 혹독한 통치 방법만이 계승되었다.

그러자 관료들은 황제에 대해서 입을 다물고 민중들은 권력에 순응하는 방법만이 생존할 수 있는 유일한 길이 되어 버렸다. 이러한 권위주의는 200년 동안 중국인들의 개성을 규정해 버렸다. 이것이 명 왕조의 역사를 폭군 아니면 무능력자인 황제, 환관과 측근 들의 전횡, 계속되는 폭정과 권위주의적인 전제정치, 진취성을 잃어버린 민중, 황실을 조롱하는 지성인들과 이에 대한 반작용으로 반지성주의적인 입장을 견지하는 황실 등의 특성을 가지게 한 것이다.

혁명의 사생아
나폴레옹 보나파르트

나폴레옹 보나파르트Napoleon Bonaparte는 프랑스 혁명의 최종 승자이다. 그에게는 두 개의 얼굴이 있다. 하나는 전장에서 마치 예술가처럼 창조적이고 기발한 작전으로 멋들어진 승리를 거둔 전쟁영웅의 모습이며, 다른 하나는 수단과 방법을 가리지 않고 권력만을 추구하는 비열한 기회주의자의 모습이다.

나폴레옹은 코르시카 출신이다. 굴곡의 역사를 가지고 있는 코르시카는 지리적으로 프랑스보다 이탈리아에 훨씬 더 가까우며 그곳에 사는 사람들의 기질도 마찬가지이다. 나폴레옹은 1769년 8월 15일에 태어났다. 자유인으로서 자긍심이 높았던 코르시카 인들의 자유를 위한 저항이 완전히 분쇄되고 프랑스가 이 섬을 완전히 병합한 때였다.

프랑스 혁명과 격동의 시대

나폴레옹의 원래 이름은 극히 이탈리아적인 나폴레오네 디 부오나파르테Napoleone di Buonaparte였다. 부오나파르테 가문은 유서 깊은 귀족에 속했지만 부유한 편은 아니었으며 나폴레옹은 11명이나 되는 형제 중에서 넷째였다. 아버지 카를로 부오나파르테Carlo Buonaparte는 변호사였고 어머니 마리아 레티치아Maria Letizia는 제노아 출신 육군 장교의 딸이었다.

그의 어린 시절은 그저 평범했다. 두 살 때 가톨릭 교회에서 영세를 받고 열 살까지 고향에서 살았다. 다만 군인의 딸인 어머니의 영향을 받아 군대에 많은 관심을 가지고 있던 것 정도가 다른 소년들과 다른 점이었다.

나폴레옹은 열 살 때 프랑스 본토로 유학을 가서 부르고뉴의 오통Auton에 있는 종교학교에 입학했으며 여기에서 정식으로 프랑스 어를 배우기 시작했다.[13] 그는 같은 해에 브리엔느에 있는 엘리트 군사학교에 입학했다. 이 학교 선생님들은 그가 후일 훌륭한 뱃사람이나 해군이 될 것이라고 생각했으며, 자신도 이 시절에는 해군을 염두에 두고 있었다고 회고했다.

나폴레옹은 1784년에 파리에 있는 사관학교École Militaire에 입학했다. 이 학교는 루이 15세가 가난한 가정의 아이들에게 군사교육의 기회를 제공하기 위해서 설립한 학교였다. 정규교육 과정은 3년이었지만 이 시기에 아버지 카를로가 죽어 얼마 되지 않는 학비마저도 제대로 댈 수 없는 형편이 되었기 때문에 1년짜리 속성 과정을 밟아야만

---

13 나폴레옹은 출세한 이후에도 평생 코르시카 특유의 억양을 버리지 못했으며 프랑스 어를 쓸 때에도 까다로운 철자법은 자주 틀렸다고 한다.

● 나폴레옹

했다.

  나폴레옹은 해군이 되려는 생각을 접고 포병장교로 교육받았으며, 1785년 열여섯 살이 막 지났을 무렵 소위로 임관했다. 프랑스 혁명의 와중에서 나폴레옹은 1년여 고향에 다녀간 때를 제외하고 줄곧 포병장교로서 몇 개의 부대를 옮겨 다니며 근무를 계속했다. 그는 출세의 첫 기회를 자신의 고향 코르시카에서 잡았다.

당시 코르시카의 지도자는 파스쿠알레 파올리Pasquale Paoli[14]였다. 파올리는 코르시카 인들의 정신적 지주였으며 계몽주의자로 전 유럽에서 명성이 높았다. 1790년에 프랑스 국민의회의 계몽주의자들은 프랑스에 대해 무력 투쟁을 주도했던 전력에도 불구하고 파올리를 전격적으로 사면했다. 파올리는 약 20년간의 영국 망명 생활을 청산하고 귀국해 프랑스 국민의회가 실시한 선거에서 코르시카의 통령으로 선출되었다.

다음 해 국민의회는 코르시카 국민위병National Guard의 사령관 선거를 실시했다. 나폴레옹은 부대에 직무 해제를 요청한 후 코르시카로 달려가 입후보하여 예상을 뒤엎고 당선되었다. 나이는 겨우 스물두 살이고 계급도 중위에 불과한 그가 의용군 부대를 지휘하는 기회를 갖게 된 것이다.

의용군은 당시 프랑스의 군사적 버팀목이었다. 1792년 의용군이 주축이 된 프랑스 군은 오스트리아와 프로이센 군에 대해 기적적인 승리를 거두었다. 그렇지만 정치인들이 그 승리를 망치고 말았다. 왕정이 폐지되고 수립된 공화제 의회에서 이전투구의 권력 투쟁이 전개되었다.

로베스피에르Maximillien-Francois Robespierre[15]와 마라Jean-Paul Marat[16]

---

14 어린 시절부터 아버지의 대를 이어 코르시카 독립 운동에 헌신했다. 나폴리 사관학교 출신으로 독립을 위한 무력 투쟁을 이끌었을 뿐 아니라 통령으로 경제적인 번영을 이룩하고 함대를 조직했으며 대학교까지 설립했던 계몽주의자였다.

15 법률가 출신인 막시밀리앙 프랑수아 로베스피에르는 선하고 정의로운 의도가 악몽과 같은 현실을 만들어 낼 수도 있다는 사실을 입증한 사람이다. 그는 가난한 사람들을 대변하던 변호사였으며 정치인으로서도 보기 드물게 검소하고 정직하며 양심적인 인물이었다. 그렇지만 그의 이상주의는 일종의 결벽증과 결합되어 공포정치로 치달았으며, 현실을 무시한 경제 정책을 채택하게 만들었다. 결국 그는 시민들의 지지를 잃고 집권 1년 만에 추락하여 참수형을 당했다.

16 저명한 의사였던 장 폴 마라는 급진적인 혁명을 제창했다. 그는 저널과 의회 연설을 통해서 귀족들이

등의 급진론자들이 자코뱅 당에 합류하면서 이들 강경파들과 지롱드 당이 주도하는 온건파들은 의회의 안과 밖에서 매일 첨예하게 대립했다. 그러다 지롱드 당은 루이 16세에 대한 재판 문제로 정치적인 타격을 입었으며 의회의 안과 밖에서 동시에 궁지에 몰리게 되었다.

지롱드 당은 민중봉기를 선동하던 마라에 대해 재판을 시도했으나 좌절되었다. 마라가 석방되자 격앙된 파리 시민들은 의회를 포위하고 지롱드 당 소속 의원들을 의회에서 추방했으며 다음 달에 자코뱅 당이 주도하는 의회에서는 공화국 헌법이 통과되었다. 이때부터 혁명은 광란으로 치닫기 시작했다. 지롱드 당에 대한 대대적인 탄압이 시작되어 수많은 사람들이 체포되어 처형되었다.

1793년 7월 13일 마라가 암살당한 뒤 의회는 자코뱅 당의 일당독재로 변질되었으며 권력은 9명으로 구성된 공안위원회에 집중되었다. 철저한 원칙주의자였던 로베스피에르는 '덕德과 공포'라는 기치를 내세우고 무자비한 독재를 시작했다. 우리가 사용하고 있는 '테러리즘 terrorism'이라는 단어는 바로 이 시기에 자코뱅 당의 정치를 공격하던 어휘로 처음 만들어진 것이다.

나폴레옹은 혁명 초기에 파리로 돌아와 상관들을 설득해서 대위로 진급하고 코르시카로 돌아왔다. 이때부터 나폴레옹과 파올리의 갈등이 시작되었다. 나폴레옹은 공화제를 신봉하는 자코뱅 당 지지자였으나 파올리는 영국식 입헌 민주주의의 신봉자였다.

루이 16세의 처형을 계기로 파올리는 프랑스와 결별하기로 내심 작정하고 있었지만 이를 알 리 없는 의회는 코르시카에 이웃한 섬 사

혁명을 방해하고 있으며 5,600명의 목을 쳐야 자유와 행복이 보장될 것이라고 주장했다. 그는 시위에서나 의회에서 가장 인기가 많은 인물로 부상했으나 평화로운 혁명을 신봉했던 여성 샤를로트 코르테에게 암살당했다.

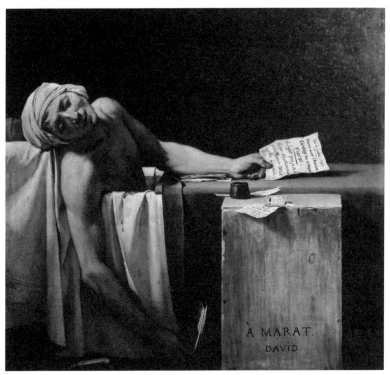

● **마라의 죽음** 1793년 7월 13일 마라는 목욕을 하던 중에 지롱드 당의 열성 지지자인 샤를로트 코르테에게 암살되었다. 그가 암살된 후 프랑스 의회는 자코뱅 당의 일당독재로 변질되었다.

르데냐[17]를 침공하라는 명령을 내렸다. 당시 대다수의 프랑스 인들은 혁명을 '수출'하는 일이 다른 나라의 민중들을 구원하는 길이라고 믿고 있었다.

　수천 명의 코르시카 의용군과 본토에서 합류한 지원군이 1793년 2월 사르데냐의 북단에 상륙했으나 이 군사 작전은 완전히 실패했다.

---

17 사르데냐는 코르시카 섬 바로 남쪽에 위치하고 있으며 12킬로미터 밖에 떨어져 있지 않다. 나폴레옹 시절 사보이 왕가가 통치하는 왕국이었으며 이탈리아 본토에도 영토를 가지고 있었다. 현재 이탈리아 영토이다.

실패 원인은 내부로부터의 배신이었다. 사르데냐 수비군이 프랑스군의 움직임을 사전에 꿰뚫어 보고 있었던 것이다.

이 상륙 작전에는 나폴레옹도 참전했다. 현장에서 상황을 파악한 그는 파올리를 격렬하게 비난했으나 코르시카는 파올리의 절대적인 영역이었다. 위험에 빠진 나폴레옹과 가족들은 코르시카를 떠나 본토로 몸을 피해야 했다. 이 무렵 파리에서는 자코뱅의 공포정치가 시작되고 있었다.

✒ 툴롱 전투, 출세의 시작

나폴레옹은 파리에서 다시 한 번 고속 출세의 기회를 잡았다. 1763년 6월, 그는 〈보케르에서의 저녁식사Le Souper de Beaucaire〉라는 제목의 정치 팸플릿을 인쇄했다. 급진적인 공화주의를 찬양하는 내용이었다. 이 팸플릿은 당시 권력의 정점에 있던 막시밀리앙 로베스피에르의 친동생인 오귀스탱 로베스피에르Augustin Roberspierre의 관심을 끌었다.

나폴레옹은 마침 왕당파가 장악하고 있던 툴롱 시[18]를 포위한 공화국 군의 포병 사령관으로 임명되었다. 당시 툴롱은 왕당파들이 주축이 되어 공화국 정부에 반란을 일으켰으며 영국 함대가 들어와 있었다. 나폴레옹은 항구가 내려다보이는 언덕을 공격해서 점령한 다음 그곳에 포대를 설치하고 영국 함대를 향해 포격을 퍼부었다.

혼비백산한 영국군이 급히 철수하자 석 달이나 버티던 툴롱은 쉽게

---

18 툴롱 시는 프랑스 남동부의 항구도시로 프랑스령 지중해에서 가장 중요한 군항이다. 16세기 이후부터 절대왕정 시대를 거치면서 도시가 요새화되었다.

함락되었다. 나폴레옹은 이 전투에서 그리 크지 않은 부상을 입었으며 전쟁영웅으로 개선했다. 그는 졸지에 준장으로 진급했다. 불과 스물네 살의 나이였다. 나폴레옹은 일단 전장에 나서면 진정한 전사였다. 그가 툴롱 공방전에서 한 공격 명령을 살펴보자.

"제군들, 나를 따르지 않아도 상관없다. 그렇지만 나는 갈 것이고, 또한 승리할 것이다. 여기 남겠는가 아니면 나를 따라가 승리를 지켜볼 것인가? 내가 돌격하면 나를 따르라! 내가 후퇴하면 나를 쏴라! 그리고 만약 내가 죽으면 내 복수를 해라!"

나폴레옹은 툴롱 포위전을 계기로 국민적인 영웅으로 부상했으나 인기는 그리 오래가지 못했다. 1794년 7월 로베스피에르를 비롯한 나폴레옹의 후원자들이 실각했기 때문이다. 프랑스 역사에서 테르미도르 반동Thermidorian Reaction[19]으로 불리는 이 사태는 로베스피에르가 원칙주의에 입각해 지나치게 독선으로 흐르다 스스로 자초한 파국이었다.

로베스피에르는 처형되었으며 자코뱅 당도 몰락했다. 공포정치는 막을 내리고 온건파 공화주의자들이 다시 정국의 주도권을 잡았다. 이때에 나폴레옹도 가택연금을 당했다. 비록 연금 생활은 단 열흘 만에 끝났지만 그의 이름은 군 명단에서 삭제되었다. 그는 실의에 차 차라리 이스탄불로 가서 튀르크의 술탄 아래에서 복무하려고까지 생각했다.

그렇지만 그는 다시 한 번 도약의 기회를 잡았다. 그해 10월 파리의 왕정복고주의자들이 공공연하게 의회에 대한 반란을 선언한 것이다.

---

19 '테르미도르'는 프랑스 혁명력으로 7월 19일부터 8월 18일까지의 한 달로, '한여름의 더위'를 의미하기 때문에 '열월(熱月)'이라고 해석한다. 프랑스 혁명력은 공화정이 시작된 1793년 9월을 기원으로 하며 12년간 사용되었다. 테르미도르 반동은 혁명력 2년 열월 9일에 일어났다.

테르미도르 반동을 이끌었던 군인 출신의 정치인 폴 바라Paul Barras 자작[20]은 툴롱 공방전에서 대활약을 했던 나폴레옹을 불러들여 의회에 대한 방어선의 책임자로 임명했다.

나폴레옹의 특기는 정교한 포격이었다. 나폴레옹의 대포들이 불을 뿜기 시작하자 반란군들은 추풍낙엽처럼 쓰러졌다. 현장에서 1,400명이 사망했으며 나머지는 모두 흩어졌다. 이어서 나폴레옹은 마치 거리를 청소하듯이 난폭하게 반란을 진압해서 사태를 진정시켰다. 이 사건을 '반데미에르 13일의 반란13 Vendémiaire Rébellion'[21]이라고 한다.

이 시기에 나폴레옹은 개인적으로도 일생에서 가장 중요한 순간을 맞이했다. 말도 많고 탈도 많았던 여인 조세핀을 만난 것이다. 조세핀 드 보아르네Joséphine de Beauharnais는 1763년생으로 나폴레옹보다 다섯 살 위였으며 카리브 해에 위치한 프랑스령 마르티니크Martinique[22]에서 거대한 사탕수수 플랜테이션 농장을 경영하던 부호 가문 출신이었다.

조세핀은 열네 살 때 프랑스로 건너와 보아르네 자작 알렉상드르Alexandre François Marie de Beauharnais, Vicomte de Beauharnais와 결혼했으나 결혼 생활은 그리 행복하지 않았다. 조세핀은 이때 아들 외젠Eugéne과 딸 오르탕스Hortense를 낳았다.

---

20 바라는 나폴레옹 집권 이후까지 살아남은 끈질긴 생명력으로 유명하지만 툴롱 전투에서 나폴레옹의 동료였다. 무엇보다도 나폴레옹과 조세핀의 인연을 맺어 준 사람으로 널리 알려져 있다.

21 반데미에르는 프랑스 혁명력에서 가을의 첫 번째 달이자 새해의 첫 번째 달로 9월 22일부터 10월 19일까지이다. '포도의 수확'을 의미한다.

22 제주도의 3분의 2 정도 크기의 작은 섬으로 아직도 플랜테이션에 의한 설탕, 커피, 코코아, 바나나 등의 수출에 의존하고 있다. 원주민은 모두 섬에서 추방되었으며 흑인 노예들의 후손이 인구의 대부분을 차지하고 있다.

● 조세핀

조세핀의 남편 알렉상드르 보아르네는 자코뱅의 공포정치 시절 반혁명 혐의로 기소되어 참수당했으며, 조세핀 자신도 반혁명주의자들에게 자금을 댄 혐의로 기소되어 투옥되었다. 그녀는 심하게 고문을 받았으며 곧 처형될 운명이었지만 테르미도르 반동으로 극적으로 석방되어 알렉상드르의 재산과 지위를 상속했다.

나폴레옹은 1795년 말에 폴 바라 자작의 소개로 조세핀을 처음 만났으며 그때부터 그녀에게 여러 통의 연애편지를 보냈다. 이때에 나폴레옹은 데지레 클라리Désirée Clary[23]와 약혼한 상태였다. 그는 데지레와 파혼한 후 1796년 1월에 조세핀에게 청혼하고 3월 6일에 결혼식을 올렸다. 이탈리아 주둔군 사령관으로 임명되어 곧 임지로 출발해야 했기 때문에 서둘러 결혼식을 올리고 이틀 후에 이탈리아로 떠났다.

이탈리아에서 나폴레옹은 합스부르크 가의 오스트리아 군과 전투를 벌였다. 나폴레옹이 군사적으로 뛰어난 사람이었던 사실은 분명하지만 최소한 첫 번째 이탈리아 원정에서 기록한 군사적 성과는 그리 대단한 것이 아니었다. 엄밀하게 말하자면 초반에는 패배했으며, 중반에 이를 만회해서 약간의 전략적인 우위를 점한 정도였다.[24]

이탈리아에서의 성공은 군사적인 성취가 아니라 절묘한 외교협상의 산물이었다. 당시 프랑스를 통치하던 5명의 총재들 중에서 다수였던 무신론자들은 나폴레옹에게 교황령으로 진군해 교황을 폐위시키라고 압력을 가했다. 그렇지만 나폴레옹은 그것이 명분만 그럴듯할 뿐이지 실익은 별로 없다고 생각했다. 그래서 그는 교황령을 점령하는 대신 이탈리아에서 오스트리아 본토로 진격한 다음 비밀협상에 들어갔다. 당시 오스트리아와 프랑스가 분쟁을 벌이던 곳은 롬바르디아였다. 나폴레옹은 프랑스가 롬바르디아의 대부분을 얻는 대가로 베네치아 공화국을 점령해서 오스트리아에 양도하겠다는 파격적인 제안을 했다.

---

23 클라리 가문은 마르세이유 출신의 부유한 무역업자 집안으로 보나파르트 가문이 파리로 옮겨 온 이후 줄곧 긴밀한 관계를 유지했으며 데지레는 후일 프랑스 군에서 복무하다 스웨덴 국왕이 된 카를 16세와 결혼했다.

24 첫 번째 이탈리아 원정 중 나폴레옹은 모두 70회에 이르는 전투를 벌였는데 대부분 어중간한 무승부를 기록했으며 승리를 주장할 수 있는 전투는 4분의 1 정도에 불과했다. 명백하게 패퇴한 경우도 10회 가까이 된다.

베네치아 자체는 작은 도시국가였지만 1,100년 동안이나 독립을 유지하면서 그 주변과 지중해 연안에 상당한 영토를 확보하고 있던 나라였다. 협상이 성사되자 그는 전격적으로 베네치아로 진격해서 항복을 받아 냈다. 나폴레옹은 오스트리아와 캄포 포르미오Campo Formio 조약을 체결해 오스트리아가 지배하고 있던 북이탈리아의 롬바르디아와 현재의 벨기에에 해당하는 오스트리아령 네덜란드를 넘겨받고 대신 베네치아와 그 부속령을 넘겨주면서 종전을 선언했다. 프랑스혁명에 대항해서 유럽 군주제 국가들 간에 맺어진 대프랑스 동맹은 무너졌다. 나폴레옹은 그해 12월 영웅이 되어 파리로 개선했다.

약탈자 나폴레옹

나폴레옹의 다음 목표는 이집트였다. 그가 이집트를 침공하려고 했던 것은 영국을 굴복시키기 위해서였다. 영국은 인도를 장악하고 있었지만 현지에서는 산발적인 무장봉기가 일어나고 있었다. 나폴레옹은 바다에서 영국을 이기는 일은 불가능하다고 생각하고 이집트와 중동 지역을 장악해서 인도와 육로로 연계하려고 생각했다.

이집트는 한 세대 전에 오스만튀르크 제국으로부터 독립을 선언한 맘루크[25]가 세운 왕조가 지배하고 있었다. 맘루크는 수백 년간 강인한 전사로 명성을 떨쳐 온 집단이었다. 그들의 선배들은 십자군을 몰아

---

25 맘루크는 보통 '노예군단'으로 해석하지만 상당히 복잡한 개념이다. 맘루크는 실질적으로는 이슬람권에서 정치적, 군사적으로 핵심적인 요소였다. 이들이 노예군단으로 해석된 이유는 초기에 '이교도에서 이슬람으로 전향한 전사들'이었기 때문이다. 중앙아시아 킵차크 출신의 용병들이 주류를 이루었지만 매우 다양한 사람들이 맘루크 군단에 입대했다.

냈고 몽골의 침공을 최종적으로 분쇄했으며 한때는 오스트리아의 수도 비엔나까지 진격해서 전 유럽을 공포에 떨게 했던 전사들이었다.

그렇지만 군대는 본질적으로 보수적인 집단이다. 정치적인 성향뿐만 아니라 시대의 변화에 대한 태도도 마찬가지이다. 완전히 패배하기 전까지는 과거의 전투 방식을 고수한다. 맘루크도 마찬가지였다. 이미 야전에서 대포가 위력을 발휘하고 있었지만 맘루크는 그때까지도 기병대의 돌격전에 의존하고 있었다. 달라진 점이라고는 과거에 사용했던 활과 투창 대신 소총으로 무장했다는 사실뿐이었다.

기자의 피라미드 남쪽에서 벌어진 전투에서 세계 최강의 기병 6만 기가 2만 명의 프랑스 군과 수백 대의 대포에 완전히 와해되었다.[26] 그렇지만 같은 시기 나일 강 하구에서 프랑스 함대가 호라시오 넬슨Horatio Nelson 제독이 이끄는 영국 함대에 거의 궤멸이라 할 정도로 큰 타격을 입었기 때문에 프랑스로부터의 보급이나 지원도 거의 불가능하게 되었다.

그러자 나폴레옹은 시리아의 지중해 도시들로 목표를 전환했다. 그는 해안선을 따라 북상하면서 아리시, 가자, 야파를 차례로 점령했다. 그런데 이 도시들은 이집트 맘루크의 영역이 아니라 강대국 오스만튀르크 제국의 영역이었다. 프랑스 군은 곧 반격을 받기 시작했고, 여기에다 병사들 사이에 전염병이 돌게 되면서 카이로로 철수할 수밖에 없었다.

프랑스 인들은 오늘날에도 자국을 대단히 문화적인 국가라고 자부

---

26 피라미드 전투(battle of the Pyramids). 전 세계적으로 군사 전술을 완전히 뒤바꿔 놓은 대표적인 전투이다. 해전에서는 이미 포격전이 주를 이루고 있었지만 이집트뿐 아니라 대다수의 국가들은 육상전에서 여전히 돌격전을 고수하는 경우가 많았는데, 이 전투 이후에야 유럽의 군사 전술은 돌격전에서 포격전으로 전환되었다.

하지만 나폴레옹이 프랑스를 대표하는 인물이라면 이런 자부심은 근거가 매우 미약하다. 나폴레옹은 원래 역사와 과학에 관심이 많았던 자칭 '문화인'이지만 이에 대해 그가 가지고 있던 관념 자체는 대단히 모순적이었다.

그는 원정 당시 프랑스 국립 과학 아카데미의 일원이었으며 그의 원정대에는 수백 명의 학자들이 동행했다. 이들이 고고학과 역사학에 남긴 업적은 지대했다. 그들이 이집트에서 발견한 유물 중에는 '로제타 석'이 포함되어 있었다. 같은 내용을 고대 이집트 어와 그리스 어로 적은 것이기 때문에 그때까지 해석이 불가능했던 고대 이집트 어를 해석할 수 있는 계기가 되었다.

그렇지만 나폴레옹 자신은 이집트에서 스핑크스를 목표로 포격 훈련을 실시해 이 귀중한 인류의 역사적 유산을 크게 훼손했다. 그의 탐사는 순수한 과학적 목적이라기보다는 정치적으로 대중에 영합하기 위한 것이었다. 그는 이집트 문화재들을 마구잡이로 밀반출해 파리로 가져왔다. 가장 대표적인 것이 지금도 파리 시가지의 중심인 콩코드 광장에 서 있는 오벨리스크이다. 이론의 여지없이 명백한 문화재 약탈 행위였다.[27]

나폴레옹과 병사들은 시리아에서 도저히 문화인이라고 생각하기 어려운 행위를 자행했다. 그들은 잔인한 정복자이자 약탈자였다. 유서 깊은 도시들에서 약탈이 계속되었으며 수만 명의 여자와 어린이들이 피해를 당했다. 시리아에서 철수할 때는 신속한 행군을 위해서 전염병에 걸려 쓰러진 자국 병사들 수천 명을 독약을 먹여 살해하기

---

27 그 당시에도 이러한 약탈 행위가 문제가 되자 나폴레옹은 맘루크의 술탄으로부터 정당한 금액을 지불하고 사왔다고 주장했다. 사실이 아니기는 하지만, 맘루크 술탄 역시 3,000년 전에 만들어진 오벨리스크의 소유권을 주장할 수 있는 처지도 아니었다.

도 했다.

나폴레옹의 시리아 원정은 결과적으로 참담한 실패로 끝났다. 카이로를 출발할 때 1만 3,000명이었던 병사들은 채 절반도 귀환하지 못했다. 이 와중에 나폴레옹은 1799년 8월 급작스럽게 귀국했다. 이때에 카이로에 남아 있던 1만 명의 병사들이 겪을 운명도 시리아에서 독살당한 동료들과 별반 다르지 않았다.

그는 영국 함대가 잠시 떠난 틈을 타 단신으로 탈출해서 파리로 돌아왔지만 남겨진 병사들은 다음 해에 카이로까지 추격해 온 오스만 튀르크의 압도적인 대군을 맞이했다. 그들은 영웅적인 전투를 벌였으나 사령관 클레베르Jean Baptiste Kleber 장군이 암살된 다음에 완전히 소멸해 버렸다.

클레베르 장군에 대한 나폴레옹의 처사도 옹졸했다. 전사한 클레베르의 시신이 돌아오자 자신이 아니라 클레베르가 공화국 병사들의 우상으로 숭배되는 것이 못마땅했던 나폴레옹은 그의 유해를 고향인 스트라스부르크의 묘지에 안장하지 못하게 하고 마르세이유 부근의 작은 섬에 보존하도록 명령했다.[28]

✒ 혁명의 영웅에서 독재자로

나폴레옹이 이집트에서 단신으로 귀국한 이유는 쿠데타를 통해서 절대적인 권력을 장악할 수 있는 기회를 잡았기 때문이었다. 나폴레옹은 그 전에 이미 두 번이나 쿠데타를 통해 선거 결과를 뒤집은 달콤한

---

28 장 밥티스트 클레베르 장군의 유해는 나폴레옹이 실각하고 난 다음 왕정복고 후인 1838년에야 루이 18세의 조치로 스트라스부르크로 귀환할 수 있었다.

경험을 가지고 있었다.

나폴레옹은 자신이 이탈리아에 있던 1797년 3월에 치러진 선거에서 왕정복고주의자들이 대거 의회에 진출하자 부하들을 보내 이들을 축출했으며, 다음 해 선거에서 다시 왕정복고주의자가 총재에 선출되고 의회에는 자코뱅 당의 인사들이 복귀하자 다시 한 번 쿠데타를 일으켜 선거를 무효화시켰다.

1797년 10월 나폴레옹이 파리에 나타나자 총재들은 그가 명령도 없이 귀국했다고 격렬하게 비난했다. 그는 다음 달인 11월 9일, 5명의 총재 중 시에예스Emmanuel Joseph Sieyès[29]와 푸셰Joseph Fouchè, 그리고 외상이었던 탈레랑Charles Maurice de Talleyrand-Pèrigord[30]과 모의해 쿠데타를 일으켜 총재 정부를 전복시켰다.

이 사건은 11월 9일에 일어났으나 혁명력으로 브뤼메르[31] 18일에 일어나 '브뤼메르 18일'이라고 불리며, 이를 계기로 프랑스 혁명은 사실상 막을 내렸다. 이후 실질적으로는 독재 체제인 '통령 정부統領政府'가 구성되었으며 의회는 삼원제로 구성되어 약화되었다. 권력은 3명의 '통령'에게 집중되었으며 그중에서도 특히 제1통령은 막강한 권력을 가졌다. 나폴레옹은 스스로 헌법을 기초해서 자신이 제1통령이 되었다. 육군 중위에서 독재자가 되기까지 그가 출세하는 데는 꼭 16년이 걸렸다.

1800년에 나폴레옹은 다시 한 번 알프스를 넘어 이탈리아로 진군

---

29 시에예스는 특이하게도 신부 출신이라는 경력을 가진 정치인이었다. 줄곧 입헌 군주제를 지향했으나 루이 16세의 처형에 대해서는 신념에 반해서 찬성표를 던졌다.
30 나폴레옹과 그 이후 루이 18세, 샤를르 10세, 루이-필립의 시대까지 대외적으로 프랑스를 대표했던 외교관으로 외교계에서는 전설적인 인물이다. 나폴레옹과는 캄포 포르미오 조약을 협상하던 시기에 처음 만나 줄곧 그의 측근으로 활약했다.
31 가을의 두 번째 달로 '안개(fog)월'이라는 의미이며 10월 22일경부터 11월 21일경까지에 해당한다.

했다. 그가 이집트 원정에 나선 동안 프랑스 군이 오스트리아 군에게 격파되어 상황이 지리멸렬해졌기 때문이었다. 이 원정에서 나폴레옹은 초전에 전략적 과오로 인해서 제노아에서 대패하고 궁지에 몰렸지만 엉뚱한 행운 덕분에 오스트리아 군이 비축해 둔 전략 물자들을 고스란히 손에 넣어 상황을 역전시킬 수 있었다.

그는 다시 한 번 오스트리아와의 협상을 원했지만 뜻대로 되지 않자 오스트리아의 수도 비엔나를 향해 진군해 결국 협상을 성사시키고, 캄포 포르미오 조약을 훨씬 유리한 방향으로 갱신했다. 이것으로 유럽에는 짧은 기간이나마 평화가 찾아왔다. 전쟁에 가장 적극적이었던 영국과도 아미앵 조약을 맺어 종전했다.

그때는 오랜 전쟁으로 국가 재정이 거의 파탄 지경에 이르러 있었다. 나폴레옹은 행정 조직과 법령을 정비하고 중앙은행을 강화하면서 미국에 남아 있는 마지막 프랑스 영토인 루이지애나를 갓 독립한 미국에 매각했다. 영토를 방어할 수 있는 해군력을 상실했기 때문이었다. 이로써 국가 재정이 안정되고 세율이 조절되면서 프랑스 국민들 사이에서 나폴레옹의 인기는 급상승했다.

그의 업적 중에서 가장 위대하다고 꼽히는 것은 군사적인 성취가 아니라 〈나폴레옹 법전〉이라고 불리는 민법을 제정한 일이다. 근세에 들어서는 최초로 시민권을 성문화한 헌법으로 역사상 큰 의미를 가진다.[32]

그렇지만 나폴레옹은 이 시민법이 발효되던 바로 그 시기에 혁명 초기에 폐지되었던 노예 제도를 부활시켰다. 혁명의 취지와는 정반대인 이 조치는 프랑스의 해외 식민지에서 거센 반발을 불러일으키

---

32 〈나폴레옹 법전〉은 그의 이름으로 발표되었으나 실제 이 법안을 기초한 사람은 제2통령이었던 법률가 레지(Jean-Jacques-Régis de Cambacérès)와 그가 이끄는 위원회였다.

며 곳곳에서 노예 반란이 일어나는 단서를 제공했다. 그는 아랑곳하지 않고 1802년 5월에 다시 헌법을 개정하여 스스로 종신 통령으로 취임했다.

프랑스 국민, 그리고 상원은 나폴레옹 보나파르트를 종신 제1통령으로 임명하며 이를 선언한다.

프랑스 혁명력 10년 개정헌법 제1조

이 시기만 하더라도 유럽의 위태로운 평화는 그런대로 유지되고 있었다. 비록 평화는 공식적으로 불과 2년 남짓 만에 끝장이 났지만 실질적인 전투는 아직 일어나지 않고 있었다. 유럽이 이른바 '나폴레옹 전쟁'이라고 불리는 길고 험난한 소용돌이에 빠지게 된 것은 그가 황제로 즉위한 이후였다.

몰락

1804년 12월 나폴레옹은 파리의 노트르담 성당에서 황제로 즉위했다. 명분은 왕정복고주의자들의 부르봉 왕가 재건 시도를 사전에 봉쇄하겠다는 것이었다. 다음 해 5월에는 밀라노 대성당에서 롬바르디아 왕권을 상징하는 '철의 왕관Iron Crown'[33]을 써 이탈리아의 왕으로 즉위했다.

33 예수가 죽은 성(聖) 십자가에 박혀 있던 못을 녹여 만들었다는 전설이 전해지는 왕관으로 수백 년 전 북부 이탈리아를 지배했던 롬바르드 왕국으로부터 유래되었다. 성 십자가는 콘스탄티누스의 어머니 성 헬레나(St. Helena)가 골고다 언덕에서 발굴해 로마로 가져왔다.

황제 즉위는 지지자들이 그에게서 등을 돌리게 하는 계기가 되었다. 악성 베토벤Ludwig van Beethoven을 비롯해 그동안 그를 지지해 온 많은 계몽주의자들이 지지를 철회했다. 프랑스 혁명 시기는 혼란스럽기는 했어도 유럽의 지성인들은 모순된 구체제가 무너질 수 있다는 희망을 보고 있었다. 그러나 나폴레옹은 스스로 군주가 됨으로써 그러한 희망에 찬물을 끼얹어 버린 것이었다.

황제에 오른 나폴레옹에게는 위대한 업적이 필요했다. 그는 영국을 침공하기 위해 모아 놓은 이른바 '위대한 군대Grande Armée'를 영국이 아니라 독일로 출동시켜 대승을 거두었다. 프랑스 해군이 트라팔가르[34] 해전에서 영국 함대에게 대패함으로써 나폴레옹의 영국 침공 계획은 물거품이 되었지만, 유럽 대륙은 나폴레옹에게 거의 석권되다시피했다.

나폴레옹은 1805년 가을 오스트리아를 상대로 울름 전투, 그해 말에 오스트리아와 러시아를 상대로 한 아우스터리츠 전투에서 빛나는 승리를 거두었고, 오늘날 파리의 상징물이 된 개선문을 건축하기 시작했다.

나폴레옹은 유럽을 석권했지만 도버 해협을 사이에 두고 있는 영국이 큰 문제였다. 영국 침공이 불가능하다고 판단되자 나폴레옹은 영국과 그 식민지로부터 들어오는 모든 물품에 대한 교역을 금지하는 대륙 봉쇄령을 선포해 영국을 경제적으로 질식시키려고 했다. 그렇지만 영국은 이에 대해 똑같이 해양 봉쇄 정책으로 맞서 프랑스와 동맹국들에게 타격을 가했다.

---

34 트라팔가르는 스페인의 남서단 지브롤터 부근의 지명이다. 1805년 10월 25일 넬슨 제독이 이끄는 27척의 영국 함대가 프랑스, 스페인의 연합 함대 33척과 전면전을 벌여 격파했다. 이 전투에서 넬슨 제독은 전사했다.

● **나폴레옹의 대관식** 나폴레옹은 1804년 7월 국민투표에서 압도적인 지지를 받으며 프랑스의 황제가 되었으며, 그해 12월 2일 대관식을 치렀다.

나폴레옹의 위세에 눌려 잠잠할 것 같았던 대륙도 바로 다음 해부터 요동치기 시작했다. 그동안 프로이센은 대프랑스 동맹에 대해 줄곧 유보적인 태도를 견지해 왔지만, 나폴레옹이 신성로마 제국을 해체하고 독일 내에 위성국가들을 만들어 가자 이에 위협을 느끼고 영국, 러시아, 오스트리아와 함께 다시 동맹을 결성했다.

나폴레옹은 이를 힘으로 응징했다. 1806년 10월 프로이센을 격파한 데 이어 다음 해 2월 폴란드를 경유해 진격한 러시아를 격파함으로써 명실상부한 유럽의 지배자가 되었다. 프로이센의 영토를 반쯤 강탈해서 베스트팔리아 왕국을 세우고 자신의 동생 제롬을 왕으로 앉혔으며 형 조지프가 일찌감치 점령한 교황령에 세운 나폴리 왕국에는 이미 왕으로 앉아 있었다.

그는 자신의 장군들 중에서 18명을 원수Marshall에 임명하고 이들에게도 적당한 작위와 영지를 나눠 주었다. 그들 중에서 장 베르나도트

Jean Bernadotte[35]는 후사가 없어 왕가의 혈통의 끊어질 위기에 처한 스웨덴의 차기 국왕으로 선출되었으며, 국왕인 카를 8세의 양자로 입양되는 형식을 갖춰 스웨덴의 태자로 임명되었다.

인간에게는 항상 한계가 있고, 멈춰야 할 때가 있는 법이다. 그렇지만 아무리 영리한 사람이라고 해도 탐욕이 눈을 가리는 순간에는 무리를 범하기 마련이다. 계속되는 승리에 도취한 나폴레옹 역시 마찬가지였으며 영원할 것 같았던 나폴레옹의 영광도 결국은 한여름 밤의 달콤한 꿈으로 끝나고 말았다.

나폴레옹의 장엄한 몰락이 시작된 곳은 스페인이었다. 스페인은 그동안 줄곧 프랑스의 동맹국이었다. 문제는 카를로스 4세가 부르봉 왕가의 혈통이기 때문에 나폴레옹에게는 매우 껄끄러운 존재였다는 사실이었다. 나폴레옹은 동맹국인 스페인을 공격해 국왕 카를로스 4세Carlos IV의 퇴위를 강요하고 대신 나폴리 국왕이던 자신의 형 조지프를 그 자리에 앉혔다.

나폴레옹의 스페인 침공은 엄청난 반발을 불러일으켰다. 게다가 이에 대한 나폴레옹의 대응 방식은 지독하게 야만적이기까지 했다. 1808년부터 프랑스 군은 사라고사[36]를 포위하여 사라고사의 민병대와 일반 주민을 전멸시키고 도시를 완전히 파괴했다. 이때 모두 5만

---

35 그가 스웨덴의 새 왕가인 베르나도트 가의 창시자인 카를 요한(Karl Johan)이다. 베르나도트는 나폴레옹이 두 번째 이탈리아 원정에서 패배해 궁지에 몰렸을 때 그를 구했으며, 나폴레옹의 약혼녀였던 데지레 클라리와 결혼한 사람이기도 하다. 스웨덴과 노르웨이 국왕으로 봉직하면서 덴마크의 침공을 격퇴하고 국정을 개혁해서 높은 인기를 누렸다. 그러나 스웨덴의 이익이 무엇보다 중요했던 그였기에 후일 나폴레옹에 대항해 결성된 제6차 반프랑스 동맹에 가담한다.
36 스페인 북동부의 고도로 스페인이 하나로 통일되기 이전에 있었던 아라곤 왕국의 수도이자 중심도시였다.

4,000명에 이르는 사람들이 희생되었으며 생존자는 거의 없었다.

스페인 인들은 수도 마드리드를 비롯한 여러 도시에서 격렬하게 반발했고, 프랑스 군은 난폭하게 진압했다. 스페인 전쟁은 1814년 나폴레옹이 실각할 때까지 끝나지 않았으며 이로 인해 프랑스 정예군 30만 명이 죽었다. 그러나 그 몇 배에 달하는 스페인 사람들이 목숨을 잃었다.

나폴레옹의 몰락은 바로 눈앞으로 다가오고 있었지만 정작 본인을 포함한 그 시대의 사람들은 이를 전혀 예상하지 못했을 것이다. 그의 사생활에서도 변화가 있었다. 조세핀은 나폴레옹의 후계자를 생산하지 못하고 있었으며 결혼 생활 자체도 초반부터 삐걱였다.[37]

그는 조세핀과 이혼하고 1810년 3월에 새로운 황후를 맞이했다. 합스부르크 가문 출신으로, 열여덟 살의 파르마 대공녀 마리 루이즈 Marie-Louise, Duchess of Parma였다. '장미'라는 별명으로 불리던 유럽 최고의 신부였다. 이 결혼은 합스부르크 가와 나폴레옹의 이해관계가 맞아떨어져 이루어진 것이다.

합스부르크 가는 나폴레옹과의 결혼을 통해서 기울어 가는 왕가의 권위를 다시 세울 수 있기를 기대했으며 나폴레옹 역시 합법적으로 유서 깊은 왕가의 일원으로 끼어들고자 했다. 그러나 근본적으로 프란츠 2세는 나폴레옹을 믿지 않았으며 나폴레옹은 장인을 명성만 남은 망국의 군주 정도로 간주했기 때문에 양측이 얻은 정치적인 실익은 거의 없었다.

---

37 조세핀이 아이를 낳지 못했던 이유는 공포정치 시절에 수감되어 감옥에서 당했던 고문과 연관이 있다. 그녀는 나폴레옹과 결혼한 이후에도 자유분방한 생활을 하면서 남성 편력을 드러냈는데, 이에 대응해서 나폴레옹 역시 수많은 여자들과 관계를 맺어 여러 명의 사생아를 낳았다.

마리 루이즈는 결혼 다음 해인 1811년에 나폴레옹이 오랫동안 갈망하던 후계자 나폴레옹 2세[38]를 낳았다. 그렇지만 나폴레옹은 이러한 축복을 스스로 걷어차 버렸다. 그는 바로 다음 해인 1812년 자신의 운명을 뒤바꾸게 될 러시아 원정에 나섰다.

나폴레옹은 45만 명의 '위대한 군대'를 동원해서 러시아를 침공했했다. 프랑스 군은 연이은 전투에서 절대적으로 우세했으나 러시아군은 모두 15만 명이라는 병력 손실을 입으면서도 굴복하지 않고 완강히 저항했다. 전쟁은 양쪽 모두에게 고통스러웠다. 모스크바 입성을 눈앞에 두고 벌어진 보로디노 전투에서만 러시아 군 4만 5,000명, 프랑스군 3만 5,000명이 전사했다.

나폴레옹은 만신창이가 되어서 모스크바를 점령했다. 러시아 군은 청야 작전을 폈다. 즉, 퇴각하면서 온 마을을 불태워 버린 것이다. 프랑스 군에게는 먹을 것도, 편히 잠잘 곳도 남아 있지 않았다. 북방의 혹독한 겨울이 들이닥치자 월동 준비가 전혀 되어 있지 않았던 나폴레옹의 군대는 급박하게 모스크바에서 철군해야 했다. 수천 킬로미터나 계속된 혹독한 행군에 병사들은 굶주림과 추위로 죽어 갔다.

나폴레옹이 귀환했을 때 45만의 대군 중 생존자는 4만이 넘지 않았다. 나폴레옹을 제압할 절호의 기회를 맞이한 유럽의 여러 나라들은 신속하게 동맹을 구성했다. 나폴레옹에 대한 여섯 번째 동맹이었으며 영국, 오스트리아, 러시아, 프로이센, 스웨덴, 스페인, 포르투갈과 독일의 소국들이 모두 이 동맹에 참여했다.

---

38 나폴레옹 프란시스 조지프 샤를르(Napoleon Francis Joseph Charles). 태어나면서 로마의 왕(King of Rome), 제국의 황태자(Imperial Prince)였다. 1815년 나폴레옹의 퇴위 이후에는 오스트리아 합스부르크 왕가의 일원으로 라이체슈타트 공작 프란츠 왕자(Prince Frantz, Duke of Leichstadt)로 불렸다. 스물한 살에 결핵에 걸려 비엔나에서 사망했다.

1813년 8월 16일부터 19일까지 독일의 라이프치히에서 결전이 벌어졌다. 대규모의 접전이었다. 나폴레옹도 병력을 긁어모으고 자신이 정복한 이탈리아와 나폴리 왕국, 바르샤바 공국으로부터 지원을 받아 20만 명이라는 대병력을 동원했다. 그러나 동맹군은 나폴레옹 군의 거의 2배에 이르는 대군이었다. 나폴레옹과 병사들은 선전했으나 전력 열세를 뒤집기에는 부족했다. 8월 19일 나폴레옹은 퇴각했다.

다음 해 3월 14일 동맹군이 파리에 입성하자 나폴레옹은 파리를 공격하라는 명령을 내렸다. 그러나 지휘관들이 명령을 거부하면서 한 시대가 종말을 고했다. 나폴레옹은 퇴위 형식으로 물러난 후 엘바 섬에 유배되었다. 이탈리아 서부 해안 가까이에 위치한, 인구 1만 2,000명 정도의 작은 섬이었다. 황제의 직위는 그대로 유지하고 엘바 섬에 대한 주권도 인정되었다. 부인 마리 루이즈와 나폴레옹 2세는 프랑스를 떠나 비엔나로 옮겼다. 가족들과의 재회를 갈망했던 나폴레옹이 그녀를 유괴하겠다고 협박했기 때문이었다.

나폴레옹은 이듬해 2월 26일 엘바 섬을 탈출해 3월 7일에 프랑스에 상륙했다. 그를 체포하기 위해 파견되었던 1개 연대가 친위대로 극적으로 변신하면서 파리까지의 여정은 개선행렬 같았다. 동맹국들에 의해 왕으로 추대되었던 루이 18세는 황급히 파리를 탈출했다.

그렇지만 운명의 워털루[39]에서 패배하면서 나폴레옹의 '100일 천하'는 종막을 고했다. 나폴레옹은 1815년 여름 남대서양 한가운데 위치한 세인트헬레나 섬[40]에 유배되었다. 영국이 판단하기에 그 세계에

39 워털루는 현재 벨기에의 수도 브뤼셀 근교에 위치한 작은 도시로, 독일어와 프랑스 어 문화권으로 나누어지는 이 나라에서 프랑스 어권에 속한다.
40 세인트헬레나 섬은 포르투갈 항해사가 발견하기 전까지는 무인도였다. 화산섬이며 가장 가까운 육지는 아프리카의 앙골라인데, 직선거리로 약 2,800킬로미터 떨어져 있다. 유럽의 함선들이 대서양이나 인도양으로 항해할 때 중간 기착지로 사용했으며, 영국 정부는 1657년 동인도회사에 임차했다가 1834년부터

● **엘바 섬 탈출** 나폴레옹은 1814년 4월 퇴위되어 엘바 섬에 유배되었으나 이듬해 2월 26일 탈출해 프랑스에 상륙했다. 그를 체포하러 온 군사들은 곧 그의 편에 섰고 그가 지나가는 곳마다 지지자들이 몰려들었다.

서 가장 멀리 떨어진 안전한 장소였다. 가혹한 기후와 척박한 토양, 주민이라고 해 봐야 백인 800명과 이들에게 고용된 중국인과 흑인 노동자 1,000명, 그리고 노예 1,500명 정도가 전부인 곳이었다.

나폴레옹에 대한 영국의 조치는 치졸하기 짝이 없었다. 세인트헬레나 총독 허드슨 로우Hudson Lowe는 악랄한 감시인이었다. 그는 나폴레옹을 모욕하고, 전해지는 물건을 가로챘으며, 나폴레옹에게 들어가는 비용을 삭감하고 그 비용을 직접 부담할 것을 요구했다.

그 와중에도 나폴레옹은 회고록을 집필했다. 그는 자신의 첫 번째

직접 통치권을 행사했다. 영국은 이 섬을 자신들에게 피해를 입힌 사람들에게 가혹한 보복을 가하기 위한 유배지로도 활용하기도 했다. 영국은 나폴레옹 외에도 남아프리카를 장악하기 위해 벌인 보어 전쟁에서 잡아들인 네덜란드계 주민들 5,000여 명을 모두 이곳에 유배해서 중노동을 시켰다.

임시 거처의 소유자인 발콤Balcombe 가족과 좋은 관계를 가졌는데, 특히 열네 살짜리 엘리자베스 루시아Lucia Elizabeth[41]와 나이를 초월한 우정을 나누었다. 그렇지만 로우가 이 가족을 영국으로 쫓아 버리는 바람에 우정은 2년 반 정도 밖에 지속되지 못했다.

나폴레옹은 세인트헬레나에서 5년 남짓 살다 1821년 초부터 급격하게 건강이 나빠졌으며, 그해 5월 5일 쉰한 살의 나이로 생을 마감했다. 사인은 위암이었다. 나폴레옹이 사망한 그 시기부터 음모론자들은 꾸준히 독살설을 제기했으나 현대의학을 이용한 정밀진단 결과는 이를 부정하고 있다.

유럽 역사에서 나폴레옹이 미친 영향은 일시적인 것이 아니었다. 그의 등장은 소수의 왕가가 독점적으로 통치권을 움켜쥐던 시대가 끝났음을 의미했으며, 또한 유럽 대륙에 정복을 통해서건 정치적 타협을 통해서건 언제라도 하나로 통합될 수 있는 가능성이 열려 있다는 역사적인 교훈을 다시 한 번 상기시켜 주었다.

부정적인 시각에서만 보자면 나폴레옹은 교활한 기회주의자이자 예측할 수 없고 뻔뻔한 야심가였다고 할 수 있다. 그는 다른 사람들의 업적을 가로채거나 대중들을 상대로 자신의 업적을 과장하면서 명성을 얻었다. 그의 교활함과 뻔뻔함은 역사를 객관적으로 볼 수 있는 이 시대의 우리들뿐만 아니라 동시대인들도 잘 알고 있었다.

"나는 땅에 떨어진 프랑스 왕관을 발견했다. 그래서 칼로 그것을 주웠다." 이것은 나폴레옹 자신의 말이다. 그럼에도 나폴레옹은 당대

---

41 엘리자베스 루시아 발콤은 발콤 가족 중에서 유일하게 프랑스 어를 할 줄 알았다. 그녀는 후일 《나폴레옹에 대한 추억(Memoirs of Napoleon on St. Helena)》이라는 책을 집필해 이 무렵 나폴레옹의 삶과 고뇌, 그리고 인간적인 모습에 대한 상세한 기록을 남겼다.

의 프랑스 인들에게 절대적인 지지를 받았다. 그가 쿠데타로 정권을 탈취하건 황제에 오르건 명분 없는 전쟁을 선포하건 이혼을 하건 적성국의 공주와 재혼을 하건 당시 프랑스 인들은 무조건적으로 그를 지지했다. 숱한 문제를 안고 있음에도 동시대의 사람들에게 전폭적인 지지를 받는 것은 모든 정복자들이 누리는 일반적인 특권이기는 하다.

그렇지만 나폴레옹의 경우에는 이러한 측면이 특히 두드러졌다. 그는 인간적으로 약점이 많은 사람이었지만 그 약점이 바로 사람들을 끌어들이는 묘한 매력으로 작용했다. 그는 성급하게 실수를 한 다음 이를 수습하기 위해서 억지를 부리기도 하고 때때로 상심해서 나약한 심성까지 그대로 드러내 보여주는 '인간적인 모습'을 한 정복자였다. 바로 이러한 점 때문에 그의 시대는 물론 후대까지도 많은 사람들로부터 사랑을 받는 것인지도 모른다.

붉은 차르

블라디미르 레닌

정치적인 측면에서 유달리 보수적인 한국 사회에서 '블라디미르 레닌 Vladimir Lenin'이라는 이름은 그리 달가운 것이 아니다. 그를 비난하는 경우가 아니라면 상당히 오랫동안 레닌이라는 이름은 한국 사회에서 금지된 단어나 마찬가지였다. 그렇지만 그는 아돌프 히틀러와 함께 20세기의 인류 역사에 가장 큰 영향을 미친 인물이다.

레닌은 인류 역사상 가장 성공한 혁명가이다. 혁명 자체의 성공 여부로 판단해도 그렇지만 권력의 정점에 오른 후에도 레닌은 처음 혁명을 시작할 때 가졌던 열정과 순수함을 잃지 않았으며, 무소불위의 권력을 한손에 쥐었으면서도 권력자가 아닌 혁명가로 죽었다. 개인적인 측면에서도 블라디미르 레닌은 무자비한 악당과는 거리가 멀었다. 지지자들뿐 아니라 오랜 적들 중에서도 그를 직접 만났던 사람들은 하나같이 그의 지성과 인간적인 매력에 찬탄을 금치 못했다.

어떤 사회든 내부의 갈등이 한계에 이르면 그 사회 체제는 더 이상 유지되지 않고 붕괴되기 마련이다. 19세기 러시아가 바로 그러한 상황이었다. 18세기 러시아의 로마노프 왕조에는 표트르 1세[42]와 옐리자베타 1세[43], 예카테리나 2세[44]와 같이 개혁 성향의 차르들이 등장했다.

개성이 강했던 이 차르들은 절대적인 권력을 행사하면서 수백 년 동안 러시아 사회를 지배해 온 봉건 체제에서 벗어나려고 부단히 노력했지만 보수적인 기득권층의 벽에 부딪혀 언제나 불완전한 개혁에 머물렀다. 여기에 급속도로 진행된 산업혁명으로 인해 자본주의가 자리를 잡았다. 그러나 러시아의 자본주의는 이 이념의 전제인 '공정함'이라는 기준이 완전히 무시된 천박한 형태의 자본주의였다.

19세기 후반 러시아는 전통적인 지주와 농민 사이의 갈등에 더해 자본가와 노동자의 관계에서 생겨난 새로운 사회적 갈등이 추가되면서 사회적인 모순이 한계에 도달해 있었다. 그러나 사회 구조는 이러한 문제를 해결할 가능성을 전혀 가지고 있지 않았다.

여기에 세대 간의 갈등이 다시 추가되었다. 러시아는 보수적인 전통 귀족들이 지배하는 권위주의적인 사회였지만, 역대 차르들이 경쟁적으로 세운 초대형 대학교[45]에서 배출되는 지성인들은 유럽에서

---

42 1682년부터 1725년까지 재위하면서 러시아를 유럽 국가로 만들기 위해 터키, 스웨덴 등의 인접국뿐 아니라 러시아 사회의 모든 후진성과 싸워야 했다. 러시아를 만든 인물이라고 할 수 있으며 '대제(the Great)'라는 칭호를 얻었다.

43 표트르 대제의 둘째 딸. '게으른 금발미녀'의 이미지가 강하며 중신들이 정치를 좌우하게 만들었다는 비판을 받지만 실제로는 선량하고 의지가 강한 인물이었다. 표트르 대제가 시도한 개혁 중 문화적인 면에서의 개혁은 모두 그녀의 통치 아래에서 이루어졌다. 1741년에 쿠데타로 집권해서 1762년까지 재위했다.

44 옐리자베타 1세의 며느리. 독일 출신으로 쿠데타로 남편을 타도하고 정권을 잡았다. 1762년부터 1795년까지 재위했고 사후에 '대제'라는 칭호를 얻었다. 개인적으로는 이상주의적인 계몽주의자였으나 극심한 농노들의 반란을 겪은 후 현실주의적인 절대군주로 전향했다.

45 러시아의 대학교 역사는 1724년 표트르 대제가 국가 고등교육에 대한 칙령을 발표한 시기로 거슬러 올

가장 진보적인 성향을 가지고 있었으며, 이들의 사회적인 영향력은 급격히 증가하고 있었다. 이들이 지향하는 이상주의와 현실세계가 더 이상 그 간극을 좁힐 수 없을 만큼 벌어진 시기, 1870년 무렵부터 유입되기 시작한 칼 마르크스Karl Marx의 이론은 러시아의 민중들에게는 새로운 복음이나 마찬가지였다.

✒ 혁명가 집안

레닌은 1870년 4월 22일 모스크바에서 동쪽으로 900킬로미터 떨어진 볼가 강변의 작은 도시 울리야놉스크Ulyanovsk[46]에서 태어났다. 본명은 블라디미르 일리치 울리야노프Vladimir Ilyich Ulyanov로, 여섯 형제 중 셋째였다. 부모는 모두 교육자였고 시대를 앞서가던 사람들로, 자녀들에게 자유, 평등, 인권의 가치를 가르쳤으며 이상을 실현하기 위한 삶을 살아야 한다고 강조했다.

레닌의 집안은 상당히 부유한 편이었다. 아버지 일리야 울리야노프Ilya Nikolayevich Ulyanov는 당시 러시아 교육계에서 입지전적인 인물이었다. 가난한 농노 집안 출신이었지만 자신의 재능과 노력만으로 명문학교인 카잔 대학교에 입학해 물리학과 수학을 전공했으며, 귀족학교와 일반 고등학교 교사를 거쳐 장학사까지 올랐다. 그는 러

라간다. 숱한 전쟁과 혁명으로 인해서 18세기에 설립된 대학 자체가 존속한 경우는 많지 않지만 모스크바 국립 대학교와 상트 페테르부르크 국립대학교를 포함한 다수의 명문 학교들이 이 시절에 설립된 대학들의 후신임을 주장하고 있다.

46 울리야놉스크는 혁명 이후 1924년에 레닌의 이름을 따라 개명된 것이며 원래의 이름은 심비르스크(Simbirsk)였다. 17세기에 군사 요새에서 출발해서 현재는 60만 명이 넘는 인구를 가진 산업도시로 발전했지만 레닌이 태어날 당시에는 인구 3, 4만 명 정도의 소도시였다.

●레닌

시아 내의 소수민족들을 위한 국립학교도 세웠으며 교육계에 공헌한 공로를 인정받아 성 블라디미르 훈장 Order of St. Vladimir을 받고 상당히 높은 귀족 계급인 '4계급Actual Civil Councillor'[47]의 자격을 얻었다.

어머니 마리아 블랑크Maria Alexandrovna Blank는 러시아 정교로 개종한 유대 인 의사의 딸로 머리가 뛰어나고 의지가 강한 사람이었다. 단 하루도 학교를 다닌 적이 없지만 독학으로 독일어, 프랑스 어, 영어를 습득했으며, 이를 기반으로 유럽 문학에 정통했다. 그녀는 대학에서 실력을 인정받아 문학사 학위를 수여받고 초등학교 교사가 되었다.

어린 시절 레닌은 건실하고 총명한 모범생이었다. 후일에는 확고한 무신론자가 됐지만 어릴 적에는 러시아 정교의 영세를 받은 독실한 신도이기도 했다. 그는 십대 시절에 여러 번의 비극을 겪으면서 혁명가의 길을 선택하게 된다.

비극은 1886년 정월 일리야 울리야노프가 쉰다섯 살의 나이로 급작스럽게 세상을 떠나면서 시작되었다. 일반적으로도 확고한 이상과 신념을 가지고 실천하는 부모 아래에서 자란 자녀들은 그 영향을 강

---

47 표트르 대제는 러시아의 사회 체제를 정비하면서 귀족들의 등급을 모두 16단계로 구분했다. 이 구분은 복잡한 것 같지만 이 정도도 이전까지의 관행을 상당히 단순화한 것이어서 시행 초기에는 반발이 많았다. Actual Civil Councillor는 16단계 중에서 네 번째로 높은 계급이다.

하게 받게 마련이지만, 울리야노프 가의 경우에는 이것이 사회적 상황과 맞물려 형제들이 모두 혁명 일선에 뛰어드는 결과로 나타났다.

　다음 해인 1887년 상트 페테르부르크 대학교에 재학 중이던 레닌의 형 알렉산드르가 차르 암살을 계획하다 체포되어 교수형을 당했다. 알렉산드르는 대변혁의 필요성에 대한 팸플릿을 찍고 학생과 노동자 들에게 열변을 토하곤 했지만 냉혹한 테러리스트라기보다는 순진한 이상주의자였다. 그와 동지들이 세웠던 계획은 차르의 마차에 폭탄을 던지는 것이었는데 암살 계획치고는 대단히 어설펐다. 알렉산드르가 처형될 때 형제 중 가장 맏이인 큰누나 안나도 함께 체포되어 추방되었다. 이 사건이 열일곱 살의 레닌에게 결정적인 영향을 끼쳤던 것은 분명하다.[48]

　레닌은 이로부터 석 달 후에 카잔[49] 대학교 법학부에 입학했다. 여기에서 그는 처음으로 마르크스의 저작들을 읽으면서 사회주의를 접하게 되었다. 바로 그해에 그는 학생 봉기에 참여했다 경찰에 체포되었다. 학교에서는 퇴학당했으며 다른 대학으로의 전학도 금지되었다. 그리고 경찰의 주요 감시 대상 인물이 되었다. 이는 그가 중요한 인물이라기보다는 전설적인 테러리스트의 동생이기 때문이었다. 그럼에도 레닌은 독학으로 법학을 계속 공부했으며, 이 기간에 마르크스의 《자본론Das Kapital》에 통달해 철저한 마르크스주의자가 되었다. 레닌은 3년이 지난 1890년에야 상트 페테르부르크 대학교에서 청강

---

48 레닌과 누나 안나뿐 아니라 남동생 드미트리와 막내 마리아 역시 러시아 혁명에 깊이 관여해서 4형제가 모두 체포되거나 해외로 망명하는 일이 잦았다. 레닌의 바로 아래 여동생 올가는 열아홉 살에 병으로 사망했다.

49 카잔은 러시아 연방의 일원인 타타르스탄의 수도이며 러시아의 10대 도시 중 하나로 유럽 쪽 러시아의 볼가 강 지역에서는 중심도시 중 하나이다. '제3의 수도'라는 명칭으로도 불리며 러시아 스포츠의 중심지이기도 하다. 19세기 말에서 20세기 초까지 사회주의 혁명의 중심도시 중 하나였다.

허가를 받을 수 있었다.

그는 이 대학에서 계속 법학을 전공했으며 언어 분야에도 관심이 많아 고대 라틴 어와 그리스 어, 현대 독일어를 공부했다. 법학 과목을 수강해 사법시험에 응시할 자격을 갖추게 된 레닌은 1891년 첫 응시에서 수석으로 합격했다. 그는 변호사 자격증을 따고 나서 볼가 강에 위치한 항구도시 사마라로 가서 토지 소유권 전문 변호사로 개업했다. 그는 사마라에서 1년 남짓 밖에 머물지 않았지만 당시 러시아 농민들이 처한 경제적, 사회적인 위기를 생생하게 체험할 수 있었다.

✒ 사회주의 투쟁의 시작

레닌은 1893년 상트 페테르부르크로 옮겨서도 계속 변호사로 활동했으나 마르크스주의에 대한 열정이 주체할 수 없는 상태에 이르자 1895년에 평생 처음으로 '노동자 계급 해방 동맹League of Struggle for the Emancipation of the Working Class'이라는 단체를 조직했다.

당시 그의 우상은 러시아에 사회주의를 처음으로 소개한 게오르기 플레카노프Georgi Plekhanov[50]였다. 레닌은 그를 만나기 위해서 여행을 떠났다. 그는 제네바, 취리히, 베를린을 돌면서 플레카노프를 비롯해서 망명 중이던 러시아 사회주의자들과 만나 토론을 벌였으며, 파리에서는 마르크스의 사위이자 프랑스 노동당의 창설자인 폴 라파르그Paul Lafargue를 방문했다.

유럽 여행을 마치고 상트 페테르부르크로 돌아온 레닌을 기다리

---

50 플레카노프는 '러시아 사회주의의 아버지'라고 불리는 사람이다. 초기부터 레닌과 함께 열성적으로 활동했으나 1903년 노동당의 분당 사태 때 멘셰비키에 가담함으로써 레닌과 결별했다.

고 있던 것은 정치적 탄압이었다. 그의 단체는 이름만 거창할 뿐이지 정치 조직도 아니었고 혁명에 대한 구체적인 계획을 가지고 있지도 않았다. 레닌 자신의 표현에 따르면 그는 혁명을 '공부'하고 있었을 뿐이었다. 그렇지만 경찰은 그해 12월에 레닌을 체포해서 14개월 동안 독방에 수감했다. 형기를 마친 다음에는 시베리아로 유형을 보냈다. 유형지는 예니세이 강변에 위치한 슈셴스코예[51]라는 작은 마을이었다.

이때 레닌은 행운을 잡았다. 상트 페테르부르크에서 점찍어 둔 나디야Nadya라는 아가씨와 유형지에서 결혼식을 올린 것이다. 나디야는 애칭이며 원래의 이름은 나데즈다 콘스탄티노브나 크루프스카야 Nadezhda Konstantinovna Krupskaya이다. 나이는 레닌보다 한 살 많았다.

나디야의 아버지는 육군 장교이고, 어머니는 귀족 출신이지만 재산이 많지 않아 스스로 생계를 꾸리며 자라 민초들의 삶을 경험한 사람이었다. 부모는 모두 최고의 교육을 받은 지성인들이었으며 사회의식이 투철했다. 나디야는 스무 살 무렵 아버지를 잃고 어머니와 함께 교사로 일하면서 생활전선에 나서야 했다. 명문학교 출신의 재원으로, 명석하고 강인한 여성이었다. 당시 그녀가 가장 관심을 가진 것은 교육 분야였다. 그녀는 톨스토이의 교육론[52]을 신봉했으며 그 영향으

---

51 예니세이 강은 몽골에서 발원해서 북극해로 흘러들어가는 강이다. 시베리아 지역의 젖줄이지만 강 하구가 여섯 달 이상 얼어 있기 때문에 홍수가 잦다. 슈셴스코예는 이 강의 상류, 몽골과의 국경과 가까운 곳에 위치하고 있다. 여름에는 혹서, 겨울에는 혹한이라는 기후적인 특성을 가지고 있다.
52 톨스토이는 대문호라는 호칭이 어울리는 작가이면서 동시에 혁신적인 교육가였다. 그는 민중에 대한 교육이 계급 간의 격차를 해소하는 수단이 될 수 있다는 믿음을 가지고 이상적인 교육을 추구했다. 서른 살이던 1859년부터 스스로 학교를 열어 가난한 농부의 아이들을 가르치기 시작했다. 그가 세운 학교들은 탄압으로 인해 우여곡절을 겪었지만 사회적으로 큰 호응을 얻었다. 톨스토이는 1875년 자신의 교육 이론을 정리한 《국민교육론》을 발표했다.

로 톨스토이의 세계에 심취해 있었다. 그녀는 노동자들의 문맹을 타파하기 위해 기업이 세운 학교에서 교사로 재직하고 있었다.

레닌과 나디야 두 사람은 레닌이 모임을 결성했을 때 처음 만났다. 당시 러시아에서는 사회주의와 마르크스의 저작들이 금지되어 있었기 때문에 이것들을 읽고 서로 의견을 교환하기 위해서는 비밀리에 단체를 조직해서 은밀하게 활동할 수밖에 없었다.

나디야는 레닌의 사후에 《레닌 회상록Reminiscences of Lenin》을 집필하여 자신과 레닌이 상트 페테르부르크에서 처음 만난 때부터 1919년 볼셰비키 혁명이 성공하기까지의 연대기를 자세하게 기록했는데, 처음 만났을 때 언변은 매우 인상적이었지만 전반적으로 그리 매력적이지 않았다고 회상했다.

마르크스 연구 모임에서 나디야와 레닌이 개인적으로 접촉할 기회는 그리 많지 않았다. 레닌이 먼저 체포되고 얼마 후에 나디야도 체포되었는데 그들은 감옥에서도 교류가 거의 없었다. 그렇지만 레닌은 시베리아로 유형을 떠나기 직전에 나디야의 어머니를 통해서 비밀스럽게 메시지를 전달했다.

나디야가 자신의 '약혼자' 자격으로 위장해서 시베리아 유형에 동행하면 어떻겠느냐는 의사를 타진한 것이다. 그때 나디야는 선고 공판을 앞두고 있었다. 나디야는 레닌의 제안을 수락하고 재판부에 청원을 냈으며, 두 사람이 슈센스코예에 도착하자마자 정식으로 결혼식을 올리는 조건으로 청원이 받아들여졌다. 레닌이나 나디야 모두 평생 사생활에 대해서는 철저하게 함구했다. 나디야는 회상록에서조차 이 부분은 거의 언급하지 않았다. 다른 사람들이 보기에 이 두 사람은 부부라기보다는 한 집에 사는 혁명동지에 가까웠다고 한다.

그들이 사생활에 대해서 철저하게 함구한 이유는 다른 사람들과 공

유하기 어려운 아픔을 가지고 있
었기 때문이었을 것이다. 나디
야는 갑상선 계통의 유전적인 질
환을 앓고 있었으며 이로 인해서
정상적인 부부 생활을 영위하지
못했을 확률이 높다. 이 질환의
특성상 결혼할 무렵에는 나디야
본인도 알지 못할 정도로 거의
증상이 나타나지 않았을 것이나,
점차 병세가 악화되면서 결국 정
상적인 부부 관계가 불가능하게
되었을 것이다.[53]

● 나디야

레닌은 수감과 유형 과정을 통해서 혁명가로 이름을 알리는 데 성
공했다고 할 수 있다. 그는 유형 생활 중에 《러시아 자본주의의 발전
Development of Capitalism in Russia》이라는 사회주의 이론서를 집필하
고, 1899년에 블라디미르 일린Vladimir Ilyin이라는 가명으로 출판했다.
레닌은 평생 사회주의 이론가로 명성을 쌓았는데, 이 책이 그 첫걸음
이었다.

당시 러시아 지성인들에게 마르크스주의는 일종의 이상향이었다.
그들은 마르크스주의가 매력적인 이데올로기이기는 하지만 도달하

53 갑상선 관련 질환은 유럽 인들 사이에서는 발병 빈도가 약 2퍼센트 이상으로 상당히 높은 편이다. 나디
야의 젊었을 때 사진에서는 이 질환의 증상을 거의 찾을 수 없으나 나이 든 이후에 찍은 사진에서는 눈과
턱에서 이 질환의 대표적인 증상이 분명하게 나타난다. 레닌과 나디야가 아이를 가지지 못했던 이유도 이
질병과 관련이 있다고 한다.

기에는 너무 먼 길이라고 생각했다. 마르크스의 이론에 따르면 사회주의 체제는 자본주의가 완전히 성숙한 이후에야 실현이 가능하다. 그렇지만 당시 러시아는 자본주의의 초기 단계에 불과했다. 인구의 4분의 3이 농민이었으며 농노해방[54]이 선언되고 불과 한 세대가 지났을 뿐이었다.

그런데 레닌은 《러시아 자본주의의 발전》을 통해서 이미 자본주의가 전통적인 농민공동체를 와해시키고 있다고 주장했다. 그는 농민들이 부르주아와 중산층 농민, 프롤레타리아의 세 계급으로 급속히 분화되고 있으며, 전체 농민의 절반 이상이 실질적인 프롤레타리아라고 주장했다. 따라서 정통적인 사회주의 이론에서는 산업 프롤레타리아가 혁명의 주체가 되어야 하지만 같은 처지에 있는 농민들과도 연대해야 한다고 주장했다.

러시아 혁명

레닌은 1900년에 유형에서 풀려났다. 그는 해외 망명길에 올라 서유럽 국가들을 전전하다 최종적으로 스위스의 취리히에 정착했다. 당시 독일어권 스위스와 독일에는 러시아에서 망명한 러시아 인들이 상당수 머물고 있었다. 레닌은 상트 페테르부르크에서 노동자 계급 해방 동맹을 함께 조직했던 율리우스 마르토프Julius Martov[55]를 만났

---

[54] 러시아의 농노해방 선언은 여러 번 있었지만 1861년 알렉산드르 2세가 '농노해방령'을 내려 2,200만 명의 농노를 토지의 구속으로부터 완전히 해방시켰다.

[55] 율리우스 마르토프는 가명이며 원래 이름은 율리 체데르바움(Yuly Osipovich Tsederbaum)으로 오스만튀르크 출신의 유대 인이다. 스위스 시절에는 레닌의 가장 가까운 동지였으나 1903년 멘셰비키에 가담하면서 갈라서게 되었다. 그는 멘셰비키의 대표적인 지도자였으나 내전 중에는 레닌과 적군을 지지했다.

다. 마르토프도 3년의 유형을 마치고 풀려나온 길이었다.

그해 말에 레닌과 마르토프는 의기투합해서 〈이스크라Iskra〉지[56]를 창간했다. 〈이스크라〉는 서유럽에 망명 중인 러시아 출신 지성인들을 '러시아 사회민주노동당(Russian Social Democratic Labour Party, RSDLP)'에 끌어들이기 위한 정치신문이었다. 러시아 사회민주노동당은 1898년 3월 현재의 벨로루시 공화국의 수도인 민스크에서 창당되었으나 9명의 창당 회원들이 모두 체포되고 당원들은 숨을 죽이고 있던 상태였다.

레닌과 마르토프는 RSDLP에 새로운 활력을 불어넣었다. 여기에 러시아 사회주의의 신화적인 존재인 플레카노프와 우크라이나 출신의 젊은 천재 레프 트로츠키Lev Trotsky[57]가 〈이스크라〉의 편집진으로 가세하면서 신문의 평균 판매부수도 8,000부를 넘었다. 그렇지만 개성이 강하고 명석한 사람들이 여러 명 모이게 되면 문제가 발생하는 것이 세상의 이치이다.

동지들 사이에서 노선의 갈등이 드러나기 시작한 것이다. 잠재되어 있던 갈등이 순식간에 표면화된 데에는 레닌이 결정적인 역할을

---

56 '이스크라'는 '불꽃(Spark)'이라는 의미이다. 1900년 독일 라이프니치에서 처음 발행된 후 러시아 사회민주노동당(RSDLP)의 공식 기관지가 되었다. 1905년까지 경찰의 감시를 피해 뮌헨, 런던, 제네바를 전전하면서 발행되었다. 1903년 RSDLP의 분당 사태 이후에는 멘셰비키가 장악했으며 레닌은 편집위원회에서 떠났다.

57 레프 트로츠키 역시 레닌과 마찬가지로 필명이다. 원래의 이름은 레프 다비도비치 브론슈타인(Leib Davidovich Bronstein)이며 우크라이나의 부농 출신 유대 인이었다. 시베리아에 1898년 체포되어 유형 중 탈출해 런던에서 레닌을 만났다. 1903년 노동당 분열 시기에는 멘셰비키에 가담했으며 멘셰비키와 볼셰비키의 재통합을 추진하였으나 실패하고 1914년 미국으로 망명했다. 1917년 다시 귀국 후 볼셰비키와 공동 투쟁을 벌였으며 페트로그라드 소비에트 의장으로 활약 중 11월 혁명의 주역이 되었다. 1919년 독일과의 강화 협상 시 레닌과 대립하다 국외로 추방되었으며, 레닌 사후 스탈린과의 권력 투쟁에서 패배하고 여러 나라를 떠돌았다. 1936년 멕시코에 정착했으나 1940년에 스탈린이 보낸 암살자에게 살해되었다.

했다. 〈이스크라〉의 발행처가 각국 정부의 감시를 피해 뮌헨에서 런던으로, 다시 제네바로 옮겨 다니는 와중에 레닌은 문제의 소책자 〈무엇을 할 것인가?What to be done?〉를 발표했다.

그는 혁명의 성공을 위해서 절대 권력을 갖는 당 중앙위원회와 소수의 '전문적인 혁명가Professional Revolutionaries' 그룹을 조직하자는 제안을 했다. 이 제안은 격렬한 논쟁을 불러일으켰다. 사회주의 혁명의 대전제는 평등이다. 전 세계의 모든 프롤레타리아는 동등한 자격으로 혁명에 참여해야 한다는 것이 마르크스주의이다. 소수의 혁명 엘리트는 혁명을 위한 효과적인 수단이 될 수 있긴 하지만 사회주의가 추구하는 가치에 정면으로 위배되는 제안인 것이다.

플레카노프와 마르토프가 레닌을 격렬하게 비판하기 시작했으며 여기에 트로츠키도 가세했다. 결국 런던과 제네바에서 두 차례 개최된 전당대회에서 플레카노프는 영향력을 잃었으며, 러시아 사회민주노동당은 레닌을 중심으로 한 볼셰비키Bolsheviki와 마르토프를 중심으로 한 멘셰비키Mensheviki로 급격하게 분열되었다.[58]

외국으로 망명한 러시아 사회주의 지도자들이 격렬한 논쟁으로 시간을 허비하는 동안 정작 그들의 조국 러시아에서는 '피의 일요일Krovavoye Voskresenye'이라는 대학살 사건이 벌어지면서 혁명의 신호탄이 쏘아 올려졌다. 이 사건은 1905년 1월 22일 당시 '페트로그라드'라고 불리던 상트 페테르부르크에서 터졌다.

---

[58] 볼셰비키는 러시아 공산당과 동의어로 사용되지만 원래의 의미는 단순한 '다수파'로 소수파인 멘셰비키의 상대적인 개념이다. 멘셰비키들이 정통 마르크스주의에 입각해 부르주아 혁명 과정을 걸쳐 프롤레타리아 혁명에 도달한다는 단계론을 주장한 반면, 상대적으로 급진적인 볼셰비키는 프롤레타리아에 의한 폭력 혁명을 추구했다. 볼셰비키는 〈이스크라〉의 편집위원들의 경우에는 다수를 점했지만 초기 러시아 사회민주노동당에서는 오히려 멘셰비키가 더욱 큰 영향력을 행사하고 있었으나 1917년의 11월 혁명으로 모든 권력을 잃었다.

러시아의 마지막 차르 니콜라이는 가정에 헌신적이고 신앙심이 깊은 선량한 사람이었지만 격동기에는 그것만으로는 부족했다. 가장 큰 문제는 나약한 심성의 차르 자신이 러시아의 변화를 두려워했으며 정치에 큰 관심이 없다는 사실이었다. 대단히 혼란스러운 시대였지만 당시의 러시아 인 대부분은 여전히 차르를 숭배하고 있었으며 선량한 차르를 악랄한 악당들이 둘러싸고 있다고 생각했다.

1905년 1월 상트 페테르부르크에서 발발한 사태는 극적인 반전의 계기가 되었으며 나아가 그때까지 간신히 유지되고 있던 러시아 사회를 근본부터 뒤흔드는 계기가 되었다. 그날은 합법적인 노동자 단체인 '러시아 노동자 의회'가 계획한 파업이 예고된 일요일이었다. 이때의 지도자는 정교회의 사제인 게오르기 가폰이었다.

가폰은 다른 일반적인 러시아 인들과 마찬가지로 차르에게 충성스러운 사람이었으며 선량한 차르의 주변을 둘러싸고 있는 사악한 인간들이 아니라 직접 차르 니콜라이 2세에게 노동자들의 요구를 제시할 생각으로 대중시위를 계획하고 치안당국에도 자신의 계획을 미리 통보했다.

그는 노동자들을 이끌고 겨울 궁전 앞 광장을 향해 나아갔다. 노동자들은 평화롭게 종교 성상과 니콜라이 2세의 초상화, 그리고 자신들의 불만과 개혁에의 열망을 담은 탄원서를 들고 가폰의 뒤를 따랐다. 이때 니콜라이는 상트 페테르부르크에 있지 않았다. 치안 경찰 책임자인 차르의 삼촌 블라디미르 대공은 갑자기 경찰에게 시위대를 향해 발포하라고 명령했다. 그 결과 100명 이상의 시위 참가자가 죽었고 수백 명이 부상을 당했다.

이 사건은 여기에서 끝나지 않았다. 여러 도시에서 파업이 뒤따랐으며, 농촌에서는 농민들이 봉기를 일으켰고 군대에서는 폭동이 일

● 겨울 궁전으로 향하는 노동자들

어났다. 일련의 사건들은 차르 체제를 심각하게 위협했으며 1905년 혁명의 시발점이 되었다.

러시아 전역으로 혁명이 번지자 차르 니콜라이 2세는 국민의회인 '두마Duma'의 소집을 승인했으며 레닌은 다른 망명자들과 함께 귀국했다. 레닌은 러시아 사회주의 민주노동당의 의장으로 선출되었지만 트로츠키가 이끄는 멘셰비키가 정국의 주도권을 잡았고, 레닌과 볼셰비키의 존재는 미미했다. 이때 볼셰비키는 정치자금을 마련하기 위해 수단을 가리지 않았는데, 그 수단 중에는 은행강도도 포함되어 있었다.

문제는 이들이 티필리스 우체국을 털 때 터졌다. 이곳에서 이들은 약 25만 루블을 강탈하고 폭탄을 사용했는데, 조작 미숙으로 사상자가 발생하면서 큰 정치 스캔들로 번진 것이다. 1907년 입헌 쿠데타가 일어나 사회주의자들에 대한 대대적인 검거가 시작되었으며 레닌은 다시 해외 망명길에 올랐다. 이번의 망명 생활은 지난번보다 훨씬 고통스러웠다. 자금줄이 말라붙어 생활고에 빠졌으며 멘셰비키와의 갈등은 극으로 치달았다.

그런 와중에 레닌은 1908년에 《유물론과 경험론—비판Materialism and Empirio-Criticism》을 발표하면서 이른바 '레닌주의Leninsm'[59]를 완성했다. 레닌과 그에게 충성스러운 소수의 볼셰비키는 1912년 프라하에서 열린 RSDLP에서 당을 장악하려고 시도했으나 실패하고 결국 멘셰비키와 완전히 결별하면서 별도의 전당대회를 소집했다.

러시아의 사회주의 혁명가들이 국내에서는 지하로 숨고 해외에서는 분열되어 격렬하게 대립하고 있던 와중에 1914년 여름 오스트리아가 세르비아를 침공함으로써 제1차 세계대전이 발발했다. 레닌이 이끄는 볼셰비키는 '불필요한 전쟁'이라며 반전을 천명했으나 그들을 제외한 러시아의 거의 모든 정파들이 독일과의 전쟁을 전폭적으로 지지하고 나섰다.

그렇지만 전쟁이 오래 지속되면서 러시아는 여러 분야에서 광범위하게 타격을 입었다. 군장은 열악했고, 그마저도 보급이 원활하지 못해 러시아 군은 1917년 1월까지 거의 600만 명에 이르는 전사자를 냈다. 게다가 국내에서는 한 달 사이에 생필품 가격이 6배로 뛰고, 식량문제가 심각해지는 등 경제적 부분에 있어 손도 대지 못할 정도로 급격하게 악화되었다.

---

59 '혁명'의 관점에서 보자면 레닌주의는 마르크스주의에서 실용화한 쪽으로 한 발 더 나아간 것이지만, 근본적으로는 레닌 자신이 가지고 있던 권위주의와 엘리트주의에서 출발한 것이라고 할 수 있다. 그는 혁명의 주체가 되어야 하는 노동자들이 스스로 계급의식을 깨우치는 것은 불가능하다고 생각했다. 마르크스는 혁명 엘리트는 노동자 계급 전체가 주도하는 혁명을 위한 촉매제 정도로 생각했지만 레닌은 이들을 혁명의 가장 중요한 요소로 생각했다.

1917년 2월, 상트 페테르부르크에서 시작된 대대적인 파업과 함께 먹을 것을 요구하는 대규모 시위가 벌어졌다. 한동안 혼란이 계속되다 군부마저 지지를 철회하자 3월 1일에 차르 니콜라이 2세는 양위를 발표하고 모든 권력을 두마에서 조직한 임시정부에 이양했다. 이것이 2월 혁명이다.

스위스 취리히에 머물던 레닌은 27명의 러시아 망명자들과 함께 1917년 4월 3일 늦은 밤 독일 제국에서 제공한 열차로 독일 영토를 통과해서 상트 페테르부르크의 핀란드 역에 도착했다. 독일은 레닌이 러시아 전선에서의 전투를 끝내 주기를 희망했지만 레닌과 볼셰비키는 여전히 소수파에 불과했다.

이미 구성되어 활동 중인 페트로그라드 소비에트는 멘셰비키와 사회혁명당, 농민당이 주도하고 있었으며 이들은 2월 혁명을 부르주아 혁명으로 간주하고 있었다. 이에 레닌은 미리 준비해 두었던 〈4월 테제〉 10개항을 발표하면서 임시정부 타도를 천명했다.

"모든 권력은 소비에트로!"[60]

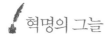 혁명의 그늘

2월 혁명으로 정국이 안정되자 레닌과 볼셰비키가 권력을 잡을 가능

---

60 러시아 어 '소비에트(Soviet)'의 어원적 의미는 '평의회'이다. 1905년 최초의 혁명 때 파업 중이던 노동자들이 대표자들을 선출함으로써 처음 결성되었다. 차르 니콜라이 2세가 퇴위할 무렵 상트 페테르부르크에서 노동자 1천 명당 1명, 군인 1개 중대당 1명씩 대표자들이 선출되어 약 2,500명의 위원들이 페트로그라드 소비에트를 결성했다(당시 상트 페테르부르크는 페트로그라드라고 불렸다). 이때부터 러시아 전역에서 소비에트들이 결성되기 시작했으며 1918년에 열린 제5차 전국대회에서 각지의 소비에트가 공식적인 지방 행정단위로 확정되었으며 전 러시아 소비에트 회의가 국가의 최고 권력기구로 확정되었다.

성은 전혀 없어 보였다. 그
러나 임시정부를 이끌던 알
렉산드르 케렌스키Aleksandr
Fyodorovich Kerensky가 그 기
회를 제공했다. 케렌스키는
당시 러시아 민중들로부터
가장 신뢰를 얻고 있던 정치
지도자로, 좌익과 우익 양쪽
에 큰 영향력을 가지고 있었
다. 그렇지만 그는 자신의 정
치적인 역량을 과신했는지
러시아 국민이 가장 우려할
만한 결정을 내리고 말았다.

● 알렉산드르 케렌스키

　　1917년 5월에 케렌스키는
독일과의 전쟁을 지속하기로 결정하고 〈전쟁목표성명서〉를 발표했
으며, 6월에 대대적인 공세를 감행했다. 그렇지만 이 6월 공세는 명백
한 실패로 끝났다. 비로소 레닌은 기회를 잡았다. 특히 그동안 줄기
차게 전쟁 지속을 반대해 왔던 멘셰비키의 핵심인물 레온 트로츠키
가 레닌과 손을 잡으면서 볼셰비키에 가입하고 페트로그라드 소비에
트 의장으로 선출됨으로써 레닌은 든든한 원군을 얻게 되었다.

　　7월에 볼셰비키는 무력봉기를 시도했으나 임시정부에 의해 진압되
었으며 레닌은 독일의 스파이로 수배되었다. 그는 일단 핀란드로 피
신했다. 그러나 전쟁에 대한 반발이 커지면서 케렌스키의 임시정부
는 급격하게 지지 기반을 잃어 갔다. 9월에 들어서면서 트로츠키가
이끄는 페트로그라드 소비에트가 전국적인 지지를 얻게 되자 상황은

● 레온 트로츠키

극적으로 반전되었다.

10월에 레닌은 다시 상트 페테르부르크에 잠입하여 페트로그라드 소비에트 중앙위원들을 개별적으로 만나 설득하기 시작했으며 결국 11월 6일에 트로츠키가 이끄는 볼셰비키 적위대는 상트 페테르부르크의 주요 시설을 점거하고 겨울 궁전을 포위했다. 다음 날 아침에 적위대Red Guard는 겨울 궁전을 향해 몇 차례의 위협사격을 가했으며 경비대는 항복했다.

다음 날 레닌은 임시정부를 타도하고 모든 국가 권력이 소비에트로 넘어왔음을 선포했으며 임시정부를 대체할 새로운 정부를 세웠다. 인민위원평의회인 '소브나르콤(Sovnarkom, Soviet narodnykh kommissarov)'이 탄생한 것이다. 레닌은 소브나르콤의 의장으로 선출되었다.[61] 그렇지만 새 정부는 처음부터 난관에 부딪혔다.

레닌은 트로츠키를 외무장관에 임명해 독일과 종전 협상을 시도했으나 독일은 계속 서부 러시아의 곡창 지대를 점령해 들어왔다. 그러자 볼셰비키 사이에서도 독일과 전쟁을 계속하면서 사회주의 혁명을 독일로 전파시켜야 한다는 주장이 대두되었다. 그러나 레닌은 1918년 3월 독일에 광대한 점령지를 인정한 채 굴욕적인 조건으로 협상을

---

61 1917년 11월 7일은 러시아력으로는 10월 25일이었기 때문에 이 혁명을 '10월 혁명'이라고 부른다. 이때 세계 최초로 볼셰비키 혁명이 성공한 것으로 간주하지만 실제로 소비에트 연방이 공산주의 체제를 완성하기 위해서는 수년 동안 여러 번의 위기를 더 겪어야 했다.

마무리했으며 수도도 안전한 모스크바로 옮겼다.

그는 혁명을 유럽 각국으로 확산시키는 작업보다는 혼란한 러시아 사회를 안정적인 상태로 복원하는 일이 급선무라고 판단했던 것이다. 이 시점에서 그는 자신이 세웠던 사회주의 혁명의 기본 정신에서 크게 벗어나는 몇 가지 정책을 결정하게 되었고, 그의 결정은 후일 러시아 역사가 어두운 시절로 들어가게 되는 결정적인 계기가 되었다.

1917년 12월 레닌은 사회에 가득 찬 반혁명 기류에 대항하기 위해 비밀경찰인 전 러시아 비상위원회인 '체카(Cheka, Chrezvychaynaya Komissiya)'의 설립을 승인했다. 볼셰비키 계열이 아닌 소비에트들은 해체되었으며 대대적인 언론 탄압으로 인해서 결국 〈프라우다Pravda〉와 〈이즈베스티야Izvestia〉의 언론 독점이 이루어졌다. 1918년 1월에는 공식적인 선거를 통해 구성되었던 의회를 해산했다. 그 전해에 볼셰비키가 과반수를 차지하는 데 실패했기 때문이었다.

이러한 조치들은 나름의 명분이 있었다. 당시 러시아의 치안은 마비되어 통제가 불가능할 정도로 각종 범죄가 기승을 부리고 있었다. 그런 와중에 볼셰비키 정권은 형성된 지 얼마 지나지 않아 기반이 취약했고, 반혁명주의자들이 정권을 뒤흔들기 위해 혼란을 부추기고 있었다. 결과적으로 체카의 설립은 혁명 대상인 왕정복고주의자나 부르주아 우파뿐 아니라 혁명 동지였던 비볼셰비키 계열의 사회주의자들까지 적으로 돌린 셈이 되었다.

권력 독점을 목표로 한 이러한 조치들에 대한 반응은 즉각적으로 돌아왔다. 1918년 8월 30일 입헌 사회주의 혁명가인 파니 카플란Fanny Yefimovna Kaplan[62]이 연설을 마치고 차에 올라 잠시 쉬고 있던

---

62 파니 카플란은 어린 나이에 사회주의 혁명에 투신한 열렬한 혁명가였다. 1906년 열여섯 살 때 테러용 폭탄 제조 혐의로 체포되어 시베리아에 유배되었다. 11년간의 유형 생활 중 갖가지 고문을 당해 시력을 거

레닌을 불렀다. 레닌이 카플란을 향해 몸을 돌리는 순간 그녀가 권총을 발사했다. 발사된 세 발의 총알 중 한 발은 레닌의 오른팔에, 또 한 발은 턱을 관통해 목에 박혔다. 레닌은 치명상을 입지는 않았지만 장기적으로 건강이 악화될 만큼의 타격을 입었다. 또한 머지않아 러시아의 역사에 오점으로 기록될 정치적 결정을 내리게 된다. 카플란의 암살기도가 있은 지 몇 시간 후, 내무장관 이오시프 스탈린Joseph Vissarionovich Stalin은 병상에 있던 레닌에게 "혁명의 모든 적들에 대해서 공개적이고 조직적인 무자비한 테러"를 가할 것을 제의했다.

먼저 제정 러시아 시대의 관료 25명과 반혁명 무력단체인 백위대White Guard 소속 대원 765명이 처형되었다. 이어서 10월 혁명으로 퇴임해 연금 상태에 있던 차르 니콜라이 2세와 가족들이 살해되었으며, 로마노프 왕가의 다른 왕족들 역시 모두 살해되었다.[63] 향후 스탈린의 시대까지 최대 200만 명의 러시아 인들이 희생될 '적색 테러Red Terror'가 시작된 것이다.

적색 테러가 시작된 데에도 나름의 이유는 있었다. 이때 러시아는 이미 내전 상태에 들어가 볼셰비키는 곳곳에서 멘셰비키, 왕당파 등 다양한 부류로 구성된 반볼셰비키 연합군인 백군(White Army, Belaya Armiya)의 공세에 시달리고 있었던 것이다. 러시아의 내전은 10월 혁

의 잃었으며 끊임없이 두통에 시달렸다. 그녀는 레닌이 '혁명의 반역자'였기 때문에 그를 제거하려 했다고 증언했다. 그녀는 체포되고 나서 4일 후에 처형되었다.
63 로마노프 왕가 살해에 레닌이 어느 정도의 역할을 했는지에 대해서는 논란의 여지가 많다. 처형 명령은 당시 중앙위원회 의장인 야코프 스베들로프(Yakov Svedlov)가 내렸으며 레닌이 서명한 처형 명령서는 존재하지 않는다. 그렇지만 다수의 학자들은 당시 레닌의 권위를 감안할 때 그로부터 최소한 구두동의는 받았을 것으로 생각하고 있다. 차르 일가와 함께 러시아 민중들의 사랑을 받았던 엘리자베타 페오도로프나(Yelizaveta Feodorovna) 대공녀는 산 채로 매장당했으며 세르게이 미하일로비치(Sergei Mikhailovich) 대공 등 거의 모든 왕족들이 같은 시기에 살해당했다.

명이 성공하는 그날부터 시작되었다고 할 수 있다.

● 이오시프 스탈린

사실 러시아 혁명의 효과는 수도인 상트 페테르부르크와 산업화된 지역에서만 확연하게 나타났다. 더욱이 임시정부의 수반인 케렌스키는 전방 지역에 머물고 있었다. 꽤 많은 수의 군인들이 전방의 부대에서 이탈해서 볼셰비키에 가담했지만 나머지는 계속 보수적인 지휘관들의 휘하에 있었다.

여기에 동부의 러시아 전선을 유지하려는 서방 연합국으로부터 산발적인 지원이 이루어졌다. 트로츠키는 이에 대항해서 1918년 1월부터 노동자와 농민 지원자들을 조직해서 적군(Red Army, Krasnaya Armiya)을 만들었다. 지휘관은 제국군 출신의 장교들로 충당했다. 적군과 백군은 이때부터 대략 1922년 가을까지 러시아 곳곳에서 치열한 전투를 벌였다.

레닌은 혁명을 단기간에 성공시키기 위해서 실용적인 노선을 선택하기는 했지만 그는 근본적으로 전 세계의 모든 프롤레타리아들을 위한 광범위한 혁명을 주장하는 마르크스주의자였다. 레닌은 내전의 와중에서도 1919년 3월 2일부터 6일까지 모스크바에서 코민테른(Comintern, Communist International)을 창설했다. 국제적인 프롤레타리아 혁명을 추진하기 위해 세 번째로 조직된 국제 공산주의 기구이다.

이 시기에 전 세계 공산주의 운동의 지도자로서 레닌의 국제적인 권위는 최고조에 달했다. 그러나 혁명에 성공한 유일한 국가인 러시아는 점차 레닌이 통제할 수 없는 방향으로 나아가고 있었다. 레닌은 제정 러시아의 유대 인 탄압 정책을 격렬하게 비판했으며 제정 시대 강제로 병합했던 주변국의 주민들에게 민족자결의 원칙을 강하게 담은 격려의 메시지를 전하기도 했다.

그렇지만 러시아 내전이 진행될수록 러시아 사회민주노동당에서 이름을 바꾼 러시아 공산당Russia Communist Party과 적군은 점차 민족주의적인 색채를 띠기 시작했다. 그들은 우크라이나, 아르메니아, 아제르바이잔 등의 주변국들을 무력으로 점령했다. 이 바람에 내전 동안 적군과 함께 백군을 격파했던 우크라이나 혁명군, 이른바 '흑군 Black Army'[64]을 배신하고 우크라이나를 점령하는 과정에서 수십만 명의 우크라이나 인을 살해했다.

레닌은 거의 휴식 시간도 없이 하루에 14시간에서 16시간씩 일을 했고, 점차 건강이 악화되어 갔다. 레닌은 만성적인 피로에 시달리면서도 카플란의 저격으로 목에 박힌 탄환을 제거해야 한다는 주변의 권고를 물리치다 1922년 4월에야 제거 수술을 받았다. 그리고 그 직후에 첫 번째 뇌졸중을 겪으면서 한동안 언어장애와 오른쪽 반신마비 증상을 겪었다.

그는 6월에 건강을 회복해서 당무에 복귀했지만 영향력은 현저하게 줄어들어 있었다. 스탈린 주도의 러시아 공산당은 중앙집권적이

---

64 '흑군'이라는 별명으로 불리던 우크라이나 혁명 저항군(Revolutionary Insurrectionary Army of Ukraine)은 우크라이나와 크림 반도 출신의 농민이 주축이 된 혁명군이었으며 지도자는 저명한 무정부주의자이자 '아버지'라는 애칭으로 불리던 네스터 마크노(Nestor 'Batko' Makhno)였다. 전성기 시절에는 10만이 넘는 병력과 1만 5,000문의 기관총을 보유하고 있었다. 1920년 10월에 적군이 동맹 조약을 위해 대표단으로 방문한 흑군의 지도부를 모두 사살함으로써 큰 타격을 입고 와해되었다.

고 권위적이며 러시아 민족
주의적인 경향을 보였으며,
그의 손을 떠나 있었다. 자
신의 운명을 직감한 레닌은
스탈린을 제거하고 집단지
도 체제를 세우려고 했다.
그는 이 시기에 혁명의 진로
를 바로잡기 위한 도움을 절
실하게 필요로 하고 있었다.

● 윈스턴 처칠

그는 스탈린 대신 트로츠
키를 후계자로 지명하려 했
지만 당 내부의 폭력에 반대
하던 트로츠키는 이를 거절했다. 1922년 12월, 레닌은 두 번째의 뇌
졸중을 겪으며 반신불수가 되어 사실상 정계를 은퇴했다. 그리고 석
달 후에는 세 번째의 뇌졸중으로 인해서 언어 능력을 잃고 침대에서
일어나지 못하게 되었다. 그는 그 상태에서 열 달을 더 버티다 1924
년 1월 24일 사망했다. 장례식은 그로부터 6일 후에 성대하게 치러
졌다.

레닌이 죽은 후 러시아의 역사와 공산주의의 미래는 그가 염려하던
방향으로 흘러갔다. 그의 사후 유언장이 공개되자 상당히 파문이 일
었다. 1922년 가을에 작성된 유언장에서 그는 "동지들은 스탈린을 직
위에서 해제하는 길을 생각해야 할 것"이라고 못을 박았다. 그는 스탈
린이 "개인적으로 천박하고 불필요할 만큼 난폭하며 세련되지 않기
때문에 서기장 자리에 적합하지 않다."라고 썼다.

그렇지만 그의 유언장은 당 중앙위원회에서만 낭독되었을 뿐 대중들에게 공개되지 않았다.[65] 평생 레닌과 볼셰비키에 대해서 적대적이었던 윈스턴 처칠Winston Churchill은 레닌이 죽었다는 소식을 접하고 다음과 같이 말했다. "그들(러시아 인들)에게 최악의 불운은 그(레닌)가 태어났다는 것이었고 그다음의 불운은 그가 죽었다는 것이다."

20세기 전체, 그리고 아직까지도 러시아 현대사에 짙은 그림자를 드리우고 있는 극단적인 독재, 개인숭배, 주변국에 대한 탄압, 대대적인 양민 학살과 같은 일련의 사건들에 대해서 레닌에게 직접적인 책임을 물을 수는 없지만 최소한 그가 이러한 권위주의적 정치 체제를 탄생시키는 데 최초의 단서를 제공했다는 사실은 분명하다.

그렇지만 다른 시각에서 보자면 레닌의 혁명은 그의 시대에 러시아 사회가 청산해야 할 불의에 대한 자연스러운 반작용이었다고 할 수 있다. 사실 정의에 대해서는 명확하게 가설을 세울 수도 없고 그것을 실현하는 방법을 하나로 규정할 수도 없다. 그러나 러시아 혁명은 수백 년간 정의에 기초하지 않은 체제를 유지해 온 사회가 필히 지불해야만 했던 대가였다는 사실에는 이론의 여지가 없다.

레닌은 영웅적인 혁명가였다. 볼셰비키는 혁명 초기나 10월 혁명 시기뿐 아니라 한참 지난 1920년대까지도 러시아 사회 전체에서 보자면 소수파에 불과했다. 그들은 극단적인 방법을 통해서 사회 체제를 전복하려는 극단주의자들이었다. 그럼에도 레닌은 이들을 조직해서 최종적으로 혁명에 성공한 뛰어난 지도자였다.

레닌이 필생의 작업으로 러시아 혁명을 성공시킨 것은 대단한 영웅담이다. 그렇지만 그의 말년이 보여주듯이 혁명이 진행되다 보면 그

---

65 후일 공산당 서기장이 된 니키타 후르시초프(Nikita Khrushchov)가 스탈린 격하 운동을 시작하면서 레닌의 유언장을 대중에게 공개해 그 근거로 사용했다.

불멸의 제왕들

본질을 잃고 폭력과 광기, 그리고 인간으로써 피할 수 없는 권력에 대한 열망만이 남는 경우가 자주 발생하게 된다. 이런 경우가 역사의 흐름이라면 한때 스스로 역사를 만들었던 시대의 영웅이라고 해도 그 흐름 앞에서는 무기력해지는 것이다.

3
지혜

개인의 지혜와 통치자의 지혜

신의 징벌 **아틸라** | 성덕천자 **당 태종 이세민** | 근대 러시아의 아버지 **표트르 대제**

지혜나 슬기를 의미하는 한자 '지'는 알 '지'에서 파생된 글자이다. '지'라는 글자의 원래 의미는 '입'을 통해서 나오는 '화살'이다. 고대 현인들은 지혜의 본질이 개인의 머릿속에 저장되어 있는 정보의 양이 아니라 사람들 사이의 커뮤니케이션이라고 생각했던 것이다.

서양의 경우 지혜라는 미덕은 신의 영역에 속했다. 이는 인간이 것이 아니라 신의 축복으로 주어지는 것이었다. 그리스 인은 이를 '소피아'라는 여신으로 인격화했으며 전쟁의 여신인 아테나에게 이 지혜라는 속성을 추가했다. 유대 인들과 초기의 기독교도들도 '소피아'를 기본적인 개념 거의 그대로 받아들여 신의 여성적인 속성으로 해석했다.

지혜
개인의 지혜와 통치자의 지혜

　지혜나 슬기를 의미하는 한자 '지智'는 알 '지知'에서 파생된 글자이다. '지知'라는 글자의 원래 의미는 '입口'을 통해서 나오는 '화살矢'이다. 고대 현인들은 지혜의 본질이 개인의 머릿속에 저장되어 있는 정보의 양이 아니라 사람들 사이의 커뮤니케이션이라고 생각했던 것이다.

　그렇지만 이 정도의 의미로는 부족하다고 생각했는지 그들은 여기에 다시 날 일日 자, 즉 태양을 추가했다. 태양이 밝게 비춰서 모든 것을 명확하게 드러내듯이 세상의 이치를 명쾌하게 안다는 뜻이다. 중국에서는 이 두 글자를 구분 없이 사용하기도 하지만 우리나라에서는 전통적으로 '지성知性'과 '지혜知慧'를 엄격하게 구분해서 사용해 왔다. 지혜 지智 자가 알 지知 자로부터 파생되었을 때 새로운 글자에 추가된 의미는 명쾌한 '판단 능력'이었다.

　서양의 경우 지혜라는 미덕은 신의 영역에 속했다. 이는 인간이 것이 아니라 신의 축복으로 주어지는 것이었다. 그리스 인은 이를 '소피아Sophia'라는 여신으로 인격화했으며 전쟁의 여신인 아테나Athena에게 이 지혜라는 속성을 추가했다. 유대 인들과 초기의 기독교도들도 '소피아'를 기본적인 개념 거의 그대로 받아들여 신의 여성적인 속성으로 해석했다.

현대의 기독교 교리에 익숙한 독자들은 놀랄 수도 있겠지만 초기 기독교 신학에서 지혜의 여신 소피아는 신의 남성적인 본질인 아버지the Father, 아들the Son, 성령the Holy Spirit의 '삼위Trinity'를 조화롭게 만드는 신의 여성적인 본질이었으며 '신의 신부God's Bride'로 묘사되었다. 소피아는 가톨릭 교회에서 신의 여성성을 격하시키기 위해 성모 마리아Mother Mary로 이를 대체하기 전까지 절대적인 신성神性의 일부였다.

● 지혜는 어리석음을 먹고 자란다

맹자는 오상五常 중에서 지智를 '옳고 그름을 가리는 마음是非之心'으로 규정했으며 별도의 학습 없이 습득할 수 있는 선험적인 미덕으로 간주했다. 이는 플라톤과 같은 관점이다. 반면에 같은 시대의 순자荀子는 이것을 축적된 지식을 바탕으로 하는 경험적인 미덕으로 간주했다. 주자朱子를 비롯한 다수의 후대 학자들은 맹자의 견해를 계승했지만 이에 대한 논란은 아직까지도 결론이 나지 않고 있다.

우리는 개인이 쌓은 지식의 양이 항상 거기에 상응하는 지혜를 보장하지 않는다는 사실을 잘 알고 있다. 죽은 지 20년이 지났지만 아직도 논란의 대상이 되고 있는 20세기의 이단아 오쇼 라즈니쉬Osho Rajneesh의 경우에는 인간의 지식은 진정한 지혜를 깨닫는 방해물이라는 극단적인 견해를 가지고 있었다.

그러나 일반적으로는 지식 혹은 지성은 지혜를 깨닫는 필요 조건으로 생각된다. 라즈니쉬 역시 지식 자체에 대해 반감을 가지고 있었던 것이 아니라 인간이 지식을 축적했을 경우 본성적인 나약함으로 인해서 그 지식과 함께 편협한 아집을 갖기 쉽고, 여기에서 벗어나기가 좀처럼 쉽지 않다는 사실을 지적한 것이다.

● 지혜로운 인간이 지혜로운 통치를 하는 것은 아니다

로마 제국은 초대 황제 옥타비아누스Octavianus를 시작으로 모두 80명이 넘는 황제들이 통치했다. 이들 중에서 가장 현명했던 사람을 딱 한 사람만 꼽으라면 마르쿠스 아우렐리우스Marcus Aurelius Antoninus Augustus가 가장 유력한 후보가 될 것이다. 그는 플라톤이 제시한 '철학자 황제'라는 이상에 가장 가까운 통치자였다고 할 수 있다.

마르쿠스 아우렐리우스는 로마 제국의 황금시대인 오현제五賢帝 시대의 맨 마지막을 장식하는 인물이며 동시에 스토아 학파의 마지막 봉우리였다. 스토아 학파는 그리스 로마 철학의 여러 흐름 중에서 형이상학적인 논의를 일체 배격하고 초기의 윤리학적인 전통을 고수한 학파로, 마르쿠스 아우렐리우스 이후 그를 능가하는 철학자를 배출하지 못했다.

그가 10년이 넘는 기간 동안 전장을 떠돌면서 남긴 개인적인 사유의 기록들은《명상록Meditations》이라는 책으로 출판되어 2,000년이 지난 현재까지도 스테디셀러의 자리를 지키고 있다. 그렇지만 애석하게도 황제로서의 마르쿠스 아우렐리우스와 철학자로서의 마르쿠스 아우렐리우스는 완벽하게 다른 사람이었다.

황제로서의 그는 인류애적인 사랑을 주장하는 철학자보다는 엄격한 법관에 가까웠다. 그의 치세하에서 사회적 혜택을 받지 못하던 소외 계층인 노예, 과부, 외국인의 인구 비율은 현저하게 줄었지만 이는 인본주의적인 정책이 아니라 열정적인 입법 활동과 엄격한 법치를 통해서 이루어진 것이었다.

로마의 적에 대한 입장도 단호했다. 파르티아와 게르만 부족들에 대한 기본적인 접근 방식은 전임자들과 다를 바가 없는 철저한 민족 말살 정책이었다. 기독교도들에 대한 정책도 마찬가지였다. 그의 치세 동안 처형된 기독교도들의 숫자는 기독교 박해를 상징하는 네로 황제 시대의 희생자를 훨씬 웃돌았다.

마르쿠스 아우렐리우스는 철학적으로는 줄곧 인간적인 관용을 추구했으나, 절망적인 생존 위기로 인해 국경을 넘어온 게르만 인, 그의 시대에 수도까지 점령당했던 파르티아 인, 그리고 기독교도들에 대해서는 이를 적용하지 않았다. 그는 게르만 인, 파르티아 인, 기독교도들을 로마의 적으로 간주했으며 전임자들보다도 더욱 엄격하게 적들을 섬멸했다.

그렇다고 마르쿠스 아우렐리우스가 이들에게 연민의 정을 가지지 않았던 것은 아니다. 그는 최고의 지성인답게 자신의 이중성을 잘 파악하고 있었다. 그는 황제와 철학자를 철저하게 분리했다. 그리고 어린 시절 미래의 황제로 점지되어 황제의 양자가 되고 가족의 품을 떠나 줄곧 왕궁에서 교육받았던 자신의 처지에 빗대어 황제와 철학자의 관계를 자신과 양어머니, 그리고 자신과 친어머니와의 관계에 비유하곤 했다.

● 아틸라, 당 태종 이세민, 표트르 대제

이 장에서는 현군賢君으로 분류할 수 있는 세 사람의 이야기를 다루고자 한다. 아틸라와 당 태종 이세민과 표트르 대제는 자신이 속했던 왕조를 대표하는 위대한 통치자들이었다. 아틸라는 5세기 무렵에 유라시아 대초원의 서부 지역을 지배했던 훈 왕국을 절정기로 끌어올린 군주였다. 수백 년 동안 훈 족과 아틸라는 유럽의 역사에서 야만적인 이교도 침략자로만 다루어졌으나 최근 그에 대한 평가에 큰 변화가 생기기 시작했다.

중국 당나라의 제2대 황제 이세민은 아버지 이연李淵이 일으킨 역성혁명의 실질적인 주모자였다. 형제들을 죽이면서 황제의 자리를 차지했음에도 '성덕태자聖德太子'로 추앙받으며 중국 역사상 최고의 현군으로 꼽히는 인물이다.

　러시아의 표트르 대제는 다양한 평가와 많은 논란에도 근대 러시아를 설계하고 기초를 닦은 인물이었다는 사실을 부인할 수는 없으며, 러시아 제국의 역사는 그의 시대에 시작되었다고 해도 지나친 말이 아니다.

신의 징벌

아틸라

아틸라Attila는 5세기에 유럽을 뒤흔들었던 인물로 훈 족[1]의 왕이었다. 그는 오랫동안 유럽 역사에서 사악하고 무자비한 악당으로 묘사되어 왔다. 그렇지만 이러한 평가는 근본부터 잘못된 것이다. 여기에는 유럽 인들이 가지고 있는 동양인들에 대한 맹신적인 우월감과 터무니없는 무지가 작용했다.

　당시 훈 제국은 현재의 독일에서 이란 북부에 이르는 광대한 지역을 아우르며 서로마, 동로마, 페르시아라는 3개의 거대한 제국들과 국경을 접하고 있었다. 왕국 안에는 훈 족만이 아니라 다양한 민족들이 뒤섞여 있었다. 훈 족의 왕들은 단순히 흉포한 야만성만을 앞세워

---

1 우리나라 사람들은 기겁할 이야기이지만, 세계 역사에서 우리 한민족과 훈 족의 연관성을 제기하는 가설은 상당한 지지를 얻고 있다. 무엇보다도 유물이 일치하기 때문이다. 훈 족의 유적지에서 발굴된 청동제 솥과 신라 토기 기마상에 묘사된 휴대용 솥 디자인이 마치 같은 공장에서 찍어 낸 것처럼 똑같다. 이 솥은 신라 기마상에서 보이는 것과 같이 말 등에 싣고 다니다 식사 때 음식을 끓이기 위해서 사용했던 것이다.

이 지역을 정복하고 약탈하는 것으로 임무를 끝낸 것이 아니라 이 다양한 사람들을 실질적으로 '통치'하고 있었다.

이 거대한 왕국은 아틸라 시절에 최고의 전성기를 누렸다. 결론적으로 말하자면 그는 사악하고 무지한 악당이 아니라 '현군賢君'으로 분류해야 하는 통치자였다. 18세기 영국 출신으로 역사학의 대가인 에드워드 기번Edward Gibbon[2]은 걸작《로마 제국 쇠망사The History of the Decline and Fall of the Roman Empire》에서 아틸라에 대해 짧은 평가를 남겼다.

성년이 되어 왕위에 오른 이후에는, 사실은 북방 지역을 정복할 때도 그랬지만, 손보다는 머리로 성공했고 모험을 즐기는 용장이라는 명성이 점차 깊은 사려를 바탕으로 하는 지장으로 대체된 것도 그에 대한 정당한 평가였다.

✒ 훈 제국의 성장

중국 역사에서 흉노匈奴라고 불리던 사람들과 유럽에서 평지풍파를 일으켰던 훈 족은 같은 사람들이다. 흉노는 내부의 갈등과 한漢나라의 교란전술로 인해서 후한 말엽 여러 갈래로 분열했으며, 그들 중 일부가 유라시아 평원을 가로질러 현재의 러시아 지역에 도착했다.

---

2 유럽의 근대 역사학은 에드워드 기번 이전과 이후로 나뉜다고 할 수 있다. 그는 필생의 역작으로《로마 제국 쇠망사》6권을 남겼는데 제국주의 시대의 사회적 상황과 맞물려서 역사학뿐만 아니라 정치, 외교, 경제 등 다양한 분야에 큰 영향을 끼쳤다. 현재까지도 미국이나 유럽에서 제작되는 영상물들은 그의 해석에 기초하고 있으며 시오노 나나미 역시 이 책에 대한 반발심으로《로마인 이야기》를 쓰게 되었다고 밝혔다.

●알란 인들을 공격하는 훈 족

유럽에 처음 도착했을 때 훈 족은 별천지를 보았을 것이다. 그들은 떠나온 곳보다 훨씬 좋은 기후에 넓고 비옥한 초원을 마주하게 되었다. 더욱이 대대로 그 풍요로운 땅을 지키며 살아온 주인들은 무척 허약해 보였다. 흑해 연안에서 유목 생활을 하던 코카서스 계열의 알란 인(Alans, Alani)들이 이들과 처음 조우했다.

알란 인 역시 그동안 페르시아의 북부 지역을 줄기차게 위협하던 강력한 전사들이었다. 그러나 알란 인들이 평생 구경도 하지 못한 첨단무기로 무장한 훈 족과 경합하는 것은 불가능했다. 훈 족이 사용하는 활은 동물의 뿔을 접합해서 만든 복합강궁(複合强弓, Composite Bow)이었는데 당시 유럽 인들이 사용하던 활보다 사정거리가 2배 이상 길었고 훨씬 정확하고 강력해 갑옷을 무력하게 만들었다.

기마술도 월등했다. 재능의 문제가 아니라 장비의 문제였다. 훈 족은 견고하고 가벼운 안장과 여기에 연결된 등자[3]를 사용해 어떤 경우에도 말 위에서 안정된 자세를 잡을 수 있었기 때문에 등자를 사용할 줄 모르던 알란 인들은 전투 시 열세를 면하기 힘들었다.

훈 족은 여러 차례에 걸쳐 알란 인들을 공격했으며 전투에서 패한 알란 인들 일부는 현재의 포르투갈까지 이동했으나 대부분은 항복하고 복속되는 쪽을 선택했다. 알란 인들을 복속시킨 훈 족은 남쪽으로 영역을 넓히면서 강대국인 사산조 페르시아를 공격해 유린하기도 했지만 페르시아의 기마병들보다는 상대하기 수월한 게르만 족의 보병들을 격파하면서 유럽 방면으로 밀고 들어갔다.

훈 족은 불과 십수 년 만에 헝가리 평원을 장악하면서 유럽의 한가운데인 다뉴브 강에 도착했다. 흑해에서 아드리아 해에 이르는 이 지역은 원래 여러 게르만 민족의 근거지로, 그중 가장 강력한 부족은 동고트 족이었다. 게르만의 연대기에 따르면 당시 동고트의 왕은 에르마나리크Ermanarik라는 영웅이었다. 그는 동고트 족을 게르만의 패자로 만들고 동로마 제국을 궁지에 몰아넣었던 뛰어난 전사였다.

370년에 흑해의 서쪽 연안에서 동고트 족과 훈 족 사이에 결정적인 전투가 벌어졌다. 이 전투에서 동고트 족이 크게 패하고 에르마나리크가 자살했다. 동고트 족은 그 이후에도 격렬하게 저항했지만 이어진 일련의 전투에서도 에르마나리크의 후계자들이 연이어 전사하자

3 유럽 인들이 말을 탈 때 언제부터 등자를 사용했는가 하는 문제에 대해서는 많은 논란이 있지만, 5세기 이전에 제작된 미술 작품에서 등자를 찾아볼 수 없다는 사실은 확실하다. 훈 족 출신의 용병대장이 동로마 기병대를 훈련시키면서 처음 안장과 일체식인 등자를 유럽에 전했으며, 이를 통해 기마술이 획기적으로 발달했다는 기록이 남아 있다. 등자와 함께 소개된 복합강궁의 경우는 전력화되는 데 많은 시간이 필요했다. 유럽 인들은 오랫동안 훈 족의 활을 복사해서 그대로 만들지 못했으며 500년쯤 지난 후에 튀르크 인들과 접촉이 많았던 이탈리아의 도시들이 튀르크 인들이 보유하고 있던 복합강궁 제작 기술을 받아들여 유럽 인들의 필요에 맞게 복합석궁(Composite Crossbow)으로 발전시켰다.

결국 굴복하고 말았다. 이는 그렇지 않아도 로마 제국이 약화되면서 흔들리던 유럽의 질서가 급속도로 재편되는 계기가 되었다.

이렇게 해서 4세기가 끝나기 전부터 훈 족과 로마 제국의 접촉이 시작되었다. 초기에 훈 족과 로마의 관계는 그리 적대적이지는 않았다. 동고트 족을 비롯한 일부 게르만은 오랫동안 로마에 직접적인 위협이었으며 훈 족도 게르만과 로마 제국 양쪽을 동시에 적대시할 여유가 없었다. 그렇지만 훈 족이 게르만 족보다 훨씬 무서운 위협이라는 사실을 로마 인들이 깨닫기까지는 그리 오래 걸리지 않았다.

5세기가 시작될 무렵 훈 족이 게르만에 대한 정복을 마무리하면서 서서히 긴장 관계가 싹트기 시작했다. 로마의 속주 중에서 가장 전방에 위치한 판노니아는 그때까지 경험하지 못했던 심각한 위협에 노출되었다. 판노니아는 현재의 오스트리아 동부, 헝가리 서부, 크로아티아 등이 포함되는 광활한 지역이었다.

공식적인 유럽의 역사서에 기록된 훈 족의 왕에 관한 기록 중 가장 연대가 앞선 사람은 샤라톤Charaton이다. 412년 서로마 제국의 황제 호노리우스Flavius Honorius가 외교 사절단을 파견했을 때 접견한 기록이다. 이 사절단의 일원이었던 역사학자 올림포도루스Olympodorus는 사절단이 해로를 통해 여행했다는 사실과 샤라톤이 활의 명수였다는 사실을 기록으로 남겼다.

두 번째로 기록된 왕은 옥타르Octar이다. 그는 야심만만한 인물로, 로마의 사절단 앞에서 '해가 뜨는 곳부터 지는 곳까지' 정복해 나갈 것이라고 공언했다. 이 시기부터 훈 족과 로마, 그중에서도 특히 동로마 제국과의 사이에 본격적인 갈등이 싹트기 시작했다.

샤라톤과 옥타르는 훈 족의 왕이기는 했으나 이들이 모든 훈 족과 그들이 정복한 모든 종족을 통일해서 강력한 왕권을 행사했다고 보기는 어렵다. 이들은 유라시아 유목민들의 전통에 따라 모든 부족의 대표가 참가하는 대부족회의 쿠릴타이Kuriltai[4]에서 선출된 지도자들로, 전쟁과 같은 특수한 경우가 아니라면 부족동맹을 대표하는 정도의 권위를 가졌을 것이다.

422년 옥타르의 시대에 훈 족의 영주인 루아Ruga는 동로마 제국의 주력 부대가 사산조 페르시아와의 분쟁 때문에 동쪽으로 이동하자 그 기회를 놓치지 않고 다뉴브 강 하류 지역을 침공했다. 이 지역을 정복한 루아가 그리스를 향해 진군하자 테오도시우스 2세Theodosius II는 전쟁보다는 협상을 선택했다. 루아는 평화의 대가로 매년 350파운드의 금을 요구했으며 이 요구는 받아들여졌다.

반면에 서로마 제국과 훈의 관계는 동로마 제국의 경우보다는 훨씬 좋았다. 제국 내에서 상당한 문제를 일으킨 전력을 가지고 있는 서고트 족을 사이에 두고 있었기 때문이었다. 432년에 옥타르를 계승한 루아는 불과 2년 남짓 통치를 한 뒤 사망했으며 왕권은 434년에 루아의 조카 블레다Bleda와 아틸라 두 사람에게 계승되었다.

블레다와 아틸라는 루아의 동생인 문주크Munzuk의 아들로, 이들에게 왕권이 넘어간 경위는 명확하지 않다. 특히 아틸라는 전례를 찾아보기 어려운, 대단히 특별한 경우였다. 블레다는 이미 중년에 들어선 나이였으며 이전까지 루아의 휘하에서 강력한 리더십을 발휘해 왔던 터라 크게 문제될 사안이 아니었지만 블레다보다 열여섯 살이나 어린 이십대의 아틸라는 통치 경험이 전혀 없는 애송이로 어떤 기준으로든 칸의 자리에는 부족해 보였다.

---

4 몽골 어인 쿠릴타이는 초원에 흩어져 생활하는 유목민들이 지도자 선출이나 전쟁 선언과 같은 중요한 의사결정을 위해서 각 부족 대표자들을 소집해서 갖는 대부족회의를 의미한다. 최고의 의사결정기구이며 세습 왕권이 확고해진 이후에도 왕권 승계만은 쿠릴타이를 통해서 승인을 얻는 것이 전통이었다.

군신 아틸라

아틸라는 406년에 태어났다. 당시 훈 족은 이미 현재의 헝가리에 정착해서 몇 개의 도시까지 건설한 이후였다. 때문에 그는 일반적인 상상과 달리 초원의 천막이 아니라 안락한 왕궁에서 태어났다. 이 시기에 서로마 제국은 위기를 맞고 있었다. 서고트의 왕 알라리크Alaric의 리더십 아래 영토 내에 정착해 있던 게르만 민족이 대대적인 봉기를 일으켜 로마 시가 점령되고 일부가 파괴되었으며 제국의 수도는 로마에서 라벤나[5]로 옮겨진 때였다.

아틸라가 훈 왕국의 공동 통치자로 등장하기 전까지의 시기에 대해서는 아직까지도 제대로 정리된 역사가 없다. 기록도 충분하지 않을 뿐더러 사실과 전설이 뒤섞여 있다. 현재 아틸라나 그가 통치하던 왕국에 대해 원전이 되는 자료는 전 세계에서 고트 족 출신인 요르다네스Jordanes[6]와 그리스 출신의 프리스쿠스Priscus 단 두 사람의 저술뿐이다.

아틸라보다 한 세대 정도 늦게 태어난 요르다네스는 게르만에 뿌리를 둔 로마 시민으로 추측되는데, 뛰어난 저술가였지만 그의 고향이 훈 족에게 공격을 받아 완전히 파괴되었다는 점이 문제였다. 따라서 그의 기록에는 훈에 대한 편견과 증오심이 짙게 깔려 있다. 이러한 개인적인 배경에다 그의 저술에서 배어 나오는 독실한 기독교 신앙

---

5 라벤나는 이탈리아의 북동부 지역으로 반도의 동쪽 바다인 아드리아 해 북단에 가까이 자리 잡고 있다. 402년에 호노리우스 황제가 새로운 수도로 결정하고 400년 이상 이탈리아의 가장 중심적인 도시였으나 로마 교황청의 지배를 받으면서 쇠퇴하기 시작했다.

6 요르다네스는 스스로 역사학을 제대로 공부한 학자가 아니라고 밝혔지만 12권짜리 고트 족의 역사서 《게티카》와 로마를 중심으로 하는 방대한 세계사 《로마나(Romana)》를 남겼다. 이 책들은 당시 사료로 가장 중요한 것 중의 하나이다. 당대 박식한 사람들이 대부분 그랬듯이 수도사였거나 수도원에서 교육을 받았을 확률이 대단히 높다.

을 고려하자면 이교도 정복자에 대한 그의 선입견은 자연스러운 것이라고 할 수 있다.

요르다네스가 남긴 《게티카 Getica》라는 걸출한 역사서에 이런 왜곡된 기록이 일부 실리는 바람에 그가 가지고 있던 편견은 오랫동안 유럽 인들에게 그대로 계승되었다. 왜곡된 기록에 대한 더욱 왜곡된 해석은 20세기까지도 아무런 비판 없이 진실로 받아들여졌다. 그 대표적인 예가 영국의 에드워드 기번이다.

● **아틸라** 5세기경 로마에서 주조된 주화에 새겨진 아틸라의 얼굴

기번이 1766년에 첫 권을 내기 시작해서 1788년까지 모두 6권으로 완성한 《로마 제국 쇠망사》[7]는 시대를 통틀어 로마와 관련된 역사서 중에서 최고의 권위를 가지는 대작이다. 그렇지만 유감스럽게도 기번 역시 훈 족과 아틸라에 대해서는 요르다네스의 기술을 무비판적으로 수용했다.

요르다네스와는 반대로 동로마 제국의 저명한 역사학자 프리스쿠스는 아틸라에 대해서 상대적으로 호의적인 기록을 남겼다. 프리스쿠스는 아틸라와 같은 세대의 인물로 448년에 동로마 제국의 황제 테

---

7 로마 제국의 역사는 에드워드 기번 이전과 이후로 나뉜다고 할 만큼 《로마 제국 쇠망사》는 기념비적인 작품이다. 이 책은 역사학 분야뿐만 아니라 당시의 정치, 경제, 사회의 모든 분야에 큰 충격을 주었다. 영국에서 이 책이 발행된 시기는 빅토리아 시대로 대영 제국의 위상이 최고조에 달해 있을 때이다. 현대에도 서구에서 제작되는 거의 모든 매체, 할리우드 영화, BBC 드라마 등 거의 모두가 이 책을 근거로 한다고 할 수 있다.

오도시우스 2세가 파견한 외교 사절단의 일원으로 훈 왕국을 방문했다. 그는 아틸라의 궁정에서 열린 연회에도 여러 번 참석했으며 아틸라의 제1왕비인 크레카Kreka가 주최한 연회에도 초대를 받아 그녀와 직접 대화를 나누는 기회도 잡았다.

프리스쿠스는 말년에《비잔티움의 역사History of Byzantium》라는 명저 8권을 남긴 것으로 알려져 있다. 그는 이 책에서 훈 족의 형성에서부터 아틸라의 일생, 로마와의 전쟁과 죽음까지 상세하게 다루었다고 하는데, 애석하게도 이 걸작 '역사'는 실전되었으며 온전하게 전해지는 부분은 프리스쿠스가 사절단의 일원으로 훈 왕국을 여행하면서 기록한 기행문과 외교 서한뿐이다.

그렇지만《비잔티움의 역사》는 워낙 뛰어난 역사서였기 때문에 후대의 많은 역사학자들이 인용한 덕에 상당히 많은 부분이 전해지고 있다. 요르다네스 역시《게티카》서문에서 프리스쿠스의《비잔티움의 역사》에서 많은 부분을 인용했다고 밝히고 있다. 프리스쿠스는 기독교를 믿지 않는다는 이유로 훈을 야만인으로 간주하거나 태생부터 사악한 종족이라는 편견을 가지고 있던 사람은 아니었다.

아틸라가 불과 스물여덟 살의 나이로 왕국의 공동 통치자로 등장한 배경에 대한 정확한 기술은 남아 있지 않고 추측만 가능하다. 그는 꽤 젊은 시절부터 '용기'를 상징하는 인물로 떠올랐다. 젊은 시절의 환상적인 모험담, 그리고 이에 따른 국민적인 인기와 함께 서로마 제국, 특히 제국의 실력자 플라비우스 아이티우스Flavius Aetius와의 긴밀한 관계가 칸으로 선출되는 데 중요한 요인이 되었을 것이다.

샤라톤과 호노리우스가 각기 훈 족과 서로마를 통치하던 시절부터 훈과 서로마 제국은 불가침 조건의 하나로 주요 인사의 자식들을 볼모로 교환하고 있었다. 이때 훈에 인질로 보내졌던 로마 측의 볼모 중한 사람이 플라비우스 아이티우스였다. 아이티우스는 두 로마 제국 모두에서 명성이 높았던 고트 족 출신의 로마 군 기병대장 가우덴티우스Flavius Gaudentius의 아들이다.

아이티우스는 10년 남짓 훈의 왕국에 머물렀으며, 그동안 왕족들과 어울려 살았다. 로마로 돌아온 지 얼마 지나지 않아 아이티우스는 제국 최고의 실력자로 부상했는데, 여기에는 훈 족의 군사적 지원이 결정적인 역할을 했다. 아틸라는 아이티우스와 반대로 로마에 볼모로 보내져 소년기를 로마의 왕궁에서 보냈을 가능성이 상당히 높다.[8]

일반적으로 아틸라는 여섯 살 때부터 대략 10년 정도 로마의 왕궁에서 교육을 받았으며 그 이후 10년 정도는 자유로운 신분으로 갖가지 모험에 몰두했을 것으로 생각된다. 공식적인 역사서들에서는 다루어지지 않았지만 당시 민간에서 유행하던 방랑시인들의 서사시나 대략 천 년 후쯤 헝가리 인들이 기록한 역사서에는 젊은 아틸라와 관련된 이야기들이 포함되어 있다.

이 시절에 아틸라가 벌인 모험은 '군신軍神 마르스Mars의 검을 찾아냈다'는 상징적인 표현으로 요약할 수 있는데, 이는 그의 모험이 주로 군사적인 측면에서 이루어진 것임을 의미한다. 아틸라는 북방의 새로운 강자로 떠오르던 신흥 게르만 부족들을 상대로 군사적인 승리를 거두었다. 5세기 초엽 북방의 가장 강력한 게르만 부족은 부르군트 족[9]이었다.

8 아틸라가 로마 제국에 볼모로 보내져 청소년기를 라벤나의 궁정에서 보냈다는 주장은 그동안 꾸준히 제기되어 왔으며 미국 히스토리 채널이 1997년에 제작한 로마에 대한 다큐멘터리 필름에서도 다루어지고 있다. 이들에 의하면 아틸라는 샤라톤이 훈 족을 통치하던 412년경 로마에 도착했다.
9 프랑스 어로 '부르고뉴(Burgonue)'로 발음되는 '부르군트(Burgund)'는 두 번에 걸쳐서 강력한 왕국을 세워 첫 왕국은 훈 족에게, 두 번째 왕국은 프랑크 인들을 주축으로 한 게르만 연합 세력에게 와해되었으나 14세기까지도 공작령으로 존재하며 독립적인 지위를 누렸다.

이들은 라인 강을 중심으로 왕국을 건설하고 로마와 훈 족을 상대로 여러 해 동안 치열한 전쟁을 벌이다 결국 패배했다. 436년 벌어진 마지막 전투 보름스 공방전은 게르만의 서사시 《니벨룽의 노래》[10]의 모티브를 제공했다. 《니벨룽의 노래Das NLiebelugenlied》에 등장하는 군다하르Gundahar 왕은 실존 인물이며 이 전투에서 전사했다.

아틸라가 젊은 시절에 벌였던 화려한 모험담으로 대중적인 인기가 높았다고 하더라도 형제가 공동으로 왕권을 계승하는 일은 초원의 쿠릴타이에서는 특이한 사례였다. 여기에는 모험가로서의 명성보다는 그가 서로마 제국과 맺고 있던 밀접한 관계가 결정적인 요인이었을 것이다. 쿠릴타이에 참가한 훈 족과 그들에게 복속된 다른 부족 원로들은 아틸라의 뒤에 있는 거대하고 풍요로운 로마 제국을 의식하지 않을 수 없었을 것이다.

훈 족의 원로들이 아틸라를 왕국의 공동 통치자로 선출한 이유가 외교적인 배려와 민중적인 인기를 의식한 조치였다는 것은 실제 통치자로서 그의 위치가 그리 탄탄한 것이 아니었다는 사실로부터 추론이 가능하다. 그는 공동 통치자로 이름을 올리기는 했지만 블레다와 비교해 실질적인 권위는 보잘 것 없는 수준으로, 다른 제후들과 크게 다를 바 없었다.

아틸라 스스로도 블레다의 리더십에 도전하지 않았다. 또한 그의 군사행동에 적극적으로 동참하지도 않았다. 훈 족의 판노니아 정착이 공식화된 시기는 루아가 사망하기 1년 전인 433년으로, 서로마 제

---

10 《니벨룽의 노래》는 원래 음유시인들에 의해 구전으로 전해져 30개가 넘는 버전이 존재한다. 그중 최고의 권위를 지닌 것은 12세기경 라인 강 유역 출신인 성명 미상의 오스트리아 출신 기사가 서사시로 집대성한 작품이다. 19세기에 음악가 바그너(Wilhelm Richard Wagner)는 이 버전을 바탕으로 4막으로 구성된 오페라 〈니벨룽의 반지〉를 만들었다.

국으로부터 정식으로 영토를 할양받았다. 그렇지만 이 공식적인 영토 할양과 10여 년 전부터 동로마 제국으로부터 평화 유지 보상금 명목으로 매년 받아 오던 황금 350파운드는 별개의 문제였다. 테오도시우스 2세는 황금 350파운드를 자신과 루아의 개인적인 거래로 생각했고, 때문에 루아가 사망하자 보상금 지급을 중단했다. 이에 따라 블레다의 무력 시위가 벌어지는 등 분쟁이 발생하자 435년에 마르구스[11]에서 회담이 열렸다. 이 회담이 아틸라가 공동 통치자로서 국제 무대에 등장한 첫 번째 행사이다. 여기에서 동로마 제국이 매년 지급해야 할 보상금은 황금 700파운드로 올랐으며 훈의 적들과는 어떤 형태든 동맹을 맺을 수 없다는 조항이 추가되었다.

그렇지만 440년에 다시 전쟁이 시작되었다. 탐욕에 눈이 먼 일부 성직자들의 일탈이 심각한 문제를 야기했다. 망자가 생전에 아끼던 귀중품을 함께 매장하는 훈 족의 장례 풍습을 잘 알고 있던 마르구스의 주교와 몇몇 동조자들이 훈 족 왕들의 무덤에 묻혀 있는 금 세공품을 노리고 도굴을 시도했던 것이다.

분노한 훈 족은 마르구스와 인근 지역을 점령했으며 결국 동로마 제국은 보상금을 다시 2배로 올려 줄 수밖에 없었다. 이 전쟁은 처음부터 끝까지 블레다가 주도했으며 아틸라는 전쟁에 아예 관심을 두지 않았거나 아주 소극적으로 가담했을 뿐이다.

크게 주목받지 않던 아틸라는 443년 블레다의 급작스러운 죽음으로 역사의 전면에 극적으로 등장했다. 블레다의 죽음도 불가사의한 것이었다. 그는 사냥 도중에 발생한 사고로 사망했다고 알려져 있지만 당시부터 음모론을 좋아하는 사람들은 아틸라가 암살을 사주했다

---

11 마르구스는 세르비아를 흐르는 가장 큰 강인 모라바 강의 옛 이름이다. 이 강의 하류인 대 모라바(Great Morava) 강이 만든 협곡에 이 지역에서 핵심적인 로마 군의 요새가 위치하고 있었다.

고 주장했다.

이 음모설과 관련해서 '블레다의 황금'이라는 아주 그럴싸한 전설이 전해진다. 아틸라는 젊은 시절에 소수의 훈 족 젊은이들로 구성된 기마대로 부르군트 왕국의 정예군을 궤멸시키면서 뛰어난 군사적인 능력을 입증했으며, 민중들로부터 대단한 인기를 얻고 있었다. 이 때문에 블레다는 아틸라를 몹시 시기했다고 한다.

그는 언젠가는 아틸라와 일전을 벌일 것을 각오하고 있었으며 이에 대비해서 엄청난 군자금을 확보해 두고 있었다고 하는데, 그가 해마다 현재의 가치로 수천만 달러에 이르는 황금을 꼬박꼬박 챙기고 있었던 것은 분명한 사실이었다. 그 많은 양의 금을 블레다가 어디에 사용했는지는 예나 지금이나 호기심의 대상이 아닐 수 없다.

그렇기 때문에 일부 사람들은 블레다가 미래에 벌어질 형제 간의 싸움에 대비해서 엄청난 양의 황금을 라인 강 어딘가에 감추어 두었다고 믿었으며 이를 '블레다의 황금'[12]이라고 불렀다. 그 소문은 시간이 흐르면서 하나의 전설로 자리 잡았으며 《니벨룽의 노래》에도 라인 강에 가라앉은 황금으로 묘사된다. 그렇지만 아쉽게도 블레다의 죽음과 함께 행방이 묘연해졌다는 수억 달러 대의 황금은 역사적으로 확인된 바가 없다.

블레다의 죽음은 역사의 미스터리 중 하나이다. 이 사건 당시 아틸라는 멀리 떨어져 있었으며 그가 관련된 증거는 전혀 없기 때문에 그 사건이 우발적인 사고인지 아틸라의 음모인지는 당시에도 밝혀지지

---

12 블레다의 황금과 관련된 소문은 약간 변형되어 문학 작품에 모티브를 제공했다. 중세의 음유시인들은 게르만 민족의 영웅인 '지그프리트(Zigfid)'의 이야기에 바이킹들의 구전 신화를 결합시키면서 블레다의 황금 전설을 응용해서 삽입했다. 〈니벨룽의 반지〉 제1부 〈지그프리트의 죽음〉에서 갈등의 근본적인 요인이 되는 '라인 강의 황금'은 이 이야기가 진화한 것이다.

않았고 향후에도 밝혀질 가능성이 거의 없다. 그 내막이 어떻든 아틸라는 서른여섯 살의 나이로 현재의 독일과 크로아티아 지역에서 북부 이란에 이르는 광대한 지역에 걸친 대제국의 왕권을 장악했다.

개방성, 진취성, 다양성을 지닌 현대적 리더

아틸라의 위치도 독립적인 부족들 간에 이루어진 느슨한 연대를 대표하는 정도였던 예전의 왕들과 달랐다. 그는 훈 족은 물론 훈에게 복속된 다양한 종족들에 대해 절대적인 권위를 가진 막강한 통치자였다. 이에 대해서는 단순히 훈 족이 막강한 전투력을 가지고 있었다는 설명만으로는 부족하며, 아틸라가 대단히 유능한 통치자였다는 사실을 간접적으로 입증한다고 할 수 있다.

프리스쿠스는 아틸라를 상당히 긍정적인 인물로 평가했다. 그는 아틸라와 나이 차이가 거의 나지 않는 사람으로, 아틸라와 서로마 제국 사이에 벌어진 비극적인 전쟁을 직접 경험했지만 역사가로서의 객관성을 잃지 않았다. 뿐만 아니라 그를 현명한 군주들이 공통적으로 지닌 '관대함'과 '공정함'이라는 미덕을 갖춘 인물이자 다른 통치자들과 달리 검소함까지 갖추었다고 묘사했다.

그가 본 아틸라는 로마 제국의 황제나 게르만 왕국의 통치자들과는 전혀 다른 인물이었다. 당시 훈 족은 점령지에서 귀족 계층을 형성하며 대부분 로마 제국의 관료들과 마찬가지로 동방에서 수입한 화려한 옷을 입고 금과 보석으로 화려하게 장식한 칼을 차고 다녔다. 그렇지만 아틸라는 조금 유별났다. 프리스쿠스는 훈 왕국의 수도를 방문했을 때 일반 서민들, 그리고 어린아이들과 스스럼없이 어울리고 있는 아틸라를 보게 되었다. 이때 아틸라는 수수한 흰색 옷을 입고 있었으며 그의 칼은 보통의 훈 족 전사들과 마찬가지로 별다른 장식이 없는 평범한 나무 손잡이로 된 것이었다. 이러한 면모를 감안한다면 아틸라는 훈 왕국 내의 민중들에게는 두려움을 주는 권력자가 아니라 친근하게 다가가는 부류의 통치자였을 것이다. 또한 프리스쿠스는 아틸라의 연회에 참석했을 때 다른 귀족들이 금과 은으로 만든 식기를 사용하는 반면 아틸라가 나무로 만든 평범한 식기를 사용하고 있다는 사실에 깊은 인상을 받았다.

프리스쿠스가 관찰한 바에 따르면 아틸라의 두드러진 개성은 검소함과 과묵함이었다. 그는 평소에도 말을 대단히 아끼는 편이었으며 의사결정 과정에서도 자신을 크게 내세우지 않았다고 한다. 그는 자신의 참모진들과 다른 부족 지도자들을 신뢰하고 의견을 경청했으며, 자신의 의견을 고집스럽게 관철하지도 않았다.

아틸라의 주요 참모진들은 순수한 훈 족도 아니었고 귀족들도 아니었다. 그들은 다양한 출신 배경을 가지고 있었는데, 가장 유명한 보좌관 오레스테스Orestes[13]는 로마 귀족이자 노리쿰 주 주둔군 사령관의 사위로 자신의 기반인 판노니아가 훈 왕국에 귀속되자 스스로 아틸라를 찾아와서 섬기기를 청한 사람이다.

아틸라의 측근들 중에서 누구보다도 두드러졌던 사람은 게피다이 Gepidae 부족[14]의 왕 아르다리크Ardaric였다. 아르다리크는 당대에 일

13 오레스테스는 아틸라가 죽은 후 로마 황제의 부름을 받고 그를 섬기면서 점차 권력의 최정상에 도달했다. 로마 제국에 돌아오고 나서 20년 후 그는 쿠데타로 황제를 축출하고 자신의 어린 아들을 황제에 앉힌다. 이 사람이 서로마 제국의 마지막 황제인 로물루스 아우구스투스(Romulus Augustus)이다.
14 라틴 어 '게피다이'의 어원은 '굼뜬 사람들'이라는 의미이다. 요르다네스에 의하면 고트의 여러 부족들이 스칸디나비아 반도에서 남하해 유럽 중부에 정착할 때 다른 부족들과 함께 출발하기로 약속하고 출발 일자에 맞춰 집결지에 도착하지 못해 뒤처졌다고 한다. 그들은 대부분 아리우스파 기독교 신자들이었다.

찌감치 현명함으로 이름이 높았던 사람이며, 아틸라는 그를 대단히 존중해서 자주 조언을 구했다고 한다.

20세기 후반, 세계가 이른바 '정보화 사회'에 들어서면서 아틸라에게 주목한 사람들은 역사학자들이 아니라 경영학 분야에서 리더십을 연구하던 사람들이었다. 아틸라가 통치하던 훈 왕국은 같은 시대에 존재했던 2개의 로마 제국이나 사산조 페르시아, 게르만 국가들과 비교할 때 개방성, 다양성, 진취성 등이 두드러졌으며 이러한 측면에서 강한 경쟁력을 지니고 있었다.

아틸라의 왕국은 근본적으로 중상주의 국가였다. 그들은 군사적인 정복이 아니라 동서양의 중계무역에 크게 의존하던 매우 풍요로운 사회였다. 훈의 왕국에서는 특권층뿐 아니라 일반 민중들 사이에서도 동방에서 수입한 옷감과 향신료가 널리 사용되었으며 로마에서 만들어진 유리 제품이 이곳을 거쳐 인도와 중국에 공급되었다.

중계무역 이외에도 훈은 방목으로 기른 말을 로마 제국에 공급했다. 그 시대에 말은 고가의 전략물자였다. 아틸라의 왕국에서 훈 족들은 각 지방의 행정과 군사 부문을 통제하는 위치에 있었으나 이들이 야만적인 통치를 했다는 기록은 존재하지 않는다. 역사서에서 만들어 낸 이미지와는 반대로 그들은 각 지역의 다양성을 접목해 교역과 산업을 발전시켜 나갔다.

또한 같은 시대의 유럽 국가들보다 훨씬 더 진보된 국가 정보 시스템을 운영하고 있었다. 후일 유럽 인들을 놀라게 했던 역참 제도를 비롯해 이와 유사한 제도를 통해 아틸라는 다뉴브 강변에 앉아서도 멀

게피다이는 비교적 늦게 동유럽에 정착했으나 아틸라 사후 그의 아들들과 전쟁을 벌여 훈 족을 축출하고 6세기 말에 동고트 족의 영역과 비잔틴 제국 사이에 광대한 영토를 확보했다.

리 페르시아에서 일어난 사건을 2, 3일이면 알 수 있었다. 이러한 여러 이유로 현대 사회는 오랫동안 잔인하고 야만적인 인물로만 인식되던 아틸라에게서 새로운 형태의 리더십을 발견하게 된 것이다.

✒ 갈리아 정복과 이탈리아 침공

유럽 역사에서 아틸라가 로마 제국의 뿌리를 뒤흔들고 결국 멸망에까지 이르게 만든 악당이라는 인식이 생겨나게 되는 사건은 451년의 갈리아Gallia[15] 침공과 이듬해의 이탈리아 본토 공격이다. 그렇지만 이러한 평가는 피해자의 입장에서 억지로 찾아낸 핑계에 불과하다.

엄밀하게 말하자면 서로마 제국은 408년 서고트 족에 의해 로마가 함락되면서 이미 멸망했으며, 그 이후에는 훈 왕국의 도움을 받아 사망 선고가 연기되었을 뿐이라고 할 수 있다. 훈 왕국이 서로마 제국과 원만한 관계를 유지하면서 제국의 존립에 위협이 되던 게르만의 여러 부족들을 완전히 제압했기 때문이었다. 특히 라인 강 북부 지역에 포진하고 있던 강력한 게르만 부족을 정복하면서 갈리아에 둥지를 틀고 있는 서고트 왕국을 위협한 사람이 바로 젊은 시절의 아틸라였다. 로마의 실력자가 된 아이티우스[16]가 그를 강력한 동맹자로 끌어들였기 때문이다. 그러한 아틸라가 로마 제국을 침공하게 된 계기는 아주 엉뚱한 것이었다.

---

15 갈리아는 현재의 프랑스, 벨기에와 독일의 서부 지역에 해당하는 지명이다. 갈리아는 원래 켈트 인들이 살던 땅이었지만 로마와 게르만 인들에 의해 정복되었다.
16 플라비우스 아이티우스는 3번이나 로마의 집정관을 지냈다. 그는 아틸라와의 친분을 통해서 훈의 군사력을 끌어들여 혼란스러웠던 로마 제국을 안정시켰다.

로마 제국의 황제 발렌티아누스 3세Valentianus III는 여섯 살에 황제가 된 사람인데 그에게는 호노리아Justa Grata Honoria라는 대가 센 누이가 있었다. 동생이 나약하고 판단력이 떨어진다고 생각하던 그녀는 상당한 위험 요소를 안고 있었다. 자유분방했던 호노리아는 열여섯 살에 시종과 육체 관계를 맺었다 임신했는데, 들통이 나는 바람에 어머니 갈라 플라키디아Galla Placidia[17]의 명으로 동로마 제국의 수녀원에 감금되었다.[18] 갈라 플라키디아는 어린 발렌티아누스 대신 권력을 잡고 있었다. 450년 수녀원에 14년이나 갇혀 있던 호노리아는 참담한 상황을 타개하기 위해서 아틸라에게 구원을 요청했다. 그녀는 자신의 반지를 동봉해 비밀리에 편지를 보냈다.

아틸라도 답신을 보냈지만 잘 타이르는 정도였다.[19] 그러나 호노리아가 제국의 절반이 자신의 소유라고 주장하자 갑자기 입장을 바꿨다. 그는 호노리아가 '무죄'라고 주장하면서 그녀와의 결혼을 요구했다. 사태가 이렇게 흐르자 당시 동로마 제국의 새 황제인 마르키아누스Marcianus Augustus는 호노리아를 서로마 제국으로 돌려보내면서 아

---

17 갈라 플라키디아는 동서 로마를 동시에 다스렸던 테오도시우스 대제(Theodocius I, the Great)의 딸이자 동로마 제국의 황제 아르카디아(Arcadia)와 서로마 제국의 황제 호노리우스(Honorius)의 누이동생이다. 그녀는 로마가 서고트 족에게 함락될 때 포로로 잡혀 갈리아에서 서고트의 족장 아타울프(Ataulf)와 첫 결혼을 했으며, 서고트 왕국에서 왕권 찬탈이 빈번하게 일어남에 따라 5년간 고초를 겪다 로마로 송환되었다. 로마로 송환된 후 제국의 실력자인 콘스탄티우스 3세(Constantius III)와 결혼해서 그와 함께 공동 통치자가 되었으며 그가 죽은 후에는 실질적으로 서로마 제국을 통치했다. 425년 로마 원로원 의원들에 의해 공식적으로 '황제(Augusta)'의 칭호를 얻었다.

18 이 설을 처음 제기한 사람은 안티오크의 주교 요한(John of Antioch)이며 요르다네스나 코메스(Macellinus Comes)와 같은 역사가들이 이를 사실로 받아들여 역사서에 기록했다. 호노리아의 연애 사건은 애당초 있지도 않았으며 단순히 남매 사이에 벌어진 권력 투쟁의 결과였다고 해석하는 사람들도 있다. 또한 호노리아가 동로마의 수녀원에 갇힌 적도 없다는 설도 있다.

19 아틸라와 호노리아는 열 살 내외의 나이 차가 나기 때문에 일부 역사가들의 주장대로 아틸라가 어린 시절부터 십대 중반까지를 라벤나의 로마 왕궁에서 보냈다면 서로 잘 알고 있었을 것이다.

틸라의 요구를 들어주는 것이 좋겠다고 충고했다.

바로 이 시기에 실질적인 황제였던 갈라 플라키디아가 죽고 발렌티아누스가 통치권을 행사하게 되었는데 여기에서 문제가 발생했다. 갈라 플라키디아는 젊은 시절 심하게 고초를 겪어 의지가 강하고 외교 감각도 탁월한 사람이었지만 발렌티아누스는 그렇지 못했다. 그는 아틸라의 요구를 강력하게 거절하면서 호노리아와 원로원 의원인 바쿠스 헤르쿨라누스Baccus Herculanus의 결혼을 추진했다.

바쿠스 헤르쿨라누스는 황제의 권력에 도전할 가능성이 전혀 없는 약간 모자란 사람이었다. 바로 이러한 이유와 명확하지 않은 기록 때문에 호노리아와 관련된 추문은 모두 조작된 후대의 기록이며 당찬 누나와 멍청한 동생 사이에서 벌어진 단순한 권력 투쟁이 만들어 낸 상황이라는 설이 제기되고 있다.

어떤 쪽이 진실이든 호노리아에 대한 열렬한 사랑이 좌절된 아틸라는 크게 분노하여 총동원령을 내렸다. 이에 호노리아가 자신의 영토라고 주장하는 갈리아에 대한 대대적인 침공을 위해서 훈 족 전사들뿐 아니라 게르만 부족인 게피다이와 동고트, 부르군트, 그리고 흑해 연안의 알란과 사르마트의 전사들 등 다양한 민족들이 합류했다.

사실 아틸라는 이 451년의 침공 훨씬 이전부터 대서양까지 영토를 확장하려는 의도를 가지고 있었다. 그가 당시에는 대서양 연안에 자리 잡고 있던 프랑크 부족 내에서 형제 간에 왕위 계승 분쟁이 발생하자 한쪽 편을 들면서 개입했다 좌절한 적이 있었다. 호노리아의 편지는 그에게 갈리아에 대한 무력 정복의 명분을 제공했음이 분명했다.

451년 4월 보름스를 출발한 원정군은 서쪽으로 진격했지만 정확한 이동 경로는 아직까지도 밝혀지지 않았다. 후일 많은 도시의 주교들이 아틸라 군의 공격을 기도의 힘으로 격퇴했다고 주장했기 때문이다. 확실한 사실은 아틸라에게 저항한 도시들은 엄청난 대가를 지불해야 했다는 것이다.

이러한 도시들은 대부분 요새화된 거대 도시들이었는데 메츠Mets가 첫 번째 본보기로 혹독한 살육과 파괴를 당했다. 그다음은 랭스, 이곳에서는 니카시우스Nicacius 주교가 자신의 교회에서 살해되었다. 그렇지만 그 길목에 있던 트리어나 트루아와 같은 도시들은 마찬가지로 아틸라에게 점령되었지만 그와 협상을 시도해 별다른 피해를 입지 않았다.

그러자 다른 도시들은 앞다투어 성문을 열고 아틸라를 맞아들였다. 파리와 같은 경우는 만반의 방어 준비를 하고 있었지만 아틸라는 본 체도 하지 않고 그냥 지나쳐 버렸다.[20] 요르다네스와 같은 역사가들은 당시 아틸라의 공격이 얼마나 잔인무도하고 파괴적이었나를 상세하게 기술하고 있지만 후대 역사가들의 견해는 '당시의 기준에 의하면 다른 정복 전쟁의 숱한 경우들보다 특별히 더 잔혹한 것은 아니었다.'

유럽의 역사에서 수많은 정복자들 중 유독 아틸라를 잔혹하고 야만적인 인물로 묘사하는 데는 실질적인 파괴 행위보다는 그가 반기독교적인 인물로, 이른바 '신의 징벌'이라는 이름으로 불렸기 때문이었다. 그런데 바로 이 '신의 징벌'이라는 별명은 아틸라가 스스로 자신에게 붙인 것이었다.

이것은 트루아의 주교였던 루푸스Lupus가 아틸라와 항복 협상을 하

---

20 당시의 파리는 지금과 같은 대도시가 아니라 현재 노트르담 사원이 있는 센 강의 작은 섬 시테를 성벽으로 둘러싼 작은 도시로, 갈리아에서 그리 중요한 곳은 아니었다. 아틸라의 침공 당시 파리에는 주느비에브(Saint Genevieve)라는 수녀가 방어 준비의 구심점 역할을 했는데, 그녀가 기도의 힘으로 화를 면하게 했다는 믿음이 퍼지면서 후일 파리 시의 수호성인으로 숭배되어 지금에까지 이르고 있다.

면서 그 경위를 자세히 기록해 놓았기 때문에 이론의 여지가 없다. 루푸스가 아틸라를 처음 만나 "당신은 누구냐?"라고 물었을 때 돌아온 대답이 바로 '신의 징벌Flagellum Dei'이었다. 여기에서 두 가지 사실을 확인할 수 있다. 아틸라가 라틴 어에 능통했다는 것과 그가 이미 기독교 교리를 꿰뚫고 있었다는 것이다. 아틸라는 《요한계시록》에 인류가 지은 죄를 심판하기 위해서 등장하는 '4명의 기사'들의 이미지를 조합해서 자신이 신의 의지에 의해서 나타난 인물이니 저항하지 말고 신의 뜻으로 순순히 받아들이라는 메시지를 전한 것이었다. 고도의 심리전을 위한 이미지 만들기 작업이었던 것이다.

아틸라의 연합군이 갈리아를 완전히 휩쓸고 있는 와중에 아이티우스는 뒤늦게야 아틸라의 대군에 맞설 수 있는 규모의 군대를 조직할 수 있었다. 그의 군대 역시 연합군이었다. 오랜 숙적인 서고트 족을 끌어들였으며 프랑크 인들과 갈리아의 선주민인 수십 개의 켈트 부족이 로마 군에 합류했다. 아틸라에게 정복된 부르군트 부족의 경우 일부는 아틸라 측에, 일부는 로마 측에 가담했다.

아틸라 군과 로마 군은 451년 가을, 당시 갈리아에서 가장 중요한 도시였던 오를레앙에서 마주쳤다. 아틸라는 오를레앙을 포위한 상태에서 맹공을 퍼부었으며 도시는 함락되기 직전이었다. 요르다네스에 의하면 이때 양쪽 모두 무려 50만에 이르는 병력을 보유하고 있었다.

아틸라는 오를레앙의 포위를 풀고 아이티우스와 대치했다. 양쪽의 군대는 서로 대치하면서 대군이 싸울 만한 넓은 평원을 찾아 동쪽으로 이동했다. 최종적으로 결정된 장소는 현재의 남부 프랑스 샬롱에 위치한 카탈라우눔이었다.

카탈라우눔 전투는 수십 개의 다양한 종족이 참가해 인류 역사상 최초의 세계대전이라고 할 만한 것이었다. 양군이 대치한 가운데 측

● **카탈라우눔 전투** 아틸라가 이끄는 훈 족은 무서운 기세로 서유럽 지역을 장악해 나갔으나 451년 켈트 족 연합군에게 패퇴하고 물러났다. 최초의 세계대전이라 할 만한 이 전투로 인해 이후 서유럽의 역사가 결정되었다.

면 언덕에 있던 고대 유적지의 성곽을 확보한 로마 군이 일단 지형적인 유리함을 얻었다. 그렇지만 전투는 초반부터 우열이 수시로 뒤바뀌는 혼전의 연속이었다.

일단 아틸라는 수십 개의 켈트 부족 연합이 포진한 로마 군의 한가운데를 돌파해 중앙부를 혼란에 빠뜨림으로써 기선을 제압했다. 그렇지만 한쪽 날개에서 로마 군에 종군한 프랑크 인들이 돌출한 게피다이를 공격해 패퇴시키는 바람에 전세가 역전되었다. 게피다이는 1만 6,000명의 전사자를 남기고 패퇴했다.

그러나 동고트 족과 서고트 족이 맞붙은 다른 쪽 날개에서 서고트의 왕 테오도리크Theodoric가 투창에 맞아 전사하면서 전세가 재역전되었다. 전반적으로 로마 측 연합군이 밀려나자 측면 요새로부터 로마 군이 투입되면서 전세가 다시 역전된 가운데 혼전의 양상이 되고 말았다. 요르다네스는 이 상황을 이렇게 기록했다.

참으로 멋지고 그만큼 어처구니없는 상황이었다. 창을 쓰는 로마 군을 향해서 사르마트 인들의 전차가 돌진했다. 게피다이 인들은 큰 칼을 휘

둘러 칼이 부러지도록 루기 인Rugii들에게 상처를 냈다. 기동력이 뛰어난 수에비 인들을 훈 족이 상대하면서 사방으로 화살을 날렸다. 무거운 장갑을 한 알란 인들과 가벼운 무장을 하고 나선 헤룰리 인Heruli들이 서로 얽혔다.

로마 군이 아틸라 군을 밀어붙여 포위한 가운데 전투가 마무리되었다. 그렇다고 결정적으로 이긴 전투도 아니었다. 이날 단 하루의 전투로 양측에서 최소 15만, 최대 30만의 전사자가 발생했다. 불리한 상황에서 동요하는 병사들이 보는 가운데 아틸라는 안장과 마구, 불에 잘 탈 수 있는 것들을 진영의 한가운데에 모았다.

그는 병사들을 향해 만약 다음 날 전투에서 패전해 자신이 생포될 상황이 된다면 모아놓은 것들에 불을 붙이고 불 속에 뛰어들어 자살하겠노라고 공언했다. 그러자 동요하던 병사들의 사기가 충천되었다. 그렇지만 아틸라는 내심 더 이상 전투를 계속할 의사가 없었다.

그는 훈 족의 샤먼을 불러 내일의 전투 결과를 예언하도록 했다. 이미 아틸라의 깊은 뜻을 잘 알고 있던 샤먼은 내일의 전투는 불길하다는 예언을 내놓았다. 다음 날 아침 로마 군은 눈을 의심하지 않을 수 없었다. 수십만의 아틸라 군이 썰물처럼 전장을 빠져나가고 있었다. 아이티우스는 영광스러운 승리를 선언했을 뿐, 끝내 추격 명령을 내리지 않았다.

요르다네스를 포함하는 유럽의 역사가들이 이 카탈라우눔 전투를 '승리'로 평가하는 데는 실제 결과에 대한 냉정한 분석이라기보다는 '이교도 악마에 대한 기독교의 위대한 승리'라는 강박관념에 기인한 것이다. 실제로는 아틸라가 소모적인 전투에 종지부를 찍고 먼저 전선을 떠난 것뿐이었다.

그들은 또한 아이티우스가 후일 서고트 인들이 지나치게 강성해지는 것을 피하기 위한 정치적 판단에 따라 추격 명령을 내리지 않았다고 기술하고 있지만, 아틸라를 추격할 의사가 없었던 것이 아니라 추격할 능력이 없었던 것이다. 아이티우스의 병사들 역시 심각한 타격을 입은데다 서고트 인들은 이미 전사한 왕의 시신을 모시고 전장을 이탈한 다음이었다.

아틸라가 인간의 생명을 최고의 가치로 생각하는 인본주의자였기 때문에 희생을 줄이기 위해서 퇴각을 단행했을 확률은 거의 없다. 다만 그는 승리에 대한 불확실성을 최소화하고 또 다른 승리를 확신하면서 불필요한 모험에 기대를 걸지 않았던 것이다. 이러한 사실은 바로 그다음 해, 정확하게는 서너 달 후에 입증되었다.

카탈라우눔 전투는 451년 11월에 있었으며 아틸라의 2차 침공은 452년 2월부터 시작되었다. 이번 목표는 갈리아가 아니라 로마의 심장, 이탈리아 반도였다. 순식간에 이 지역에서 가장 중요한 도시 아퀼레이아가 포위되었다.[21] 불과 석 달 전에 패퇴했다던 그의 군대는 거짓말처럼 회복되어 있었다.

아퀼레이아는 아드리아 해 북단에 위치한 유서 깊은 도시로 당시에는 '북부의 로마'라고 불리던 거대 도시였다. 지난 해 몇 개의 요새화된 도시를 공격하면서 애를 먹었던 아틸라는 이번에는 로마 출신의 공성 전문가들을 고용해서 대동하고 내려왔다. 그렇지만 워낙 단단한 성곽으로 보호되는 아퀼레이아는 아틸라의 맹공을 석 달 동안이나 버텼다. 결국 공격하던 아틸라 측의 식량이 먼저 바닥나면서 철군이 논의되었는데, 이때 집중 공격을 받던 성곽 일부가 무너지면서 순식간

---

21 아틸라의 이탈리아 침공이 베네치아 시의 기원이 된다. 로마 인들이 아틸라의 군대를 피해 바다를 건너 추격이 불가능한 석호로 피신해서 그곳에 주거지를 만들기 시작하면서 생긴 것이다.

● **아틸라와 레오 1세의 회담** 레오 1세가 아틸라에게 성인들이 보고 있는 것이 두렵지 않으냐고 설득해 아틸라의 철수를 이루어 냈다는 일화를 토대로 만들어진 작품이다.

에 도시가 함락되었다. 아퀼레이아는 이때에 완전히 파괴되었으며 이어 파비아, 베로나, 밀라노 등 거의 모든 도시가 점령되면서 롬바르드 전체가 아틸라의 수중에 떨어졌다.

롬바르드를 평정한 아틸라가 곧장 로마를 향해서 진군하고 있는 이때까지도 아이티우스는 무력했다. 지난해와는 달리 병력을 모을 방법이 없었기 때문이었다.

발렌티아누스 황제는 군대 대신 협상을 위한 사절단을 파견했다. 세 사람의 사절단에는 교황 레오 1세Leo I 가 포함되어 있었는데 아틸라와 레오 두 사람의 만남을 통해서 또 하나의 신화가 만들어졌다.

이탈리아 최대의 호수인 가르다 호 남쪽 연안에서 벌어진 이 회담에서 레오 1세는 아틸라를 설득해서 군대를 판노니아로 철수하도록 하는 성과를 거두었다.[22] 이 회담에서 어떤 내용이 합의되고 어떤 조건으로 철수가 이루어졌는지는 정확하게 알 수 없지만 레오 1세는 이

---

22 레오 1세는 455년 반달 족이 로마를 포위했을 때에도 다시 한 번 그들과 담판을 벌였다. 이때에도 레오 1세가 반달 족의 살인과 방화를 막았다고 하지만 그 실질적인 성과에 대해서는 논란이 많다. 도시 자체가 파괴되지는 않았지만 대대적인 약탈을 당했으며 '반문명주의'라는 의미의 단어 '반달리즘(Vandalism)'은 이때 만들어진 것이다.

회담을 성사시키면서 대단한 명성과 권위를 얻었으며, 후일 '레오 대제Leo, the Great'로, 사후에는 '성자'로 추앙받게 되었다.

그러나 냉정하게 보자면 롬바르드를 점령하고 난 이후 아틸라의 상황은 그리 좋지 않았다. 그가 이탈리아를 침공하기 전해인 451년에 북부 이탈리아에는 대기근이 닥쳤으며 그해에도 상황이 극적으로 개선되지는 않고 있던 상황이라 수십만의 대군을 위한 식량 조달에 애를 먹고 있었다. 게다가 발칸 지역에서도 동로마 제국과 전투가 벌어지고 있었다.

그렇기 때문에 아틸라가 교황과의 회담 이전에 이미 철군을 결정하고 있었다는 주장이 힘을 얻고 있다. 그렇지만 다른 쪽으로 생각해 보면 이미 포 강[23]에 도달해 강만 넘으면 풍요로운 남부 이탈리아가 기다리고 있는 상황이었으며 발칸 반도에서의 전투는 이탈리아 공략과는 비교할 수 없을 정도로 전략적인 가치가 적었다는 사실을 생각해 볼 필요가 있다.

사실 아틸라의 철군은 그와 교황 사이에 상당히 놀라운 내용의 합의가 이루어졌기 때문에 극적으로 성사되었을 가능성이 매우 크다. 이 회담 직후부터 꾸준히 제기되는 주장은 아틸라의 개종설이다. 물론 가톨릭 측은 아틸라가 교황의 신앙심에 감복받아 기독교로 개종했다고 주장하지만 실제로는 역사 속에서 그 예를 얼마든지 찾을 수 있는 '천상의 권력'과 '지상의 권력'의 결합을 통한 윈윈win-win 전략을 구사했을 가능성도 배제할 수 없다.

신앙적으로는 그리 경건하지 못했던 샤를마뉴 대제가 초대 신성로

---

23 알프스에서 발원하여 이탈리아 반도를 가로질러 비옥한 삼각주를 형성하면서 이탈리아의 동해에 해당하는 아드리아 해로 흘러들어가는 강이다. 이탈리아는 전통적으로 이 강을 기준으로 남부와 북부로 갈린다.

마 제국의 황제가 되었던 경우나 위대한 칸의 손자 훌라구[24]가 바그다드를 점령하면서 칼리프의 대제국을 장악하고 나서 무슬림으로 개종한 역사적 사실과 비슷한 경우였을 것이다.

정복자가 종교를 받아들이면 종교는 정복자를 축복한다. 여기에 대한 암시는 헝가리 왕국의 역사서에서 그 흔적을 찾을 수 있다. 헝가리 인들은 자신들이 아틸라의 먼 후손이라고 믿어 왔기 때문에 그와 훈 족에 대한 역사를 많이 기록해 놓았는데, 그 기록에 따르면 아틸라가 기독교로 개종한다면 레오 1세가 '성스러운 왕관Holy Crown'을 씌워 주겠다는 약속을 했다고 한다.

실질적인 합의 내용이 어찌되었건 아틸라는 성공적으로 원정을 마무리하고 판노니아로 돌아왔다. 그는 점령지에서 교회에 속하는 부분을 제외한 나머지에 대한 소유권을 확보했다. 또한 이론이 없는 것은 아니지만 이 혼란의 장본인이었던 호노리아도 얻은 것으로 생각된다. 이 전쟁 이후부터 로마의 역사서에서는 호노리아에 대한 기록이 일제히 사라지기 때문이다. 이것은 그가 갈리아까지 확보했음을 의미한다.

그렇지만 영광은 그리 오래가지 않았다. 판노니아로 돌아온 아틸라는 호노리아에 대한 사랑이 식었는지 바로 그 겨울, 453년 1월에 부르군트의 나이 어린 공주 일디코Ildico[25]와 결혼식을 올렸다. 그러나 신혼 첫날밤이 지나고 다음 날 아침, 사람들은 죽어 있는 아틸라와 그 곁에서 울고 있는 어린 신부를 발견했다. 아틸라의 코 안에서 엄청난

---

24 칭기즈 칸의 손자이자 쿠빌라이 칸의 동생인 훌라구는 1258년 바그다드를 점령해서 아바스 칼리프 왕조를 멸하고 일 칸국을 세웠다.

25 그녀가 정말 부르군트 왕국의 공주였는지는 확실하지 않다. 이 설은 부르군트가 그녀를 통해서 아틸라에게 복수했다고 기록해 놓았기 때문에 받아들여지고 있지만 아틸라의 죽음 자체가 독살인지 아닌지도 확실하지 않다.

출혈이 발생해 그 피가 폐로 흘러들어 질식사한 것이었다.

아틸라의 죽음으로 훈 왕국은 급속히 약화되었다. 아틸라의 세 아들은 서로 싸우기 시작했으며 아틸라에게 충성스러웠던 부족들은 훈족에게 반기를 들었다. 결국 훈 족은 아틸라가 죽고 나서 한 세대도 지나기 전에 판노니아를 떠나 러시아 평원으로 후퇴했다.

유교적인 관점에서는 통치자의 형태를 크게 '왕도王道'와 '패도覇道'로 구분한다. 아틸라는 확실히 왕도에 속하는 인물은 아니었다. 그렇지만 그가 별명인 '신의 징벌'처럼 천성적으로 패도적인 인물이었는지는 깊이 생각해 볼 필요가 있다. 그는 자신이 살아가던 5세기 유럽의 극도로 혼란스러운 상황에서 왕국을 위해서 최선을 다한 위대한 통치자였다. 그 상황에서는 패도야말로 왕국의 통치자로서 선택해야 할 최선의 길이 아니었을까.

성덕천자

당 태종 이세민

당 태종 이세민李世民은 우리 역사에서는 고구려를 침략한 악당이지만 중국에서의 평가는 전혀 다르다. 그는 2,000년 왕조사에서 중국인들이 최고의 '현군賢君'으로 꼽는 인물이다. 그의 치세인 '정관의 치貞觀之治'는 중국의 역사상 최고의 태평성대로 평가되며, 그가 남긴 신하들과의 문답집《정관정요貞觀政要》는 중국뿐 아니라 동양의 역대 통치자들에게 큰 영향을 끼쳤다.

　이세민 자체가 우리 사림士林의 기피인물이었기 때문에《정관정요》역시 우리의 역대 왕조에서는 그리 높게 평가되지 않았지만,《정관정요》는 중국은 물론 일본에서도 통치자의 교과서나 마찬가지로 여겨졌다. 그중에서도 청나라의 건륭제乾隆帝와 일본의 도쿠가와 이에야스德川家康가 이 책의 애독자로 특히 유명하다.

　사실 이세민과 신하들이 나누었다는 대화 중 상당 부분은《자치통감資治通鑑》[26]에 실린 고대 왕들의 어록 중에서 인용된 이야기들과 겹친다. 이로 인한 진실성 논쟁을 차치하면 전부 10권에 걸쳐 제왕의 도리부터 효율적인 농사법에 이르기까지 치국의 거의 모든 분야를 다루고 있는 이 책이 매우 훌륭한 정치 지침서라는 사실을 부정할 수 없다.

✒ 현군 이세민의 두 얼굴

이세민이 뛰어난 군주였다는 사실은 분명하지만 과연 그의 50년의 삶과 20년의 통치가 과연 '중국 역사상 최고의 현군'이라는 칭송을 들을 만한 것인가에 대해서는 논란의 여지가 많다. 무엇보다도 '왕자의 난'을 일으켜 아버지를 핍박하고 형제의 피를 뿌리면서 옥좌를 차지했다는 점에서는 심각한 정통성의 문제까지 가지고 있다.

《구당서舊唐書》는 그의 통치가 역사상 전례 없는 태평성대를 이루었다고 하는데 이 기록 역시 과장된 것이 아닌가 하는 의구심이 든다. 이세민은 전 왕조 수隋나라의 대고구려 전쟁을 계승했다. 그의 통치 후반부에는 대대적인 군사 원정이 매년 계속되었으며, 이는 분명히 백성들에게 경제적, 정신적인 고통으로 작용했을 것이다.

이세민의 치세가 태평성대였다면 제2차 세계대전 때의 미국도 태평성대였다. 젊은이들은 전선에서 피를 흘리고 있었지만 자국에서는

26 《자치통감》은 북송(北宋)의 영종(英宗)을 위해 사마광(司馬光)이 지은 책이다. 영종은 중국의 역사를 읽고 싶은데 너무 저서가 많고 방대해서 도저히 읽을 수가 없자 사마광에게 이를 요약하도록 했다. 그러나 정작 영종은 이 책이 완성되는 것을 보지 못했다. 무려 19년이라는 세월이 걸려 다음 황제인 신종(神宗) 7년에야 완성되었기 때문이다. 모두 294권에 달하는 편년체 형식의 대작이며, 기원전 10세기의 주나라에서 시작해서 바로 전 왕조인 5대 10국의 후주(後周)에서 끝난다.

● 당 태종 이세민

유례없는 군수산업의 호경기가 만들어 낸 경제적인 풍요, 그리고 전쟁을 피해 유럽에서 이주해 온 수준 높은 예술가들이 만들어 낸 문화적인 풍요가 전쟁에 필히 따르기 마련인 퇴폐적인 풍조와 어우러져 대도시는 밤을 잊고 흥청거렸다. 아마 당 태종의 치세 후반부도 이때의 미국과 비슷한 상황이었을 것이다.

이세민은 또한 중국 역사상 최악의 폭군이었다는 수 양제煬帝로부터 반사적인 이익을 얻었다. 민생 문제를 나 몰라라 하면서 양자강과 황하를 잇는 대운하 사업을 벌이고 대대적인 해외 원정을 단행해서 국가 경제 자체를 파탄에 몰아넣었던 수 양제가 실각하고 불과 8년 후에 이세민의 통치가 시작되었기 때문에 그의 통치가 더욱 빛나 보이는 것인지도 모른다.

당 태종 이세민은 599년 1월생이다. 후일 수 문제文帝로 불리게 될 양견楊堅이 현재의 남경南京을 수도로 하는 진나라南陳를 공격해서 멸망시키고 150년 동안이나 지속된 남북조 시대를 마감한 지 꼭 10년이 지났을 때였다. 후한後漢이 멸망한 이후 삼국 시대와 오호십육국 시대[27]를 거쳐 남북조 시대까지 무려 350년이 넘는 혼란기가 끝나고 막

27 후한이 망한 후 이어진 위(魏), 오(吳), 촉(蜀)의 삼국 시대는 사마(司馬)씨의 진(晉)나라가 서면서 혼란이 마감되는 듯했으나 진이 곧바로 흉노에게 멸망한 후 황하 이북에는 흉노(匈奴), 선비(鮮卑), 저(氐), 갈

질서를 잡아 가던 시절이었다.

수나라의 창업자인 문제 양견은 왕위 찬탈자였으며 전 왕조의 왕가라면 갓난아이까지 몰살했던 잔인한 사람이지만, 일반 백성들의 입장에서 보자면 이보다 더 훌륭한 황제는 찾아보기 어렵다. 그는 개황율령開皇律令을 공포해 남북조 시절에 어지러워졌던 법률 체계를 통일하고 관료 조직을 정비했으며 과거 제도를 다시 실시하고 균전제均田制를 통해 농민들에게 토지를 균등하게 배분했다.

무엇보다도 그는 스스로 모범을 보이는 황제였다. 특히 근검절약을 최고의 미덕으로 삼아 황실의 살림을 궁색할 정도로 줄였고, 군사, 관료 등 다른 면에서도 지출을 줄여 나갔다. 그 시절은 황실의 경제가 곧 국가 재정이었다. 황실의 비용 절감은 대대적인 재정 흑자로, 다시 조세의 감면으로 이어졌으며 풍요로운 시대가 막을 열었다. 그렇지만 이 시대는 양견의 후계자에 의해서 불과 한 세대 만에 끝장이 나버렸다.

수 양제[28]의 이름은 양광楊廣이며, 문제의 차남이었다. 전 왕조의 정권 승계 과정에서의 발생한 사건들을 직접 목격했던 문제는 일찌감치 장남인 양용楊勇을 태자로 정해 놓고 후대의 안정을 꾀하려고 했다. 그러나 양용은 사치를 즐기고 향락에 빠졌으며 부인이 죽은 날 이를

(羯), 강(羌)족이 한족(漢族)과 함께 수십 개의 나라를 세웠다. 이를 오호십육국(五胡十六國)이라고 한다. 그러나 이는 훗날 오행설에 따라 억지로 구분해서 붙인 이름이지 큰 의미가 없다. 실제로 나라를 세운 사람들은 다섯 민족이라고 보기 힘들다. 갈족과 흉노는 같은 사람들이며, 흉노의 왕족인 연제(燕濟)씨는 한나라 황실인 유(劉)씨와 오랫동안 통혼을 했기 때문에 실질적으로 한족인지 흉노인지 구분이 모호하다. 또한 나라의 숫자도 16개가 훨씬 넘는다. 한족 역시 여러 개의 나라를 세웠으며 선비족이 세운 나라만 6개다.

28 수 양제의 원래 시호는 세조(世祖)였다. 세조 명황제(世祖明皇帝)가 공식적인 호칭이며 수 양제는 그의 사후에 사람들이 붙인 별명이다. '양제'의 '양(煬)'자는 '쇠를 녹일 정도로 뜨겁다'는 의미로 양제가 정력적인 호색한이었다는 사실을 은근히 표현한 것이다.

알지 못하고 다른 여자와 보내는 등 결정적인 실수를 여러 번 했다.

이 바람에 양용은 문제와 어머니 독고황후의 눈 밖에 났다. 독고황후는 문제도 꼼짝하지 못하는 당대의 여걸로, 문제가 신하들과 백성들 앞에서 항상 솔선수범하도록 만든 장본인이었다. 이런 저런 이유로 문제는 양용을 태자에서 폐하여 서인으로 낮추고 대신 양광을 태자 자리에 앉혔다.

후일 폭군의 대명사로 불리게 될 양용이지만 천성 자체가 포악하거나 잔인한 인물은 아니었다. 태자가 되기 전후 시절의 그는 혈기왕성하고 추진력이 있는 인물이라 위아래로부터 신망과 기대를 받았다. 양용은 비록 최전방의 야전에서 활약하지는 않았지만 그런대로 군사적인 경험도 쌓았다. 명목상으로나마 남진南陳을 무너뜨린 마지막 원정군을 지휘한 사람이 바로 양광이었다.

그는 항상 남루할 정도로 검소한 옷차림을 하고 다녔으며 성격도 다정하고 호방해서 사람들에게 호감을 주었다. 그렇지만 어머니 독고황후가 세상을 뜨자 사람이 완전히 돌변했다. 어머니의 죽음을 계기로 양광은 급작스럽게 호색과 향락의 길로 들어섰는데 이 때문에 문제는 다시 한 번 태자 교체를 고민하기 시작했다.

그러던 와중에 문제가 병이 나 병상에 누웠다. 이때 바로 지독하게 패륜적인 사건이 발생했다. 양광은 아버지의 병상을 지키다 아버지의 후궁인 선화부인[29]을 유혹했는데 문제가 이 사실을 알게 되어 당장 태자 교체를 명했다. 그러나 바로 그날 밤 문제는 급사했다. 대다수의 역사서는 양광이 문제의 경호를 담당하던 자신의 측근들 양소,

---

29 양제가 유혹했던 선화부인은 그가 이끈 원정군에 의해 멸망한 남진의 공주였으며 그가 직접 남경에서 장안까지 호송한 여인이었다. 문제가 죽은 바로 그날 오후에 양제는 그녀에게 자신의 후궁이 되어달라는 내용의 연서를 보냈으며 얼마 후에 결국 강제로 그녀를 범했다.

장형, 우문술을 시켜 아버지를 독살했다고 기록하고 있다.[30]

당나라의 건설

이세민의 아버지인 이연李淵은 수 양제의 이종 사촌형이다.[31] 이연의 어머니와 독고황후는 자매 간으로, 이연과 수 양제는 어릴 적부터 아주 각별한 사이였으며 이연은 수 양제의 신임을 받는 실세 중의 실세였다. 천성적으로 우유부단했던 이연은 수 양제가 고구려 원정에 실패하고 전국 각지에서 반란군이 일어날 때에도 쿠데타를 일으켜 왕권을 탈취하려는 생각을 하지 않았다.

이세민 역시 표면상으로는 양제에게 충성스러운 듯 보였다. 615년 양제가 북방을 순방하던 도중 안문雁門에서 돌궐족에게 포위되어 위기에 몰린 적이 있었다. 양제는 전국에 격문을 띄워 구원군을 모집했다. 이때 안문에 가장 먼저 도착한 사람이 막 열아홉 살이 지난 이세민이었다.

양제가 역대의 폭군들 중에서도 상위에 오르게 된 결정적인 원인은 대규모 토목공사와 계속된 고구려 원정이었지만 이러한 실책과 함께 지나친 과시욕과 낭비벽 또한 비난의 대상이었다. 그는 자신이 완공한 대운하에 4층으로 올린 거대한 누선 용주龍舟와 함께 황후, 후궁,

---

30 이 독살설에 대해서는 정사(正史)인 《수사(隨史)》에서도 〈본기(本紀)〉와 〈열전(列傳)〉의 기록이 상충하기 때문에 현재로서는 진실을 알 길이 없다.
31 중국인들은 대부분 당 왕조를 한족의 왕조로 간주하지만 실제로 이 왕조의 뿌리는 선비족이다. 선비족은 우문(宇文), 모용(慕容), 탁발(拓跋), 단(段), 걸복(乞伏) 등의 부족이 연합해 나라를 세웠으며 요동반도를 놓고 고구려와 경합했던 연(燕)나라는 모용부의 정권이었다. 연나라가 망한 후 중국으로 들어가 가장 처음 북조를 통일했던 북위(北魏)는 탁발부의 정권이었다.

● 수 양제 양광

내관, 호위병 등이 탄
수천 척의 배를 띄우고
천하를 유람했다.

이럴 때마다 황제의
대선단이 지나가는 곳
에서 500리 범위에 있
는 백성들이 이들을 먹
여야 했기 때문에 백성
의 원성이 높았다. 그는
아버지 문제가 궁핍할
정도의 내핍 생활을 통
해 쌓아놓은 부를 모두
탕진했을 뿐 아니라 갖
가지 명목으로 세금을
거두었다. 그중에서 백성들을 가장 괴롭힌 것이 고구려 원정을 위한
공출이었다.

양제에 대해 최초로 반기를 든 사람은 개국공신 양소楊素의 아들
양현감楊玄感이었다. 그는 제2차 고구려 원정이 실패한 613년에 10만
대군을 일으켰다. 그는 동도東都 낙양洛陽을 포위하는 등 기세를 올렸
지만 불과 두 달 만에 진압되어 자살했다. 이 반란은 비록 실패로 끝
났지만 여파는 컸다.

이후 명문 세가 출신으로 양현감의 부장이었던 이밀李密이 즉각 거
병하여 수나라 최대의 군량 창고를 점령하고 중원 지방을 장악하였
으며, 그를 토벌하기 위해 파견된 왕세충王世忠이 낙양을 거점으로 반
란을 일으켰다. 또한 고구려 원정 중에 탈주한 두건덕竇建德이 탈주

병들을 규합하고 학정에 봉기한 농민들까지 끌어들여 세력을 키우는 등 숱하게 많은 군웅들이 천하의 패권을 노렸다.

이 와중에도 이연은 꿋꿋하게 양제와의 의리를 지켰다. 그는 수나라의 권력자들 중에서도 반란을 일으키기에 가장 유리한 위치에 있었다. 그는 당시에 태원유수라는 요직에 있었다. 태원은 수나라의 양대 도시인 낙양과 장안의 북방에 위치한 곳으로, 돌궐과 대치하고 있는 군사 요충지였다. 그러나 이연은 반란을 일으키기는커녕 양제가 다른 지역을 순시하는 동안 그를 대신해 태원도안무대사의 자격으로 북방의 반란을 진압했다.

이연은 천성이 우유부단한 만큼 좋은 인품으로 명성이 높았다. 때문에 고구려 원정에 반대하는 관리들이 속속 태원으로 모여 그에게 몸을 의탁해 왔다. 그러자 그의 휘하에서도 서서히 반란의 싹이 트기 시작했다. 이러한 어수선한 상황에서도 양제는 유유자적하게 여유를 부렸다. 그는 양현감의 난 때 불에 타 버린 용주를 다시 만들게 해서 지방 순시 명목으로 천하유람을 시작했다.

이연이 반란을 일으키게 된 계기는 돌궐족을 상대로 한 전투에서 연패를 당한 것이었다. 이 일로 그는 양제에게 호출을 당했다. 양제는 곧바로 이 명령을 철회하기는 했지만 이연이 패전의 책임을 지고 목이 떨어질 위기에 몰렸던 것은 확실했으며, 이런 일은 언제라도 다시 일어날 수 있었다. 여기에다 이연의 둘째 아들 이세민의 부추김이 크게 작용했다. 이세민은 우유부단한 아버지와는 달리 야심가로 대담한 성격을 가지고 있었다.

많은 중국의 역사서에서는 이연이 병사를 일으킨 것은 이세민의 계략에 빠졌기 때문이라고 적고 있지만 그것이 어떤 계략이었는지는 밝히지 않고 있다. 다만 정사가 아닌 야사로 이른바 '진양궁 궁녀 사건'이 전해지고 있다. 진양궁은 태원에 있는 양제의 이궁離宮으로 가끔 이곳에 들르는 양제를 위해 수십 명의 궁녀들이 대기하고 있었다.

술을 좋아하는 이연이 어느 날 연회 중에 술에 취하자 이세민은 그 자리에 진양궁의 궁녀들을 불렀다. 다음 날 정신을 차린 이연은 자신이 황제의 여인들에게 손을 대는 죽을죄를 범한 사실을 알고 어쩔 수 없이 거병했다고 하는데, 이 이야기가 사실인지 아니면 후대의 창작인지는 확인할 수 없다.

이연이 본격적으로 반란을 일으킨 시기는 617년 6월이었다. 그는 태원에 자신을 감시하기 위해 파견되어 있던 수 양제의 측근들을 반역으로 몰아 살해하고 혈족들을 소집했으며 대장군부大將軍府를 조직해 좌군은 장남 이건성에게, 우군은 차남 이세민에게 맡겼다. 그는 양제의 손자 유侑를 황제로 옹립하고[32] 전국으로 격문을 띄운 다음 3만의 병력을 이끌고 장안으로 향했다.

이연의 혈족 중에서 반란에 가장 결정적인 역할을 한 사람은 장남 이건성이나 이세민보다 오히려 그들의 누이인 평양공주平陽公主[33]였다. 이연에게는 수많은 처첩이 있었으며, 본부인에게서는 3남 1녀를 두었다. 그 형제들 중 유일한 딸이 바로 평양공주로, 나이는 이세민보다 한 살 위였다.

이연이 전국에 흩어져 있던 혈족들을 모두 소집했을 때 평양공주는 사재를 털어 병사를 모으는 한편, 측근을 농민 반란군에 보내 그들을 휘하로 끌어들였다. 그녀는 이들은 직접 지휘하기도 했는데, 그녀가

---

32 공제(恭帝). 그의 아버지 양소(楊昭)가 606년에 사망하자 두 살 때 황태손에 봉해졌다. 그는 열두 살에 이연 등에 의해 황제로 추대되었으나 2년 후에 양위했다. 그는 양위 후 바로 그해에 이연의 명령으로 살해되었다.

33 평양공주는 이십대 중반의 나이에 요절했다. 이연은 그녀의 장례식을 거행하면서 북을 울리도록 해서 장군의 예를 취했다고 한다.

전쟁 중에 모은 병력은 여자들로만 구성된 '낭자군娘子軍'을 포함해서 모두 7만 명에 달했다고 한다.

장안을 공략하려는 이연에게는 두 가지 걱정거리가 있었다. 태원 자체가 북방의 돌궐족에 대한 방어기지였기 때문에 이곳을 비웠을 때의 위험성은 쉽게 예측할 수 있었다. 무엇보다 돌궐족보다 더욱 난처한 존재는 이미 중원에서 큰 세력을 형성하고 있던 이밀이었다. 이연은 이밀에게 휘하로 받아달라고 간청하는 내용의 편지를 보내 그를 교란시키고, 돌궐에는 특사를 파견해 동맹을 맺었다.

이때 양제는 수도인 장안을 떠나 양주揚州에 머물고 있었는데 가장 믿고 있었던 이연까지 반란에 가담하자 거의 자포자기 상태에서 주색에만 빠져들었다. 그는 매일 천 명이나 되는 궁녀를 모아놓고 주연으로 밤을 지새웠다. 또 거울을 보고 자신의 목을 만지면서 "어느 놈이 이 목을 벨까?"라고 중얼거렸다고 한다.

양제는 허무하게 죽었다. 그가 반란에 대응할 생각도, 수도로 돌아갈 생각도 하지 않자 병사들이 등을 돌린 것이었다. 친위대 소속의 병사들까지 반란에 가담했고, 결국 양제는 시종장 우문화급宇文化及[34]에게 목이 졸려 죽었다. 우문화급은 양제의 조카 호浩를 황제로 추대하고 스스로 대승상에 올랐다.

기세가 오른 우문화급은 모두 10만의 병력을 소집해서 양주를 출발해 자신과 병사들의 고향인 낙양과 장안 쪽으로 향했다. 그는 스스로 옹립한 황제 호를 살해하면서까지 천하를 노렸지만 얼마 후 농민 반란 세력 중 하나인 하왕夏王 두건덕에게 패배해 참수당했다.

---

34 양제의 휘하에서 고구려 원정의 선두에 섰던 우문술의 아들이다. 양제와 그 일족을 모두 살해했으며 후일 두건덕에게 똑같이 보복을 당해 일족이 모두 살해되었으나, 동생 우문지급만은 구사일생으로 목숨을 건져 당나라의 명신이 되었다.

양제의 죽음과 함께 천하는 주인 자리를 노리는 군웅들이 할거하게 되었다. 이연은 수도 장안을 점령하고 나서 양제가 살해되자 양위의 형식을 빌려 황제의 자리에 올랐다. 국호는 당唐, 연호는 무덕武德으로 정했다. 그러나 이 시기에 이연 일가는 여러 군웅들 중 하나일 뿐이었다. 천하에는 아직 이밀이나 낙양을 장악한 장군 왕세충 같은 실력자들이 버티고 있었다.

이세민의 성장과 현무문 정변

이연이 군웅들을 누르고 천하의 패권을 차지하는 데는 4년 이상의 긴 시간이 소요되었다. 그리고 이 왕좌의 게임에서 가장 큰 이득을 본 사람은 이연이 아니라 그의 차남 이세민이었다. 이세민에 대해서 다른 부문에 대한 평가는 엇갈릴 수도 있지만 군사적인 면에 대한 평가는 이론의 여지가 거의 없다.

이세민은 불굴의 투지와 용기를 가진 전사였다. 최초의 전투였던 곽읍霍邑 공방전에서 이연의 부대는 수나라의 군대에 고전하여 퇴각까지 결정할 정도로 궁지에 몰렸으나, 이세민이 소수의 기병으로 돌격해 적진의 중앙을 돌파함으로써 전세를 역전시켰다. 리더십 관점에서 보면 그는 휘하 장병들과 고락을 같이하는 유형의 지휘관이었다. 대표적으로 하루에 200리를 달리면서 8번 싸워 모두 이기고, 이틀 동안 잠을 자지 않고, 사흘 동안 갑옷을 벗지 않았다는 이야기도 전해진다.

그는 무용과 용기를 갖춘 용장이기도 했지만 동시에 변칙적인 전술에 능수능란한 지장이기도 했다. 세력의 근거지가 서로 이웃해 있던 강력한 군벌로 서진西秦의 황제를 자칭하던 설거薛擧와 그의 아들 설인고薛仁杲를 상대할 때는 전투를 고의로 질질 끌면서 60일이 넘는 지루한 지구전을 펼쳐 상대를 기진맥진하게 만든 다음에 기습공격으로 항복을 받아냈다. 이 전투는 이연이 세운 당나라가 서북 지방을 평정하고 천하의 대세로 올라서는 결정적인 계기가 되었다.

당나라의 천하 통일 과정에서 마지막 고비는 중원의 최대 세력이던 이밀을 격파하고 정鄭나라를 세운 왕세충王世忠[35]이었다. 왕세충과 이세민이 마주친 곳은 수도 장안만큼이나 번화했던 도시 낙양이었다. 당대의 이름난 무장이었으며 만만치 않은 세력을 보유하고 있던 왕세충과 이세민은 90일 동안이나 밀고 밀리는 접전을 벌였다.

이 낙양 공방전에서 이세민은 왕세충뿐 아니라 그를 구원하기 위해 급히 출정한 또 한 사람의 강적 두건덕[36]까지 격파하는 개가를 올렸다. 이때가 621년, 이연이 당나라를 세우고 나서 3년이 지난 후였다. 아직까지는 곳곳에 군웅들이 남아 있었지만 실질적으로 당나라를 위협할 만한 세력은 모두 사라진 셈이었다.

다음 해인 622년 여름, 이세민은 이 전투의 승리로 노획한 수나라의 국보 보기寶器를 가지고 장안에 개선해서 이를 태묘太墓에 봉헌했다. 이로써 당이 수나라를 계승한 정통 왕조라는 명분을 확보할 수 있었다. 이연은 왕조의 기초를 세운 이세민의 공을 치하하면서 천책상

---

35 수나라의 장군으로, 양제가 죽자 양통을 황제로 추대했다. 619년에 중원의 최강자였던 이밀을 격파한 후 양통을 폐하고 스스로 제위에 올라 국호를 정(鄭)이라고 했다. 621년 이세민에게 패하여 투항했다. 그 후에는 수도 장안으로 압송되었다 개인적인 원한을 가진 자에게 살해되었다.

36 양자강 유역을 근거로 번성했던 서민 출신의 지도자로 스스로 '하왕'이라고 칭했다. 618년에 하(夏)나라를 세워 스스로 왕이 되었다. 친서민적인 통치를 펼쳐 농사와 양잠을 권장했으며 도적이 없어졌다고 한다. 621년 이세민이 왕세충을 공격하자 구원에 나섰지만 호뢰관(虎牢關) 전투에서 패배하여 장안으로 압송되어 참수되었다.

장天策上將[37]이라는 호를 내렸다.

당나라 최고의 개국공신은 분명히 이세민이었다. 그렇지만 세간에서 이세민의 명성이 높아갈수록 형제들 사이의 긴장이 높아져 갔다. 이세민은 이연의 둘째 아들이었고 공식적인 황태자는 장남 이건성李建成이었다. 이건성은 이세민보다 열 살 위로,《구당서舊唐書》에 따르면 '성격이 급하고 사냥과 주색에 빠져 있었다.' 그렇지만 이 기록은 사관들의 날조일 확률이 높다.

이건성과 이세민은 아버지 이연으로부터 부여받은 임무가 달랐다. 이세민이 주로 군사 원정을 나가 전투를 벌이는 동안 이건성은 장안에 남아 내치를 담당했으며 그런대로 괜찮은 성과를 올렸다. 전쟁의 속성상 이세민이 거둔 빛나는 군사적 성과 역시 안정적인 군수 지원이 없었다면 이루기 힘들었을 것이다.

그렇지만 대중들은 그러한 것들을 깊이 생각하지 않는다. 사람들은 항상 화려하게 조명을 받는 사람에게만 주목하지 보이지 않는 곳에서 일하는 사람들에게는 관심을 갖지 않는다. 당시의 스타는 황태자 이건성이 아니라 수 양제 시절부터 시작된 혼란을 끝낸 용장 이세민이었던 것은 당연했다.

그러한 상황이 되자 이세민은 다음 황제는 형이 아니라 나라를 세우는 데 결정적인 기여를 한 자신이 되어야 한다고 생각하기 시작했으며, 이건성은 동생이 누리고 있는 대중적인 인기를 자신의 지위에 대한 심각한 위협으로 생각하기 시작했다. 여기에 막내인 이원길李元吉이 이건성 편에 가담했다. 형제들은 서로 음모를 꾸미면서 각자 병사들을 키우기 시작했다.

---

37 '하늘이 내린 장수'라는 뜻으로 원래는 은(殷)나라의 탕왕(湯王)을 보좌해 하나라를 멸망시키고 천하를 얻게 했던 명재상 이윤(伊尹)을 지칭하는 말이었다.

왕가의 비극은 당나라가 개국하고 나서 8년 만에 벌어졌다. 이세민은 626년 왕궁의 북문인 현무문玄武門에 병사들을 매복시키고 이건성과 이원길을 유인해서 살해하고 목을 잘라 효수했다. 그리고는 그 아들들까지 모두 죽여 버렸다.[38] 이 사건이 일명 '왕자의 난'이라고 불리는 '현무문 정변玄武門政變'이다. 이때가 426년 겨울, 이세민의 나이는 스물일곱이었다.

중국의 정사로 분류되는 역사서 중에서 가장 기술이 짧고 간결하기로 악명 높은 것이 《구당서》이고, 그보다 약간 개선된 것이 《신당서新唐書》이다. 그럼에도 이 두 사서는 모두 현무문 정변에 대해서는 이세민의 입장을 변호하는 데 많은 분량을 할애하고 있다. 무능하고 욕심이 많았던 이건성이 먼저 이세민을 제거하고자 했기 때문에 이세민이 어쩔 수 없이 마지막 수단을 선택했다는 것이 정사의 기록이 되었지만, 역사는 승자의 편에서 기술될 확률이 높기 때문에 무엇이 진실인지는 알 수 없다.

역사적 진실이 무엇이든 이 현무문 정변은 이세민의 재위 기간 내내 일종의 콤플렉스로 작용했다. 현무문 정변은 수 양제가 살해된 지 불과 8년이 지난 다음에 일어난 사건이었다. 사람들의 뇌리에 친족을 살해했던 양제에 대한 기억이 아직 생생한 시기였다.

양제가 사람들로부터 신망을 잃게 된 첫 번째 계기가 바로 친족을 살해한 사건이었다. 양제가 아버지 문제를 독살했다는 의혹은 당시에도 그저 소문일 뿐이었지만, 그가 황제의 자리에 오르자마자 가장 먼저 시행한 조치가 태자의 자리에서 쫓겨난 형을 살해한 것이었다는 비윤리적인 사실은 통치 기간 내내 부담으로 작용했다.

---

38 현무문 정변 당시 이건성과 이원길은 각자 5명의 아들을 두고 있었다. 이세민은 이 10명의 조카들을 모두 주살했다.

정관의 치

이러한 상황을 모를 리 없는 이세민은 최선의 선정을 통해서 이를 극복하고자 했으며, 이는 결과적으로 백성들에게 축복이 되었다. 정변을 일으키고 나서 두 달 후 아버지 이연으로부터 양위를 받아 황제의 자리에 오른 이세민은 균전제均田制를 실시해서 농민들에게 토지를 고르게 분배하고 조용조租庸調의 조세 제도를 확립했다. 토지를 분배받은 농민들은 수확물의 9분의 1과 1년 중 20일에 해당하는 노동력, 그리고 지역 특산물을 납부하는 것으로 모든 조세를 해결할 수 있게 되었다.

이러한 일련의 조치들을 정관율령貞觀律令이라는 이름의 명문으로 공포되었다. 목표는 백성들의 세금과 부역을 가볍게 하는 것이었다. 또한 군사 제도를 징병 제도로 전환하고 수 양제 시절 폐지되었던 과거 제도도 부활시켰다. 이 시기에 이세민이 강하게 의식했던 것은 전 왕조인 수나라의 통치, 특히 수 양제의 폭정이었다. 《정관정요》 중에서 실제 사관의 기록을 바탕으로 작성된 것으로 보이는 부분은 주로 수나라의 통치에 대한 이세민과 신하들의 비판과 토론에서 시작하고 있다.[39]

이세민은 정관율령을 통해서 대내적으로는 안정을 찾았으나 가장 큰 외부의 위협인 돌궐은 아직 건재했다. 10년 전, 이연이 처음 수 양제에게 반기를 들었을 때 그는 측근을 비밀리에 돌궐[40]에 파견해서

---

39 《정관정요》는 당 태종 이세민이 죽은 지 50년이 지난 후에 오긍(吳兢)이라는 사관이 정리한 것이다. 내용 중에서 절반 정도는 당시의 상황에서 실질적인 정책이 논의된 부분이었지만 나머지 절반은 통치 철학과 도덕에 관한 것이며 후자의 상당 부분은 고대 현군들의 어록과 일치한다. 따라서 이 부분은 저자인 오긍에 의해 추가된 항목으로 생각된다.

40 돌궐은 '튀르크'의 발음을 한자를 빌어 표현한 것이므로 튀르크 계열의 사람 전체를 의미한다. 대략 6세

● 토번의 사신을 접견하는 당 태종

동맹을 맺은 바 있었다. 장안을 공격하기 위해 집결한 이연의 군대에 돌궐군 기병 500기가 합류했으며 2,000마리의 군마도 제공했다. 이때 돌궐은 하나의 조건을 걸었다.

"땅과 사람은 이연에게, 금과 옥은 돌궐에게."

돌궐에게 약탈을 허가한 것이나 마찬가지였다. 이 때문에 당나라는 10년 내내 곤욕을 치러야 했다. 이세민이 황제에 오르고 난 직후, 돌궐의 지도자 힐리 카간頡利可汗은 10만의 기병을 동원해 침공하여 장안까지 육박했다. 이때 이세민은 소수의 측근들만 대동하고 비무장으로 힐리를 찾아가 막대한 재물을 바쳐 굴욕적인 조건으로 동맹을 유지할 수 있었다.[41]

기경에 민족적인 동질성을 확립해 강력한 세력을 형성해 중국의 여러 왕조를 압박했다. 수나라가 중국을 통일하자 이에 대립하면서 무력 충돌을 계속했다.
41 《당서》의 〈세가〉에서는 물론 이세민이 힐리를 꾸짖었으며 위세에 눌린 튀르크 인들이 말에서 내려 잘못을 사과했다고 적고 있다. 그렇지만 다른 기록에서는 이세민이 스스로 이때의 상황을 설명한다. 이때 이세민과 힐리는 위수(渭水)의 함양교(咸陽橋)에서 백마를 잡아 제를 올리면서 맹약을 맺었다. 돌궐이 우위

돌궐 사람들은 신생국인 당나라가 감당하기 어려운 막강한 군사력을 가지고 있었지만 이세민이 설욕할 수 있는 기회를 그들 스스로 제공했다. 2년 후 힐리가 조카인 돌리 카간突利可汗과 불화를 일으키자 이세민은 이 기회를 놓치지 않고 이정李靖에게 10만의 병사를 주어 힐리를 협공했다. 이정은 힐리를 격파하고 생포하여 포로 10만과 함께 귀환했다. 이로써 동돌궐은 당나라에 복속되었다.[42]

돌궐이 격파되자 당나라는 자연스럽게 중국과 서역을 연결하는 교역로를 장악하게 되었으며, 이는 당나라가 경제적 풍요와 문화적 다양성을 이루는 계기가 되었다. 이 교역로에 남아 있던 강력한 경쟁자인 토욕혼土浴渾이 638년 티베트에 멸망하자 이세민은 조카인 문성공주文成公主를 티베트의 왕 송첸캄포松赞干布에게 출가시켜 혼인 동맹을 성사시켰다.[43]

이세민의 시대에 당나라는 내적으로 안정되고 외적으로도 왕조의 권위를 높여 '정관의 치'라고 불리는 태평성대를 이루어 냈다. 이러한 선정은 그의 뛰어난 용인술에 바탕을 두고 있다. 그는 쓸 만한 인재라고 판단되면 정치적인 입장이나 과거의 관계는 상관하지 않고 등용해서 최대한 활용했다.

《정관정요》에 등장하는 이세민의 신하들은 모두 45명이나 되지만

에 서는 관계였다.

42 돌궐은 수나라 초기에 왕가의 권력 다툼에 의해서 동, 서 돌궐로 분열되었다. 서돌궐은 그 이후 서쪽으로 진출했으며 이들 중 부족장 셀주크가 10세기경에 페르시아 사만 왕조의 동맹자로 서구 역사에 처음 등장하며 사만 왕조가 멸망하자 셀주크의 후손들이 자신의 왕국을 세웠다. 이 왕국이 약화되자 이들 중 일부가 오스만튀르크 왕국을 세웠는데, 이것이 현재 터키 공화국의 뿌리이다.

43 이 결혼이 현재 중국이 티베트가 중국 역사의 일부라고 주장하는 근거이다. 문성공주가 티베트의 불교와 문화 발전에 어느 정도 공헌한 것은 사실이겠지만 야만적인 티베트 인들을 개화시켰다고는 할 수 없다. 송첸캄포에게는 네팔 왕국의 공주인 부리쿠티 데비(Bhrikuti Devi)가 제1부인으로 있었으며 문성공주가 왕비로 있던 기간도 9년 정도이다.

주연급에 해당하는 인물은 위징魏徵, 왕규王珪, 두여회杜如晦, 이적李勣, 방현령房玄齡 정도이다. 이들 중에서 당나라의 개국 과정에서 최고의 공신으로 평가되는 위징은 수 양제에게 반란을 일으켰던 이밀의 휘하에 있다 항복해 태자였던 이건성의 최측근으로 활약했던 사람으로, 이건성에게 이세민을 제거하라는 충고를 하기도 했다.

그는 현무문 정변 때 최우선적으로 체포되었는데, 죽음을 눈앞에 두고도 이세민에게 "만약 황태자께서 내 말에 좀 더 귀를 기울였다면 오늘의 화를 당하지는 않았을 것이요."라고 태연하게 말했다. 이세민은 이 말을 듣고 정중하게 옷깃을 여민 다음 그를 풀어주고 (우리 역사에서 대사간에 해당하는) 간의대부諫議大夫로 임명했다.

이적은 본명이 서세적徐世勣으로, 위징과 함께 이밀의 휘하에서 크게 활약했던 사람이다. 그는 후일 당나라 건국에 대한 공을 인정받아 이세민으로부터 왕가의 성씨인 이李씨를 하사받았다. 방현령은 수나라의 엘리트 관료 출신으로 수 양제 말기의 혼란기에 이연이나 이세민과 반대 입장에 섰던 사람이다.

그의 휘하에서 최고의 명장으로 이름을 날렸던 이정李靖은 수 양제의 충성스러운 신하로 이연이 반란을 일으킬 것을 미리 알고 이를 보고하기 위해 남쪽으로 내려가다 길이 막혀 장안에 머물고 있던 중 성이 함락되면서 이연에게 포로로 잡혔다. 이연은 그를 처형하려 했으나 이세민이 이를 만류하고 자신의 휘하로 끌어들였다. 또한 이정에 필적하는 대단한 전과를 세웠던 용장 위지경덕尉遲敬德 역시 농민 반란군을 이끌다 이세민에게 포로가 되었던 경력이 있다.

이세민이 보여준 이런 식의 용인술은 단순한 '처세술'의 차원이라고 치부할 수 있는 것이 아니다. 그는 '관대함'과 '대범함'으로 표현할 수 있는 타고난 천성에 더해 보통 사람에게서는 찾아보기 어려운 인간적인 매력이 바탕이 되어 각자 강한 개성을 지닌 인재들을 끌어들이고 충성을 받아냈다.

고구려 원정과 권력 투쟁의 유산

이세민은 수 양제 시절부터 계속된 혼란의 시대를 종결하고 안정과 번영을 가져왔다. 초기의 혼란을 극복한 후 당나라는 10년 이상 태평성대가 지속되었다. 그러자 이세민은 점차 초심을 잃고 흔들리기 시작했다. 자제력을 잃고 사치와 향락에 빠졌으며 신하들의 직언을 무시하기 시작했다. 젊은 시절의 '자신감'은 나이를 먹으면서 점차 '아집'으로 바뀌어 갔다.

정관 17년인 643년, 그동안 무려 200번이 넘는 간언을 올리면서 고집 센 황제와 말 많은 신하들 사이에서 균형을 잡아 주던 위징이 죽자 이세민의 제어 장치도 사라져 버렸다. 그러자 기다렸다는 듯이 두 가지 사고가 연이어 터졌다. 하나는 두 번째 '왕자의 난'이 될 수도 있었던 반역 모의이며, 다른 하나는 무리하게 고구려 원정을 결정한 것이었다.

이세민에게는 모두 14명의 왕자가 있었는데 정비 장손황후長孫皇后[44]의 소생은 장남 승건承乾, 넷째 태泰, 아홉째 치治, 셋이었다. 이들 중에서 장남 승건은 여덟 살 때 황태자로 책봉되었으나 다리를 약간 절었던 탓인지 성격적으로 문제가 있었고 무엇보다도 동성애자였다. 승건이 이세민의 신임을 잃어 가면서 반대로 학문에 재능을 보인 태

---

44 장손황후는 이세민의 죽마고우이자 당나라 개국공신인 장손무기(長孫無忌)의 여동생이다. 대단히 현명했던 여인으로 이세민과 백성들의 사랑을 받았으나 정관 10년에 서른여섯 살의 나이로 사망했다.

가 주목을 받게 되자 형제 간의 대립이 일어났다.

상황은 현무문 정변이 일어나기 직전과 거의 비슷했으니 이세민의 입장에서는 인과응보였던 셈이다. 승건은 상황이 자신에게 점차 불리하게 돌아가자 정변을 일으켜 아버지와 형제들을 살해하고자 했다. 이 음모는 사전에 발각되어 승건은 유배되었고, 측근들은 모두 처형되었다. 그렇지만 일단 태자로 책봉되었던 태도 최종적으로 승리하지는 못했다. 이세민이 그의 비열하고 위선적인 성격을 파악하게 된 것이다.

이세민은 고심 끝에 황태자를 다시 한 번 폐하고 아홉째 아들 치를 후계자로 선택했다. 그는 선량하다는 점을 제외하면 특별한 재능을 타고나지 못한데다 성격까지 나약한 열다섯 살의 소년이었다. 이세민 자신의 말을 인용한다면 "태가 황제가 되면 승건과 치는 모두 죽을 것이고, 치가 된다면 승건과 태는 최소한 살아남을 수는 있을 것"이기 때문이었다.

두 번째 왕자의 난이 불발된 그해에 이세민은 고구려 원정을 결정했다. 그는 많은 신하들의 반대를 묵살하고 다음 해에 수십만의 병력과 500척이 넘는 선박을 동원해서 대대적인 침공을 강행했으나 결과는 수 양제의 경우와 마찬가지로 대실패로 끝났다. 정관 19년인 645년 당나라의 대군은 안시성에서 치명적인 패배를 당해 10만이 넘는 전사자를 기록하고 한겨울에 퇴각해야만 했다.

이 원정의 실패는 이세민에게 정신적, 육체적인 타격을 가했다. 이 이후에 그는 병석에 눕는 날이 많아졌으며 초심을 잃고 점차 사치와 향락에 빠져들었다. 크게 무너진 자존심이 문제였을 것이다. 그는 고구려에 설욕하기 위하여 647년과 648년에 두 차례 더 원정을 시도했지만 그때마다 초전에서 패퇴하자 결국 포기하고 고구려와의 화해를 모색했다.

649년 이질에 걸려 초죽음이 될 정도로 고생했던 이세민은 대리청정의 형식으로 황태자 치에게 정사를 일임했다. 이때까지 살아 있던 개국공신들은 장손무기, 저수량楮遂良, 이적, 이 세 사람뿐이었다. 그는 장손무기와 저수량에게 황태자를 부탁하고 명장 이적은 지방으로 좌천시켰다.

그는 황태자 치에게만 자신이 죽은 후에 이적을 불러들여 요직에 앉히라고 은밀하게 조언했다. 군부의 절대적인 지지를 얻고 있는 이적으로부터 대를 이어 충성을 얻어 내기 위해서 취한 조치였다. 갖가지 병마에 시달리던 이세민은 그해 7월 10일 사망했다. 나이는 쉰셋, 재위 기간은 20년이었다.

당나라의 후계는 이세민의 생각대로 흘러가지 않았다. 유약했던 당 고종 치는 이세민의 궁녀로 들어왔다가 후일 자신의 계비가 되는 무측천武測天에게 휘둘려 실권을 거의 행사하지 못했으며, 당나라는 50여 년간 '측천무후則天武后의 시대'에 들어가게 된다.[45] 이때 이씨 왕조는 거의 망했다가 후일 당 현종이 되는 이융기李隆基가 주도한 쿠데타를 통해서 가까스로 원상을 회복했다.

권력을 가진 자들 사이에서 벌어진 극렬한 권력 투쟁과 피비린내 나는 숙청을 별도로 하면, 일반 백성들의 입장에서는 당 태종 이세민의 정관의 치, 측천무후의 '무주의 치武周之治', 당 현종의 '개원의 치開

---

45 중국 역사상 전무후무한 여황제였다. 남편인 고종을 압도하는 권력을 누렸으며 자신의 아들까지 살해하면서 황제의 자리에 올랐다. 잔인한 성품으로 왕족인 이씨 일가를 거의 멸족의 위기에 빠뜨렸지만 민생을 철저하게 챙기고 뛰어난 인재들을 등용해서 정관의 치를 이어 나라의 번영을 가져왔다. 공식적으로 당나라를 멸하고 주(周)나라를 세워 황제가 되었지만 후일 스스로 이를 철회하고 당 고종의 황후로 복귀했다.

●측천무후

元之治'로 이어지는 1세기 남짓한 기간이 중국 역사상 가장 융성했던 황금시대였다.

　그런데 이세민뿐 아니라 무측천, 이융기 이 세 사람은 모두 비정상적인 수단으로 권력을 장악했다는 공통점을 가지고 있다. 여기에서 역사 전반에 대해서 한 가지 중요한 질문이 제기된다. 통치자를 평가할 때 그가 권력을 갖게 된 과정은 무시하고 순수하게 그가 남긴 업적으로만 평가해야만 하는 것이냐는 문제이다.

　역사는 결과 위주로 기록되기 때문에 정권의 정통성보다는 통치의 성과를 우선적으로 평가하게 된다. 역사적으로 쿠데타나 존속살해 등 비정상적인 방식으로 권력을 잡은 통치자들 중에는 그 사회 구성원 대다수를 위한 선정을 통해서 정통성 논란을 극복하고 위대한 통치자가 되었던 사람들이 많다.

　그렇지만 그것은 단기적인 성과일 뿐이다. 비정상적인 승계는 그 왕조, 현대적 의미라면 그 사회 체제에 장기적으로 치명적인 악영향을 미치게 된다. 실력으로 단 하나 밖에 없는 통치자의 자리를 차지할 수 있다는 사고방식이 다음 세대에게 그대로 전승되기 때문이다.

　승계의 원칙이 없이 누구라도 어떠한 (설령 그것이 비정상적일지라도)

방법을 동원하여 통치권에 도전할 수 있는 사회가 지속된다면, 그러한 방식으로 권력을 쥔 사람들이 거시적인 안목에서 미래를 위해 봉사할 확률은 점점 낮아지게 된다. 승계의 정통성은 장기적으로 사회의 안정성을 보장하는 것이다. 당나라가 그리 오래가지 못했던 것이 바로 그 교훈이다.

이세민은 형제를 살해하고 권력을 장악한 이후 선정을 베풀었지만, 그의 아들들은 왕좌를 두고 다퉜고, 며느리인 무측천은 이세민의 후손들을 거의 모두 살해하고 자신의 왕조를 세웠으며, 손자인 현종 이융기는 고모와 치열한 권력 투쟁을 벌여야만 했으며 그의 시대에 왕조는 실질적으로 멸망했다. 이세민은 정관의 치라는 긍정적인 유산과 함께 실력으로 권력을 차지하는 왕좌의 게임 또한 유산으로 남겨주었던 것이다.

근대 러시아의 아버지

표트르 대제

그곳, 황량한 파도 옆에,

그가 서 있었네, 강인한 사고를 북돋우면서,

그리고 응시했네, 오로지 먼 곳으로만

넓은 강 하구에 초라한 돛단배 한 척

네바 강을 표류하며 바다로 갔네, 저 혼자서.

진흙투성이의 강둑에는 이끼만 자라고 서너 개

낡은 헛간만이 여기저기에 서 있었다네.

가여운 핀 족의 거처는 사람들로 그득한데

속삭이는 숲에는 햇빛이 닿지 않아

언제나 안개 속에 묻혀 있었다네.

그래서 그는 깊은 상념에 빠졌다네. "여기서부터, 정말로

우리가 스웨덴을 공포에 떨게 할 수 있을까?"

위의 시는 러시아의 문호 알렉산드르 푸슈킨Aleksandre Sergeievich Pushkin이 1833년에 쓴 낭송시 〈청동의 기수Bronze Horseman〉[46]의 도입부이다. 〈청동의 기수〉는 러시아 상트 페테르부르크에 세워진 표트르 대제의 동상을 가리키는 고유명사로, 1782년 그의 손자며느리인 예카테리나 2세Yekaterina II에 의해 봉헌되었으며, 푸슈킨은 그를 위하며 3장 476행으로 구성된 서사시를 썼다.

표트르 대제는 세계에서 가장 넓은 영토를 가진 근대 러시아를 설계한 사람이었다고 해도 지나친 말이 아니다. 또한 표트르 대제는 우리에게 과연 '목표가 수단을 정당화할 수 있는가' 하는 까다로운 질문을 던지는 사람이다. 종종 어떠한 숭고한 목표를 이루려고 노력하는 경우, 그 목표에 도달하는 유일한 수단으로 목표와 정반대되는 가혹하거나 비열한 방식을 사용해야 하는 경우가 있다. 이러한 경우 그 숭고한 목표가 비열한 수단을 정당화할 수 있는가 하는 문제는 결론을 내기가 무척 어렵다.

러시아의 역사

러시아는 그 역사가 정확하게 어느 시점에서 시작되었다고 단정적으로 말하기가 어려운 나라이다. 러시아라는 이름 자체가 파생되어 나온 '루스Rus'라는 사람들은 현재의 북서부 러시아에서 남하한 바이킹 부족들의 후예로 슬라브 계열의 언어가 아니라 게르만 계열의 언어

---

46 상트 페테르부르크의 상징물 중 하나인 청동의 기수상은 '12월 광장(현재 세네트 광장)'에 위치하고 있다. 이 동상의 좌대는 약 1만 5,000톤 정도로 추정되는 벼락의 바위인데, 약 6킬로미터 정도 떨어진 곳에서 옮겨왔다. 이 바위는 역사상 순수한 인간의 힘만으로 움직인 바위 중에서는 가장 큰 것이라고 한다.

를 사용했다. 이들은 9세기 후반에 비잔틴 제국으로부터 기독교를 받아들이면서 현재 우크라이나 공화국의 수도인 키에프에 최초로 공국公國을 세웠다.

키에프의 뒤를 이어 교역 요충지나 넓고 비옥한 농지를 중심으로 우랄 산맥 서쪽에는 '공(公, Prince)'이 통치하는 여러 개의 독립적인 공국이 세워졌고, 이들은 서로 경쟁하면서 발전해 나갔다. 공국들 중에서 패권을 잡은 통치자는 '대공(大公, Grand Prince)'이라는 지위를 차지했다. 키에프 대공의 패권은 13세기에 류리크 왕조의 블라디미르 대공과 모스크바 대공에게 넘어갔다.

14세기에는 칭기즈 칸의 손자 바투의 정복으로 러시아 전체가 몽골의 지배를 받았다. 이 시기 러시아는 몽골의 지배보다는 약화된 러시아를 노리고 자주 침공한 게르만의 튜튼 기사단[47]과 스웨덴으로 인해서 더 큰 괴로움을 받았던 약소국이었다. 이러한 러시아를 강대국으로 변모시킨 사람들은 두 사람의 난폭한 통치자들이었다.

류리크 왕조의 이반 4세Ivan IV에게는 '광제(狂帝, the Terrible)' 혹은 '뇌제(雷帝, the Awesome)'라는 별명이 붙어 있다.[48] 이반은 러시아 역사상 처음으로 '차르'라는 명칭을 사용한 강력하고 유능한 통치자였다. 그는 전제주의적인 강력한 왕권을 세워 몽골 제국의 잔재인 두 개

---

47 원래는 예루살렘에서 병원을 경영하기 위해 독일의 가톨릭 교회가 창설했던 기사단인 튜튼 기사단은 리투아니아와 라트비아 사람들이 사는 발트 해 지역을 정복해 기사단령으로 삼았다. 후일 이들은 프로이센 왕국을 선언하고 독일 통일의 주축이 된다. 창설 당시의 이름은 'Ordo domus Sanct Mari Theutonicorum Hierosolymitanorum'으로 성 마리아 병원을 운영하기 위한 튜튼 기사단이라는 의미이다.

48 '광제'라는 호칭은 러시아 어 'Ivan Grozny'를 영어로 번역한 'Ivan, the Terrible'을 다시 우리말로 번역했기 때문이다. 'grozny'라는 단어는 두렵다는 뜻이기는 하지만 막연한 심리적인 두려움보다는 '절대적인 지배자'의 위세에 눌려 두렵다는 의미를 갖는 단어이다. 현대에서는 영어로도 'the terrible' 대신 'the awesome'을 더 많이 사용한다.

의 작은 칸국을 정복했으며 태평양을 향한 동진도 시작했다. 그러나 그는 심각한 정신질환을 앓고 있었다. 그는 어린 시절부터 스스로 분노를 통제하지 못해서 폭발적으로 난폭함을 드러내는 증상을 보이곤 했다.

이반의 비극은 아들의 죽음으로 절정을 맞이했다. 그는 며느리가 얇은 옷차림으로 나타나자 발작을 일으켜 그녀를 때려 임신 중이던 아이를 유산하게 만들었다. 이 처사에 대해 아들 젊은 이반이 항의하자 그는 다시 이성을 잃고 들고 있던 왕홀로 아들을 폭행하기 시작했다. 젊은 이반은 치명상을 입었다. 정신을 차린 차르는 아들을 껴안고 통곡했지만 젊은 이반은 사흘 후에 세상을 떠나고 말았다.

이반 뇌제도 그로부터 3년 후에 세상을 떠났으며 이것으로 9세기 중엽 노브고르드Novgord 대공으로 시작된 류리크 왕조는 실질적으로 막을 내렸다. 이반 4세의 치세 이후 치열한 권력 투쟁이 벌어졌으며 마지막 승자가 바로 새로운 왕조를 이루게 될 로마노프 가문이었다. 이 새로운 왕조는 여러 세력 사이에 이루어진 타협의 산물이었다.

수십 개의 동등한 명문가 중 하나였을 뿐인 로마노프 가는 왕권 기반도 단단하지 못한 상황에서 군사 강국들인 독일 튜튼 기사단령 프로이센,[49] 폴란드, 스웨덴, 오스만튀르크를 동시에 상대해야 했다. 또한 제국으로부터 독립하려는 분리주의자들과 높은 세금과 함께 갖가지 의무와 지주들의 착취에 신음하는 농민[50]들의 거센 도전도 헤쳐나가야 했다. 이러한 상황에서 등장한 사람이 바로 러시아 역사상 최초로 '대제the great'의 칭호를 얻게 될 표트르 1세였다.

---

49 프로이센이 정식으로 기사단령에서 왕국으로 전환했음을 공식적으로 선언한 시기는 18세기 초였다.
50 1667년 스텐카 라친을 지도자로 하는 농민혁명이 일어나 대략 10만 명 정도가 목숨을 잃었다. 희생자들의 대부분은 이 혁명에 동조했다는 이유로 처형당한 농민들이었다.

권력 투쟁으로 보낸 청년기

표트르 1세는 보통 사람들의 기준으로는 이해하기가 힘든 인물이었다. 극단적인 양면성을 지닌 사람으로, 그에 대한 평가도 가지각색이다. 표트르 1세는 러시아가 후진성에서 벗어나 유럽 국가로 탈바꿈하는 데 결정적으로 기여한 영웅이자 동시에 수많은 국민들을 희생시킨 폭군이기도 했다. 그는 잔인한 숙청이라는 면을 기준으로 하면 이반 4세를 훨씬 능가하는 기록을 남겼다.

표트르 알렉세예비치 로마노프Pyotr Alexeyevich Romanov[51]는 열 살의 나이로 후사가 없이 죽은 이복형 표도르 3세Fyodor III를 계승해서 차르가 되어 43년간 러시아를 통치했다. 그렇지만 그의 치세는 처음부터 잘 풀리지 않았다. 그의 아버지 알렉세이Alexei는 두 부인으로부터 12명의 자녀를 두었는데, 알렉세이가 죽고 나서부터 명문가 출신이었던 부인들의 가문 사이에서 권력 투쟁이 벌어졌다.

이 투쟁은 결국 유혈 충돌을 불러왔다. 표트르의 외가 친척 두 사람이 그가 보는 앞에서 살해되었으며, 만성질환으로 인해서 사실상 황제의 직위를 수행하기가 불가능했던 표트르의 형 이반 5세Ivan Alexeyevich Romanov[52]가 표트르와 공동 황제로 즉위하고 표트르의 외

---

51 러시아식 이름은 어떤 가문 소속인 누구의 아들 누구라는 형식이다. 표트르 알렉세예비치 로마노프 (Pyotr Alexeyevich Romanov)의 경우 '표트르'가 그의 세례명이고 '알렉세예비치'는 '알렉세이의 아들'이라는 뜻이며 마지막 '로마노프'가 가문의 이름, 즉 성이다. 여자의 경우에는 중간 이름이 여성형으로 바뀌어 '알렉세예비치'가 '알렉세예브나(Alexeyevna)'가 되는데 '알렉세이의 딸'이라는 의미이다. 여자의 경우에는 가문의 이름까지 여성형으로, 이를테면 '로마노프'에서 '로마노바(Romanova)'로 바뀌는 것이 일반적이다.
52 이반 5세는 대단히 선량하고 신앙심이 깊은 사람으로, 계모인 표트르의 어머니 나탈리야와도 대단히 사이가 좋았다. 또한 표트르를 끔찍하게 아껴 철저히 보호해 주었다. 그는 차르의 직위를 여러 번 사양했지만 외가인 밀로슬라브스키 가문의 압력으로 억지로 제위를 수락했다.

● 표트르 대제

가인 나르시킨Narshkin 가는 권력에서 제외되었다. 심신이 허약한 청년과 열 살 먹은 소년을 명목상의 차르를 세워 놓고 실질적으로 권력을 장악한 사람은 표트르의 이복누나인 소피아Sofia Alexeyevna였다.

표트르는 어린 시절을 일반인들과 함께 보낸 귀중한 경험을 가지고 있었다. 아버지 알렉세이가 사망하고 이복형인 표도르 3세가 차르를 계승했을 때 그는 세 살이었다. 이때에 그는 어머니 나탈리야Nataliya Narshkina와 함께 왕궁에서 나와 모스크바의 외국인 거주지 부근에서 살았으며 그리 오래는 아니지만 백해 연안에서 살기도 했다. 그는 차르가 된 이후에도 한동안 왕궁으로 옮기지 않고 줄곧 일반인들과 함께 생활했다.

표트르는 활발하고 호기심이 많은 장난꾸러기였다. 그는 부근의 상가와 수공업 지역을 돌아다니면서 일반인들과 함께 인쇄, 석공, 목공 일을 배웠다. 그는 특히 외국을 오가는 항해사들과 무역상들에 대해서 호기심이 무척 많았다. 차르가 된 이후에도 정치에는 전혀 관심이 없는 듯 보였다. 그는 장난감 무기로 아이들을 무장시켜서 군대를 조직하여 병정놀이를 하는 데 열중했다.

표트르는 열일곱 살이 되었을 때 세 살 위의 아름다운 에우도키아 로푸키나Eudoxia Lopukhina와 결혼했다. 이 결혼은 표트르의 어머니 나탈리야가 실질적인 권력자인 소피아를 상대로 거둔 정치적인 승리였다. 소피아는 당시의 최정예 근위대라고 할 수 있는 스트렐치Streltsy[53]의 지지를 받고 있었으나 크림 전쟁에 개입해서 좋은 결과를

---

[53] '스트렐치'는 러시아에 남아 있던 중세의 잔재 중에서 대표적인 것이었다. 원래는 각 지방의 방어를 담당하는 차르의 직할부대로 누구나 선발될 수 있는 군대였지만 세습적인 특권으로 정착되었으며 봉급 대신 토지로 급여를 받았다. 5만에 육박하는 병력 중에서 절반 가까이가 모스크바에 주둔하면서 정치 문제에 깊이 개입하는 경우가 많았다. 스트렐치의 쿠테타 사건으로 표트르 대제는 가담자 수백 명을 처형하고 해산한 후 정규군에 흡수시켰다.

내지 못하는 바람에 인기를 잃어 가고 있었다.

권력을 잃고 있다는 사실을 깨달은 누나 소피아는 스트렐치를 동원해서 쿠데타를 시도했다. 소피아는 이미 한 번 쿠데타에 성공해서 병약한 이반을 표트르와 함께 차르로 세우고 자신이 직접 정권을 장악했던 전력을 가지고 있었다. 그렇지만 이번에는 스트렐치도 그녀를 전적으로 지지하지 않아 수백 명 정도가 쿠데타에 가담했을 뿐이었다. 여기에다 스트렐치 내부에서 표트르를 지지하는 사람들이 은밀하게 쿠데타 계획을 표트르에게 알렸다.

소피아는 쿠데타의 불발로 실각했다. 그녀는 수녀원에 갇히게 되었으며 그곳에서 신분이 노출되지 않도록 엄중한 감시를 받으면서 남은 평생을 베일을 쓰고 살게 되었다. 그렇지만 이 사건으로 표트르가 권력을 잡지는 못했다. 열일곱 살의 표트르 대신 권력을 장악한 사람은 어머니인 나탈리야였다. 표트르는 여전히 정치에는 무관심한 채 외국인 거주 지역을 들락거리면서 분주한 일과를 보냈다.

표트르가 정치 전면에 나서게 된 시기는 어머니 나탈리야가 사망한 1696년 1월이었다. 이즈음에 표트르와 로푸키나의 결혼도 그리 좋은 결말을 맺지 못하고 끝장났다. 그들은 결혼 이듬해 후계자인 알렉세이Alexei Petrovich를 낳았지만[54] 두 사람의 개성은 서로 어울리기 힘들었다. 표트르와 달리 로푸키나는 전형적인 대귀족의 취향을 고수했다. 표트르는 로푸키나에게 그녀의 직위와 신분을 포기하도록 강요하고 수녀원에 집어넣어 버렸다.[55]

---

[54] 표트르와 로푸키나는 사이가 그런대로 유지되었던 4년 동안 알렉세이 외에도 두 명의 아들을 더 낳았지만 이 둘은 모두 유아기에 사망했다.
[55] 실제로 수녀원에서 생활한 기간은 6개월 정도였다. 그 이후로는 수녀원에서 나와 평신도로 살았다.

✒ 표트르의 대외 정책

일반인들 사이에서 생활했던 표트르는 러시아 민중들의 고통과 러시아 사회 자체의 후진성을 잘 이해하고 있었으며, 이를 위해서는 선진 유럽 국가를 모방하는 것이 최선의 방법이라고 판단했다. 그가 특히 관심을 가졌던 분야는 바다를 이용한 교역의 확대였으며 이를 위해서는 발트 해와 흑해로의 진출이 우선적인 과제였다. 그런데 이는 각각 스웨덴과 오스만튀르크가 모두 봉쇄하고 있었다.

표트르가 처음으로 실제 전투에 참가한 것은 1695년이다. 차르가 아니라 오스만튀르크와 벌어진 전쟁에 포병 장교 신분으로 종군한 것이다. 러시아는 흑해로 진출하기 위한 발판을 마련하고자 돈 강 하구의 튀르크 요새 아조프를 포위하고 거센 공세를 가했다. 그러나 이 전투에서 러시아 군은 대규모 병력을 동원하고 엄청난 포격을 퍼부었지만 요새는 끄덕하지 않고 버텨 냈으며 러시아 군은 상당한 피해만 입고 퇴각했다.

오스만튀르크 군이 선전했던 가장 결정적인 요인은 그들이 러시아 군보다 특별히 우수하기 때문이 아니라 오스만튀르크의 해군이 흑해를 통해서 풍부한 군수물자는 물론 보충 병력까지 수송했기 때문이었다. 해군을 보유하지 못한 러시아 군으로서는 이 광경을 뻔히 보면서도 어찌할 방법이 없었다. 표트르는 이 전투를 통해서 해군과 함대의 중요성을 깨닫게 되었다. 그가 추진한 개혁에서 첫 번째 과제는 바로 이 부분이었다.

1696년에 표트르와 함께 공동 차르였던 이복형 이반이 사망하자 그는 명실공히 유일한 절대 통치자가 되었다. 그의 첫 번째 관심사는 아조프 요새를 함락하는 것이었다. 그는 아조프에서 철군한 다음 곧바

● 아조프 요새 함락

로 함대를 만들기 시작해 우격다짐으로 30척의 어설픈 전함을 만들었다. 표트르는 다시 아조프 요새를 공격하면서 이 전함들을 이용해 튀르크 해군에 대항했다.

러시아 역사상 처음으로 조직된 이 함대는 시대에 한참 뒤떨어진 선박들로 이루어졌지만 규모 면에서는 만만치 않았기 때문에 일단 아조프 요새를 지원하기 위해서 올라오는 튀르크의 수송선단을 저지하는 데는 성공했다. 표트르는 1696년 7월에 아조프 요새를 함락했다.

표트르는 아조프 요새를 함락하고 나서 유럽으로 파견할 사절단을 조직했다. 지중해로 진출할 교두보를 확보하기는 했지만 사실 오스만튀르크 제국은 러시아 혼자 상대하기에는 벅찬 상대였다. 그는 한 세기 전에 오스만튀르크의 서방 진출을 효과적으로 저지했던 유럽 국가들의 대튀르크 동맹을 다시 한 번 결성하려고 했다.

수백 명으로 구성된 사절단은 18개월에 걸쳐 인접국 폴란드, 튀르크와 대치 중인 오스트리아와 네덜란드, 영국 등 여러 나라를 순방할 계획으로 출발했다. 표트르 자신도 포병 하사관 표트르 미하일로프 Pyotr Mikhailov로 신분을 위장해 함께 장기간의 해외 순방에 나섰다. 이 대사절단은 스웨덴이 점령하고 있는 발트 해 연안을 따라 네덜란드로 들어갔다.

이들은 각자의 목적에 따라 여러 팀으로 나누어져 활동했는데 표트르는 당시 세계에서 가장 큰 조선소였던 암스테르담의 동인도회사 조선소에서 직접 선박 건조 기술자로 일하기도 했다. 그렇지만 신분을 계속 위장하는 데는 아무래도 무리가 있었다. 일단 그는 키가 2미터에 육박하는 장신인데다 커다란 눈이 대단히 인상적이었기 때문에 쉽게 눈에 띄고 오래 기억되는 사람이었다.

이 사절단은 유럽 최고의 산업 현장을 돌면서 필요한 기술을 흡수하고 뛰어난 외국인 기술고문들을 여러 명 고용하는 성과를 올렸지만 대튀르크 동맹을 결성하려는 원래의 목적을 달성하지는 못했다. 당시 유럽 국가들이 후계자가 없는 스페인의 왕좌를 놓고 계승 전쟁에 열을 올리고 있었기 때문이다. 큰 성과를 기대할 수 있었던 오스트리아와는 제대로 협상을 해 보지도 못하고 표트르는 급히 러시아로 돌아와야 했다.

본국에서 스트렐치가 또 다시 쿠데타를 일으킨 것이다. 이 쿠데타는 그가 없는 사이에 손쉽게 분쇄되었으나[56] 14개월 만에 모스크바로 돌아온 표트르는 반란에 가담한 1,200명을 모두 처형하고 시체들을 한동안 매달아 두도록 했다. 스트렐치는 러시아의 최고 정예부대였으나 수십 년 동안 정치 문제에 간섭해 오면서 러시아 정치의 고질병을 만들어 냈다. 표트르는 스트렐치를 해산하는 절차에 들어갔다.

표트르는 1699년 그동안 사용하던 러시아식 달력을 폐지하고 율리우스력을 채택함으로써 자신의 정책 방행을 상징적으로 선언했다.

---

56 이 사건 자체는 스트렐치를 제압한 차르의 친위대에서는 단 한 명의 전사자만 기록될 정도로 싱거운 쿠데타 시도였으나 표트르의 보복은 악랄했다. 그 전까지 스트렐치는 이런 식의 무력 시위만으로도 큰 정치적 영향력을 행사하곤 했다.

● **스트렐치의 쿠데타** 스트렐치의 쿠데타를 진압한 후 표트르는 반란 가담자들을 모두 처형하고 그 시신을 거리에 전시했다. 그리고 그동안 군권을 움켜쥐고 정사를 농단하던 스트렐치를 해산하는 작업에 들어갔다.

이 정책의 목표는 그동안 러시아가 고수해 오던 폐쇄적인 전통주의를 포기하고 유럽 사회의 일원이 되는 것이었다. 이를 위해서는 흑해와 발트 해를 확보해야 하는데, 표트르는 먼저 튀르크와의 전쟁이 불가피한 흑해로의 진출을 뒤로 미루고 스웨덴이 지배하고 있는 발트 해에 초점을 맞췄다.

당시 스웨덴은 열여덟 살이던 카를 12세Karl XII[57]가 통치하고 있었다. 표트르는 자신도 스물여섯 살 밖에 되지 않았지만 나이 어린 카를 12세를 우습게 생각했던 것이 틀림없다. 그는 오스만튀르크와 그의 아조프 점거를 인정하는 선에서 평화 협정을 타결한 다음 4만 명의

---

57 카를 12세는 열다섯 살에 왕위를 계승해 스웨덴을 통치하면서 노르웨이 – 덴마크, 폴란드 – 리투아니아, 러시아와 발트 해의 소국들을 상대로 지속적인 전쟁을 벌였으며 터키로 망명한 적도 있었다. 서른여섯 살이던 1718년 노르웨이를 침공해 전투를 벌이던 중 머리에 관통상을 입고 사망했다.

병력을 동원해서 당시 '잉그리아Ingria'라고 불리던 발트 해 연안의 스웨덴 영토로 자신만만하게 진군해 들어갔다.

그렇지만 카를 12세는 군사적으로는 상당히 유능한 인물이었다. 더욱이 스웨덴 군의 전투력은 유럽 최고였기 때문에 이제 막 근대화가 시작된 허약한 러시아 군에게는 벅찬 상대였다. 1700년 최초로 대회전이 벌어진 나르바에서 러시아 군은 불과 1만 명 규모의 스웨덴 군에게 격파당해 거의 절반에 이르는 병력이 전사했다. 이 승리 이후 카를이 표트르를 계속 추격했다면 후일의 역사는 완전히 달라졌을 것이다.

다행히 카를은 공격 방향을 돌려 폴란드를 침공했다. 카를은 폴란드를 상대로 한 일련의 전투에서 연속적으로 승리를 거두며 폴란드에 입성했으나 이후 그들 사이에 벌어진 내분에 말려들었다. 그동안 표트르는 잃었던 전력을 회복할 수 있는 귀중한 시간을 벌었다.

전투는 여러 해 후에야 속개되었다. 폴란드 문제에서 가까스로 벗어난 스웨덴의 카를 12세는 4만 4,000명이라는 대군을 몰아 선공을 가했다. 이번에 그는 곧바로 모스크바를 향했다. 그가 직접 지휘하는 스웨덴 군은 서전을 승리로 장식하면서 기세를 올렸지만 표트르는 상당한 손실을 입은 카를의 부대를 보충하기 위해 남하하던 스웨덴 군 병력을 도중에 요격해서 격파해 버렸다. 그러자 카를은 퇴각하는 대신 방향을 돌려 우크라이나를 침공하는 모험을 선택했다. 그곳의 코사크 인[58]들이 러시아로부터 독립을 원하고 있었기 때문이었다.

---

58 헝가리에서 우랄 산맥에 이르는 광대한 스텝 지역을 장악하고 있던 코사크는 특정한 종족을 가리키는 명칭이 아니다. 수십 개의 다양한 인종으로 구성되어 있으며, 이 위험한 지역에서의 생존을 위해서 군사 조직으로 편재되어 집단적으로 움직이던 사람들을 총체적으로 일컫는데, '자유로운 사람들'이라는 의미이다. 현지 유목민 출신들도 있었지만 가톨릭과 프로테스탄트 사이에 벌어진 종교분쟁 시기에 유럽 여러 나라로부터 종교 박해를 피해서 유입된 사람들이나 러시아의 가혹한 봉건 체제에서 도주한 농노들도 많았기

그의 판단은 정확했으나 보급선으로부터 너무 멀리 떨어져 나온 것이 문제였다. 표트르는 스웨덴 군이 진군하는 방향의 앞쪽으로 넓은 지역에 불을 질러 모든 것을 태워 버리는 청야작전清野作戰을 펼쳐 스웨덴 군의 현지 보급을 불가능하게 만들어 그들을 고통 속에 몰아넣었다. 보급도 거의 끊어진 상황에서 1708년 겨울을 우크라이나의 대평원에서 보낸 스웨덴 군은 심각한 타격을 입었다.

그럼에도 카를은 다음 해 여름 우크라이나 키예프의 남쪽에 있는 폴타바 요새를 포위했다. 스웨덴 군은 절반으로 줄어 있었으며 동맹군인 코사크 기병대는 러시아 군 기병대의 교란 작전에 말려 자신들의 근거지까지 내주고 멀찌감치 후퇴했다. 표트르는 폴타바에 4만 5,000명의 병력을 파견해 놓고 있었다. 병력의 열세와 기병대를 보유하지 못했다는 결정적인 약점에도 스웨덴 군은 꼬박 이틀 동안 눈부신 선전을 했다.

그렇지만 6월 28일 정오 무렵에 스웨덴 군은 결국 와해되고 카를은 가까스로 1,500명의 병력만 수습해서 오스만튀르크 제국으로 탈출했다. 표트르가 막강한 스웨덴 군을 상대로 대승을 거두자 그때까지 표트르에 대해서 우호적이던 유럽 각국들은 그를 경계하기 시작했다. 1710년에 오스만튀르크의 술탄 아흐메드 3세Ahmed III는 러시아에 선전포고를 했다. 러시아의 도약에 불안을 느낀 프랑스가 꾸준히 그를 부추긴 결과였다.

1711년 표트르는 오스만튀르크를 상대하기 위해서 발칸으로 남하했다. 그는 강적 스웨덴을 격파한 기분에 들떠서 사태를 낙관하고 있었다. 표트르는 오스만튀르크의 지배를 받고 있던 그리스 정교도들의

때문에 다양한 관습과 종교가 자연스럽게 융화된 공동체였다.

지원을 기대하고 있었지만 정작 발칸에 도착하고 나서 그들로부터 아무런 지원도 기대할 수 없다는 사실을 깨달았다. 그는 오스만튀르크의 대군에게 포위되자 인명 손실을 줄이기 위해서 항복을 선택했다.

아흐메드 3세는 러시아가 점령하고 있는 아조프 요새를 돌려받고 이제는 더 이상 쓸모가 없어진 흑해 함대를 인수받는다는 조건만으로 항복을 받아들였다. 이 덕분에 스웨덴의 카를 12세도 고국을 떠난 지 5년 만에 귀국할 수 있었다.

상트 페테르부르크의 건설과 근대화의 그늘

표트르의 최대 업적으로 꼽히는 상트 페테르부르크의 건설은 스웨덴과의 전쟁 도중에 시작되었다. 이 도시가 들어선 네바 강의 하구는 원래 대단히 척박한 지역이었다. 황량한 습지는 파도가 높은 날이면 바닷물이 들이치고, 겨울이면 차가운 북풍을 정면으로 맞는 지역으로, 스웨덴 군이 건설한 요새 니엔스칸스Nyenskans만 외롭게 서 있을 뿐이었다. 표트르는 이 척박한 습지에 미래 러시아의 수도를 건설하기로 작정했다.

그는 1703년 이 지역을 확보하자마자 도시 건설에 착수했다. 이전의 표트르는 다혈질이기는 했어도 뚜렷한 목적이 있지 않은 한 다른 사람에게 두려움을 주거나 폭력을 행사하는 사람은 아니었다. 그러나 이곳에서는 그의 잔혹한 일면이 드러났다. 그는 상트 페테르부르크[59] 이외의 지역에서는 석조 건물의 건축을 금지시키고 동원할 수

---

59 표트르가 상트 페테르부르크를 자신의 이름을 따서 명명했다는 지식은 오류가 사실로 널리 받아들여진 대표적인 예이다. 독실한 정교도였던 표트르는 이 도시가 성인과 순교자 들의 힘으로 지켜지기를 원했

●**상트 페테르부르크의 구상** 표트르는 척박한 습지였던 네바 강 하구를 바라보며 새로운 수도 상트 페테르부르크를 건설할 구상을 세웠다.

있는 모든 자원을 여기에 퍼부었다.

그가 투입한 자원에는 스웨덴 출신의 전쟁 포로들과 러시아 각지에서 강제로 동원된 농노 수만 명도 포함되어 있었다. 사실 상트 페테르부르크는 이 도시를 건설하다 죽어 간 수만 명의 목숨과 바꾼 거대한 위령비였다. 그는 사람들을 무기로 위협하면서 강제로 고된 노동을 시켰다. 질병과 과로와 추위를 견디지 못한 이들은 한겨울에 수백 명 단위로 죽어 나갔다.

상트 페테르부르크가 러시아의 새로운 수도로 선언되던 당시는 건설이 한창 진행 중인 상태였으며 스웨덴과의 전쟁도 마무리되지 않아 영토의 소유권을 주장하기에는 무리가 있는 시점이었지만 표트르는 그다음 해에 수도 이전을 강행했다. 스웨덴의 카를 12세는 이미 러시아와 전력 차가 크게 벌어졌는데도 그 사실을 인정하지 않고 줄기

다. 그래서 처음 지은 성곽 요새를 '베드로와 바울의 요새'라고 이름 짓고 시가지는 예수의 제자 베드로에게 봉헌하면서 네덜란드식으로 '성 베드로의 도시'라는 의미의 상트 페테르부르크라고 붙였다.

●**상트 페테르부르크의 건설** 새롭게 건설된 상트 페테르부르크 중앙에는 이 도시를 건설한 표트르 대제의 동상이 세워져 있다.

차게 전쟁을 지속하다 1718년 겨울, 노르웨이 원정 중에 전사했다. 이로써 비로소 두 나라의 전쟁이 막을 내렸다.

1721년 표트르는 스웨덴과 종전 협상을 벌이면서 대단히 조심스러운 태도를 취했다. 그는 새로운 수도가 들어선 지역에 대해서 장차 스웨덴과의 소유권 논란이 일어나지 않도록 인근 지역 전체를 사들이는 형식을 취했으며, 핀란드의 점령 지역은 스웨덴에 모두 돌려주었다. 상트 페테르부르크에 대해 전략적으로 위협이 될 만한 핀란드와의 접경 지역은 제국의 명의가 아니라 러시아의 차르가 개인적으로 토지를 소유하는 것으로 협상을 타결했다.

1721년 스웨덴과의 평화 협정이 체결되고 나서 표트르는 '모든 러시아의 황제'라는 칭호를 사용하기 시작했다. 처음 '동방의 황제'라는 칭호를 제의받았지만 거절했다. 그에게 붙는 '대제(the Great, le Grand)'라는 칭호에는 절차가 수반된다. 어느 나라든 먼저 국내에서 국민들에게 선출된 대의기관의 의원들이 먼저 의결하고 나서 다른 국가에서 외교적으로 인정받는 절차를 거쳐야 하는 것이다.

표트르의 경우는 스웨덴과 폴란드가 즉시 이 칭호를 승인했고 점차 유럽 각국이 따랐으며 마지막까지 승인을 보류하고 있던 프랑스는 그가 죽은 지 25년 후에 외교문서를 통해서 공식적으로 이 칭호를 사용하여 국제적인 공인 절차를 마쳤다. 표트르는 러시아를 근본부터 바꿔놓은 인물로 충분히 '대제'라고 불릴 만한 자격이 있지만 그 과정은 험난하기만 했다.

표트르는 스웨덴과의 전쟁뿐 아니라 즉위 초기에 그의 권력 승계를 반대하는 세력들과 갈등을 겪었으며, 통치 기간 내내 분리주의자들이나 그 자신의 강압 정치에 반발한 민중들의 거센 도전에 직면했다. 여러 차례의 반란 중에서도 가장 큰 고비는 민중봉기의 성격이 강한 '불라빈의 반란'이었다. 대북방 전쟁이 한창 진행 중이었던 1707년에 발생한 이 거센 봉기는 원인도 표트르였으며 목표도 표트르를 직접 겨냥한 것이었다.

표트르의 강압 정치는 강력한 개혁 정책과 맞물려서 고대의 노예나 다름없었던 농노들의 삶 자체를 위협했으며 지방은 물론이고 모스크바나 상트 페테르부르크 근교에서조차 도망치는 농노들이 속출했다. 표트르는 이들에 대해서도 강경한 정책을 고수했다. 그가 도망친 농노들을 추격하기 위해 현상금 사냥꾼 부대를 고용하자 농노들의 처지에 동정적이었던 코사크[60]의 지도자 콘드라티 불라빈Kondrati

---

60 코사크는 특정한 종족을 의미하지 않는다. 대략 14세기경부터 우크라이나와 남부 러시아의 초원 지대에는 종교적, 정치적 박해나 전쟁 등 갖가지 이유로 고향을 등진 다양한 유럽 인들이 모여들어 원래 그곳에서 유목을 하던 사람들과 어울려 살기 시작했다. 이들은 거친 환경 때문에 준군사적인 조직체를 만들어 공동생활을 영위했는데, 점차 코사크라는 이름으로 정체성을 갖기 시작했다. 특히 돈 강 유역을 근거지로 하던 코사크 중 일부가 러시아 기병대로 편입되었는데 우리가 흔히 '코사크 기병대'로 부르는 러시아의 정예부대가 바로 돈 코사크(Don Cossaks)이다. 돈 코사크는 절정기인 19세기 말엽에 그 규모가 150만에 달했다.

Bulavin이 대대적인 반란을 일으켰다.

불라빈이 농노를 추격해 그의 영역 안으로 들어온 현상금 사냥꾼 부대를 기습해 전멸시키면서 시작된 이 반란은 비참한 상황에 있던 러시아 농민들의 열렬한 호응을 얻어 급격히 번져 나갔으며, 여기에 표트르의 개혁에 불만을 가진 성직자와 분리주의자 들이 가세하면서 러시아 남부 지방 전역이 2년 이상 표트르의 통치를 벗어난 상태가 지속되었다.

모든 분야에서 실행되었던 개혁 자체에 대한 저항도 만만치 않았다. 표트르의 개혁은 제도, 행정 조직, 군대, 법률 같은 분야뿐 아니라 권위주의와 부패의 온상이 되어 버린 러시아 정교회에 대한 개혁과 같은 예민한 분야에서도 급진적으로 이루어졌으며 방법론에서도 오직 힘으로 강하게 밀어붙이는 방식으로 진행되었다. 그의 개혁에는 전통적으로 러시아 남성들이 기르던 수염을 밀어 버리는 일까지 포함되어 있었다.

보통 사람들은 아무리 밝은 미래가 약속된다고 하더라도 자신들이 살아가는 방식이 급격하게 변하는 것을 원하지 않는다. 당연히 표트르의 개혁은 거의 모든 분야에서 적을 만들 수밖에 없었다. 반란이나 개혁에 대한 저항보다 그를 더욱 힘들게 한 것은 러시아에서 관습화되어 버린 권력형 부패에 대한 승산 없는 싸움이었다.

수많은 인사들이 부패 혐의로 처형되거나 추방당하고 그 자리를 표트르의 신임을 받는 동지나 친구 들이 채웠지만 그들 역시 쫓겨난 사람들만큼이나 부패한 인물들이었다. 표트르의 측근들 중에서도 그를 가장 가슴 아프게 했던 사람은 오랜 친구이자 개혁의 동지였던 알렉산드르 멘시코프였다. 멘시코프는 야전에서도 이름을 날려 최종적으로 대원수Generalissimo까지 오르는 인물로, 상트 페테르부르크의 건설 책임자이기도 했다.

그는 점령 지역에 새로 만들어진 이조라 공작령(Izhira, Dukedom of Ingria)의 초대 공작이 되었다. 그렇지만 그는 과거부터 이어져 내려오던 권력형 부패의 고리를 끊지 못했으며 영지에서 가혹한 착취로 원성을 샀다. 1711년에 표트르는 그에게 '마지막으로' 엄중한 경고를 보냈다. 사실 표트르로서는 이러한 경고 자체도 대단히 이례적으로 관대한 조치였다.

그러나 멘시코프 공작은 2년 후에 다시 10만 루블의 공금을 횡령해 대형 부패 스캔들의 주인공이 되었다. 이때에 멘시코프가 중병에 걸려 쓰러져서 사경을 헤매지 않았더라면 표트르는 그를 처형하거나 유배를 보내거나 투옥했을 것이다. 그가 극적으로 병에서 회복된 후 부정행위에 대해서 용서를 받은 이유는 그가 이제 갓 마흔을 넘긴 표트르에게 남아 있는 유일한 친구였기 때문이었을 것이다.

심신상실과 알코올 중독으로 얼룩진 말년

표트르는 실질적으로 차르가 되었던 스물네 살 이후로 혼자서 거대한 러시아를 상대로 치열하게 투쟁하고 있는 것이나 마찬가지였다. 아무리 강철 같은 신경을 가지고 있는 인간이라도 지속적으로 스트레스를 받게 되면 견디지 못하는 법이다. 표트르의 심신은 젊은 시절부터 서서히 무너져 가고 있었다. 그는 술에 의존해 현실세계에서 벗어나려고 했고, 알코올은 야금야금 그의 정신과 육체를 먹어 들어갔다.

알코올 중독 증상이 나타나면서 표트르는 점차 분노를 제대로 통제하지 못했고 의심이 많아지면서 잔인하고 괴팍한 사람이 되어 갔다. 명석했던 판단력도 급속도로 빛을 잃었다. 정신적인 결함은 육체적으로도 이상을 일으키기 시작했다. 안면 신경통에 시달리는가 하면 뚜렷한 이유도 없이 수시로 간질과 유사한 발작을 했다. 위험한 상태로 간신히 버텨 오던 상황은 결국 비극적인 사건으로 귀결되고 말았다.

일찌감치 후계자로 정해져 있던 황태자 알렉세이는 첫 번째 부인 에우도키아가 낳은 왕자로, 표트르의 열다섯 자녀 가운데 유아기를 무사히 넘긴 셋 중 하나였으며, 그중에서도 유일한 아들이었다. 강제로 왕궁에서 쫓겨난 어머니와 얼굴도 보기 힘든 아버지 밑에서 반동주의적인 성직자들에게 교육받은 알렉세이는 아버지에 대한 적개심을 가슴에 품고 살았다.

이러한 아들에게 표트르는 가혹하게 황태자 수업을 강요했다. 알렉세이는 열세 살에 사병으로 군에 입대해서 그다음 해에 실제 전투에 직접 참가했고, 열여덟 살에는 모스크바 시의 성곽 공사를 책임져야 했다. 그 이후 표트르는 알렉세이에게 수행하기 쉽지 않은 임무를 계속 맡겼으며 어린 알렉세이는 (당연하게도) 번번이 실패했다. 그러면 표트르는 열정이 부족하다며 아들을 비난하고 알렉세이는 아버지에게 반발했다.

알렉세이는 개혁에 반대하는 전통주의자들과 어울리다 아예 이마저 포기하고 국정에는 개입하지 않으려고 했다. 내재되어 있던 부자의 갈등이 표면으로 드러나게 된 계기는 알렉세이의 결혼이었다. 1710년 표트르는 스무 살의 알렉세이를 그보다 네 살 연하인 독일의 명문 브라운슈바이크 공작의 둘째 딸 샬로트Chalotte Christine Sofie of Brunswick-Wolfenbuttel와 결혼시켰다. 샬로트의 언니 엘리자베트는 신

● 표트르와 알렉세이

성로마 제국의 황제인 합스부르크 가의 카를 6세와 결혼한 상태였다.

알렉세이는 자신의 의사는 전혀 반영되지 않은 결혼에 크게 반발했으며 결혼 생활은 당연히 초기부터 삐걱거렸다. 샬로트가 1715년 둘째 아이인 후일의 표트르 2세Pyotr Alexeyevich를 낳고는 며칠 만에 그 후유증으로 세상을 뜨자 그녀의 장례식 날 표트르는 아들을 호되게 질책하는 편지를 보냈다. 편지를 받은 알렉세이의 반응은 해외 도피였다.

그는 핀란드 출신 정부와 함께 동서인 오스트리아의 카를 6세에게로 피신했으며 카를 6세는 알렉세이의 말만 듣고 표트르가 아들을 암살하려 한다고 굳게 믿어 그를 나폴리로 빼돌리기까지 했다. 부자의 오랜 갈등은 결국 파국을 맞이했다. 1718년 알렉세이의 측근이나 친구 들은 모두 기소되어 유죄 판결을 받고 러시아의 전통적인 반역자 처형 방식에 따라 긴 창으로 꿰어 매달아 놓는 페일 형Pale이나 바퀴에 묶여 온 몸이 부서지는 잔인한 방식으로 처형되었다.

알렉세이의 어머니 에우도키아는 근거 없는 간통죄로 기소되었으며 알렉세이도 법정에서 반역죄로 사형을 선고받았다. 알렉세이가 정부에게 보낸 편지 중에서 "나는 기필코 옛사람들을 다시 불러 모을 것이요."라는 구절이 문제가 되었다. 알렉세이는 끝이 갈라진 채찍으로 등을 맞는 나우트 형knout[61]에 처해져 두 번에 걸쳐 마흔 대를 맞고 나서 이틀 만에 사망했다.

알렉세이의 처형은 망가진 표트르의 정신 상태를 반영한 것이지만 그에게도 회복이 불가능한 정신적 상처를 남겼다. 1721년 힘겨웠던 스웨덴과의 대북방 전쟁이 승리로 마무리되고 평화 시기가 도래하면서 표트르가 대제의 칭호를 받을 무렵, 그는 이미 세상사에 지칠 대로 지쳐버린 중증의 알코올 중독자가 되어 있었다.

표트르에게 유일하게 위안이 되었던 인물은 두 번째 부인인 에카테리나Yekaterina I뿐이었지만 그녀에게는 러시아라는 거대한 배의 유일한 방향타인 표트르를 움직일 수 있는 지성이 결여되어 있었다. 에카테리나는 보잘 것 없는 위치에서 시작해서 시간이 지나면서 표트르에게 점점 더 중요한 사람이 되었던 사람이다. 그녀는 표트르의 친구

---

61 페일 형은 고대 오리엔트 지역에서 시작한 처형 방식으로 유럽에서 광범위하게 사용되었다. 이 방식을 가장 많이 사용한 사람은 '드라큘라'라는 별명으로 유명한 루마니아의 블라드 3세였다. 나우트 형은 러시아의 고유한 고문 혹은 처형 방식으로 알려져 있지만 실제로는 고대 게르만 민족에게서 유래되었다. 일반적으로는 전문가들이 집행해서 죽음에까지 이르지는 않도록 세심하게 조치했다. 이반 뇌제가 이 형벌을 애용했으며 다른 국가에 비해서 상당히 늦은 1845년 니콜라스 1세에 의해서 폐지되었기 때문에 수백 년 동안 러시아의 후진성과 잔인성을 상징하는 러시아의 전통으로 매도되던 형벌이다.

● 예카테리나 1세 예카테리나는 비천한 신분이었으나 표트르 대제 사후 멘시코프와 근위대의 힘으로 예카테리나 1세로 즉위했다.

멘시코프가 그에게 선물로 보낸 '성적 노리개' 정도의 존재였다.[62]

예카테리나는 본명이 '마르타 엘레나 스코브론스카Martha Elena Scowronska'로, 에스토니아 인인데다 러시아 정교도가 아니라 루터파 신교도였다. 열일곱 살의 나이에 스웨덴 군인과 결혼한 그녀는 결혼 직후 러시아 군이 스웨덴 점령지 잉그리아를 정복하면서 포로로 잡혔으며 여러 명의 장군들을 거쳐 최종적으로 표트르에게 보내졌다. 그녀는 비록 비천한 신분이었고 교육도 충분히 받지 못했지만 선량한 품성과 진한 모성애를 가지고 있던 여인이었다.

두 사람은 상트 페테르부르크 건설 현장에 그리 크지 않은 목조 건물을 짓고 일반인들과 함께 어울려 살았다. 또한 생활 여건도 그곳에서 일하는 사람들과 별반 다르지 않게 살았다. 마르타는 아이를 여러

---

62 표트르에게는 안나 몬스(Anna Mons)라는 공개 애인이 있었다. 그녀는 모스크바의 외국인 구역에 살던 네덜란드 여인으로, 표트르가 어린 시절 이곳을 드나들 때부터 가깝게 지냈다. 둘 사이에는 아들도 하나 있었다. 두 사람의 관계는 안나 몬스가 프로이센이 모스크바에서 벌였던 스파이 활동에 연루되면서 파국을 맞았다.

명 낳았지만 모두 유아기를 넘기지 못했다. 표트르와 마르타는 이것이 결혼식을 올리지 않고 부부 생활을 한 데 대한 신의 징벌이라고 생각하고 멘시코프 부부만 증인으로 참석한 비밀 결혼식을 올렸다.

그들은 튀르크와의 전쟁에서 패배한 후 귀환한 이후에야 상트 페테르부르크에서 정식으로 결혼식을 올렸다. 이때 마르타는 예카테리나로 개명하고 러시아 정교도로 개종했다. 그녀는 정신적으로 피폐해진 표트르에게 유일한 안식처가 되었다. 표트르는 모두 열다섯 명의 합법적인 자녀들을 낳았지만 그들 중에서 아버지보다 오래 산 아이는 예카테리나가 비밀 결혼식 이후에 연년생으로 낳은 두 딸 안나Anna Petrova와 옐리자베타Yelizaveta뿐이었다.

1722년에 표트르는 자신에게 닥쳐오는 어두운 그림자를 감지하고, 왕위 계승을 둘러싼 혼란이 벌어질 것을 염려해 차르가 스스로 후계자를 결정하도록 하는 왕위 계승법을 제정했다. 표트르의 건강은 1723년 겨울부터 악화되기 시작했다. 그는 다음 해 여름 예카테리나를 공동 통치자로 내세우고 자신은 뒤로 물러났다. 그는 그 시기에 방광에 이상이 생겨서 몹시 고통스러워했으며 목숨을 건 대수술을 받고 간신히 위기를 넘겼다.

그렇지만 그로부터 불과 여섯 달 후에 닥친 두 번째의 위기는 극복하지 못했다. 그해 가을 핀란드 만 부근을 시찰하던 도중 물에 빠진 병사를 보고 그를 구출하기 위해 차가운 물에 뛰어든 것이 병세를 악화시킨 것이다.[63] 1725년 2월 새벽에 급작스럽게 사망한 표트르는 후계자를 명확하게 지정하지도 못했다. 마지막 순간 그는 후계자 문제를 문서로 남기기 위해서 애를 쓰다 기력이 떨어져 결국 마무리하지

---

63 이 일화는 그 시대에 이미 다양하게 출판되었던 표트르의 전기 중에서 독일 사람이 쓴 단 한 권의 책에만 기록되어 있기 때문에 역사가들 사이에서는 그 진실성 여부가 논란이 되고 있다.

못하고 큰딸 안나를 불러 달라는 부탁을 했으나 그녀가 도착하기 전에 숨을 거두었다.

표트르 대제는 분명히 '위대한 지도자'였다. 어떠한 입장에서 생각하든 러시아 역사에 그가 없었다면 제정 러시아나 소비에트 연방공화국은 존재할 수 없었을 것이라는 가설은 대단한 설득력을 가지고 있다. 다만 그 당시 러시아에서는 표트르 단 한 사람만 러시아의 찬란한 미래를 보고 있었다는 사실이 문제였다.

러시아 인들은 그가 죽고 나서 한참 후에야 그의 업적을 깨달았다. 표트르 사후, 그리고 예카테리나의 짧은 통치 이후 러시아는 10년이넘게 '반동의 시대'를 보냈다. 그의 작은 딸 엘리자베타가 쿠데타로 정권을 잡은 이후에야 완만한 개혁이 다시 추진되기 시작했으나 그 개혁마저 완전하지 못해 심각한 사회적 모순을 내포한 상태로 한 세기 이상의 시간을 낭비하다 결국 사회주의 혁명을 맞이했다.

표트르가 좀 더 오래 살았거나 후계 절차가 매끄러웠더라면 러시아는 훨씬 더 일찍 개명한 강대국으로 탈바꿈했을지도 모를 일이다. 그렇지만 표트르와 동시대를 살았던 러시아 인들의 생각은 분명히 달랐을 것이다. 그들은 대단히 억압적이고 권위적인데다 변덕스럽고 난폭한 통치자를 섬기면서 어려운 시기를 보내야 했다.

표트르는 오직 자신만이 보고 있던 러시아의 미래를 위해서 자신이 추진하는 개혁에 방해가 된다면 귀족, 평민을 가리지 않고 처형하거나 생존조차 어려운 땅으로 유배를 보냈다. 적이라고 판단되면 아예 그 뿌리를 뽑아 버렸다.

한 나라의 역사는 한두 세대 정도의 희생만으로도 크게 바뀔 수 있다. 표트르는 "지도자가 미래를 위한 숭고한 목표를 바라보고, 그 목표에 다다르기 위해 난폭한 방법을 사용하는 경우 우리는 이를 어떻게 받아들여야 하고 어떻게 행동하는 것이 바른 것일까."라는 역사적인 질문을 던진다. 18세기 초의 러시아 인들처럼 폭군을 타도하기 위해서 지속적으로 봉기해야 할까 아니면 위대한 목표를 위해 비열한 수단을 지지하거나 묵인해야 할까. 선택은 그 통치자와 같은 시대에 속한 사람들의 몫이다.

4

믿음

인간은 절대로 꿰뚫어 볼 수 없는 본질의 문제

한 고조 유방 | 최초의 신성로마 제국 황제 샤를마뉴 대제 | 정복자 티무르 바를라스

이 장에서는 유교, 기독교, 이슬람, 이 세 문화권을 대표하는 위대한 군주들의 이야기를 다루고자 한다. 한 고조 유방, 샤를마뉴, 티무르, 이 세 사람은 정상적인 상속이 아니라 치열한 투쟁과 정복을 통해 그 자리에 올랐다는 공통점을 가지고 있다. 특히 이들은 종교적인 측면에서 사후 수백 년 동안 이어질 각 문화권의 전통을 만들었다고 할 수 있다.

이들은 살아서는 최고의 권력을, 죽어서는 꺼지지 않는 명성을 얻었으며, 각 문화권의 가장 위대한 군주로 숭배되기도 한다. 또한 이들은 당대뿐 아니라 먼 후대의 사람들에까지 커다란 영감을 주고 있다. 그렇지만 동시에 인간이 가지고 있는 숙명적인 모순을 고스란히 보여 주고 있기도 하다.

믿음
인간은 절대로 꿰뚫어 볼 수 없는 본질의 문제

믿을 신信은 '사람人'과 '말言'을 합쳐 만든 글자이다. 이 문자는 진화한 형태로, 고대에는 '말言'과 '마음心'의 합자인 현재의 '억㥥' 자를 사용해 '마음과 말이 모두 진실함'을 의미했다. 그러다 사회가 발전하면서 점차 인간관계가 복잡해지고 다양해지자 '믿음'이라는 개념도 분류할 필요가 생겼으며 이에 따라 글자도 세분되었다. 그러한 과정을 거쳐 믿을 억㥥으로부터 수평적인 인간관계에서 서로의 믿음을 의미하는 '믿음信'과 수직적인 인간관계에서 일방적인 충성을 의미하는 '충성忠'의 두 글자가 분화되었다.

신信이라는 문자와 가장 근접한 의미를 가진 영어 단어는 Faith일 것이다. 우리말로 신념 혹은 신앙을 의미하는 Belief와 거의 구분 없이 사용되며, 형용사형인 Faithful은 우리말의 '충성스러운'과 대응이 되고 역시 충성의 의미인 Loyal과 구분 없이 사용된다. Faith는 르네상스 초기에 신뢰를 의미하는 라틴 어 Fidem에서 파생되었는데, 초기에는 지금과 같이 추상적인 의미가 강하지 않아서 현재의 Trust 정도에 해당하는 의미를 지니고 있었다.

● 실존은 본질에 우선한다

프랑스 실존주의 철학의 대가 사르트르는 '실존Existence은 본질 Essential에 우선한다'라는 멋진 명제를 제시했다. 이 명제는 20세기 전반부를 풍미했던 실존주의 철학을 대표하는 유명한 구절이지만, '실존'과 '본질'의 개념 자체는 유럽 철학에서 일종의 골동품이라고 할 수 있다.

실존과 본질이 동일할 수 없다는 개념은 중세 유럽의 경건한 신학자들을 무척 괴롭혔던 명제로, 상당히 오래된 철학적인 질문이다. 사실 이 논란은 그리 어려운 개념에서 출발한 것이 아니었다. 철학자들이 자기들끼리만 알 수 있는 어려운 용어를 사용해서 그렇지 보통 사람들의 언어로 말하면 이 문제의 핵심은 단순하다.

"완벽하고 자비로운 신이 창조하고 주관하는 이 세상이 왜 이렇게 신의 뜻과는 달리 불완전하고 어지럽게 돌아가는가?"

기독교뿐만 아니라 넓게는 이슬람과 유대교까지 포함해 '신이 창조한 조화로운 세계'라는 개념은 사람들의 머릿속에 거의 무의식적으로 뿌리 깊게 자리하고 있다. 오만하고 불경스러운 현대 서구의 무신론자들에게도 마찬가지이다. 이 개념은 그들의 문화가 공유하고 있는 기본적인 세계관이다.

중세 유럽의 신학자들이 말했던 '본질'은 영원불멸의 절대적인 존재가 만들고 다듬은 이상적인 질서를 의미했으며, '실존'은 현실에 나타난 있는 그대로의 불완전한 존재와 현상을 의미했다. 이 주제에 대해 현대 철학의 선구자들로, 인간에게 진한 애정과 연민을 가지고 있었던 니체나 키에르케고르 등이 신학자들과 달리 인간의 '내면세계'에 초점을 맞추면서, 이 문제는 비로소 신학의 범주를 벗어나게 되었다.

전지전능하신 신이 창조한 최고의 작품이 바로 인간이라고 하지만 아무리 긍정적으로 생각한다 해도 인간이 너무나 불완전한 존재라는 사실은 분명했다. 실존주의 철학자들은 인간은 본질을 파악하기 위해 '인식'이라는 과정을 거치는데, 이때 개인의 '자아'가 개입하면서 본질과는 동떨어진 실존을 창조해 낸다는 결론에 도달했다.

사실 개인적으로는 인간의 내면적인 문제에서 실존과 본질이 일치하지 않는 요인이 되는 이 '자아'란 무엇인지 무척 궁금하기는 하다. 그렇지만 이 책은 실존주의 철학을 주제로 한 것이 아니고 세속적인 악당들을 다루어야 하기 때문에 이 정도 선에서 주제를 전환해야 할 것 같다.

● 눈 먼 자아가 만드는 눈 먼 사회

흔히 인간은 '자신이 보고 싶은 것만 본다'고 한다. 철학자들의 심각한 저작들을 참고하지 않더라도 우리는 인간의 개인적인 '인식' 과정이 심각한 오류를 가지고 있다는 사실을 잘 알고 있다. 우리는 가치 평가라는 문제에 직면하게 되면 나름대로 객관적인 기준을 적용하려고 노력하지만 스스로 세워 놓은 자신만의 기준을 적용하게 되는 일을 피할 수 없다.

결국 우리가 보는 것은 사물의 '본질'이 아니라 상대방과 자신에 의해서 본질이 왜곡된 상태, 즉 '실존'이다. 바로 여기에서 이 장에서 다루는 '믿음Faith'이라는 주제의 근본적인 문제점이 생긴다. 우리는 믿음을 대단히 중요하게 생각하지만 사실상 아주 취약한 기초 위에 커다란 건물을 세우고 있는 것이나 마찬가지이다.

믿음이 사회적으로 집약되고 보편성을 가지게 되면 개인에 대한 숭배, 정치적 이데올로기, 종교 등의 형태로 나타나게 된다. 이때 인간들은 본질을 파악할 능력이 없기 때문에 한 사회 혹은 집단이 잘못된 방향으로 향하는 경우도 흔하게 일어난다.

종종 독일 제3제국이 여러 해 전에, 히틀러가 십대 시절 열렬히 원했던 대로 미술학교에 입학할 수 있었더라면 제2차 세계대전에서 수백만 명의 유대 인을 비롯해 그와 비슷한 수의 비유대 인이 학살되는 일은 없었을 것이라고 이야기된다. 그러나 당시의 사회적 상황을 고려하면 이 견해는 별로 타당성이 없다.

1919년 제1차 세계대전 직후의 독일은 경제적인 어려움과는 별개로 유럽에서 가장 개명된 국가 중 하나였다. 최소한 인간의 지성이라는 측면에서는 자부심을 가질 만했다. 18세기의 칸트부터 피히테, 셸

링, 헤겔, 희대의 반항아 니체까지 대단한 인물들이 연이어 등장하면서 독일의 관념론은 한 세기 이상 세계의 철학을 주도했다.

또한 괴테와 실러로 대표되는 문학이나 바흐, 베토벤, 바그너로 이어지는 음악 등 독일은 최고 수준의 문화를 향유하던 국가였을 뿐 아니라 언론, 출판, 교육 등의 발달로 세계 최고 지성의 장이라 할 만 했다.

20세기 초반 독일인들은 고도로 지성적인 사람들이었지만 놀랍게도 대다수 국민들이 히틀러가 정계에 진출한 이후부터 전쟁이 끝날 때까지 줄곧 그에게 전폭적인 지지를 보냈다. 뿐만 아니라 히틀러에 대한 사회적인 비판도 거의 없었다. 몇 차례 암살 시도가 있었지만 그 배후는 대부분 히틀러보다 더욱 극단적인 인물들로, 보다 인본주의적인 체제를 위해서가 아니라 제국으로의 복귀를 목표로 하는 경우가 더 많았다.

또한 히틀러는 1939년 폴란드 침공이 세계대전으로 확대되기 전까지는 독일인뿐만 아니라 공산주의 운동에 불안감을 갖고 있던 영국과 프랑스의 묵시적인 지원을 받았으며, 미국인들도 상당수 그에게 동조했다.

20세기 최대의 범죄 행위라고 할 수 있는 홀로코스트의 경우도 히틀러와 추종자들이 만들어 낸 광기가 유일한 원인은 아니다. 히틀러는 '유대 인의 절멸'을 정치적 구호로 내세웠지만 그가 말했던 '민족 절멸'의 대상은 유대 인만이 아니라 슬라브 인이나 집시와 같은 '지저분한 소수민족들'에게도 같은 의미로 적용되었다.

히틀러의 유대 인 정책은 어디까지나 독일 영토에서의 추방이 목적이었다. 때문에 그는 전쟁이 확산되자 유대 인들을 폴란드로 이송하기 시작했다. 그다음 해인 1940년 여름까지도 그는 유대 인들을 단지 독일과 점령지로부터 추방하려는 의도를 가지고 있었다. 그가 생각한 유대 인의 새로운 정착지는 아프리카 동부에 위치한 마다가스카르 섬이었다.

그 시대에 바다는 영국이 지배하고 있었다. 당시 처칠과 영국인들은 이러한 히틀러의 의도를 정확하게 알고 있었다. 그러나 그들은 히틀러가 유대 인 문제로부터 말끔하게 벗어나는 상황을 원하지 않았다. 그 저변에는 독일인들과 마찬가지로 뿌리 깊은 반유대 인 정서가 자리 잡고 있었다.

사실 당시 연합국 사람들은 수백만 유대 인의 운명에는 별 관심이 없었다. 히틀러는 자신이 그동안 줄기차게 주장해 왔던 유대 인 절멸 정책에 대한 가시적인 결과를 지지자들에게 보여 주어야 했으나, 영국 해군이 희망봉을 돌아 마다가스카르로 향하는 독일 선단을 좌시하지 않을 것은 분명했다. 이 상황에서 유대 인들은 결국 집단수용소의 가스실이 아니면 갈 곳이 없게 되었다.

'반유대주의'는 당시의 독일인들만이 가지고 있던 감정이 아니라 그 시대 유럽 전체의 시대정신이었다고 할 수 있다. 히틀러는 그것을 행동으로 옮겼을 뿐이다. 우리들은 스스로 믿고 있는 신념 혹은 종교에 대해서 그것이 절대적인 진리라는 환상을 가지고 있다. 그렇지만 인간이 관여하는 한 완벽한 것도, 변하지 않는 것도 없다.

●한 고조 유방, 샤를마뉴, 티무르

　이 장에서는 유교, 기독교, 이슬람, 이 세 문화권을 대표하는 위대한 군주들의 이야기를 다루고자 한다. 한 고조 유방, 샤를마뉴, 티무르, 이 세 사람은 정상적인 상속이 아니라 치열한 투쟁과 정복을 통해 그 자리에 올랐다는 공통점을 가지고 있다. 특히 이들은 종교적인 측면에서 사후 수백 년 동안 이어질 각 문화권의 전통을 만들었다고 할 수 있다.

　이들은 살아서는 최고의 권력을, 죽어서는 꺼지지 않는 명성을 얻었으며, 각 문화권의 가장 위대한 군주로 숭배되기도 한다. 또한 이들은 당대뿐 아니라 먼 후대의 사람들에게까지 커다란 영감을 주고 있다. 그렇지만 동시에 인간이 가지고 있는 숙명적인 모순을 고스란히 보여 주고 있기도 하다.

　한漢나라의 시조 유방은 중국인들에게는 역사상 가장 인기가 많은 인물이다. 그러나 바로 그로 인해 유교의 충효 사상에 입각한 '절대적 권위주의'라는 중국 왕조와 그것을 모방한 주변국 왕조들의 그릇된 전통도 만들어졌다. 그렇지만 사실은 통치자의 입장에서건 개인적인 입장에서건 이 장에서 다루고 있는 '믿음'의 미덕과는 정반대의 행동을 했던 사람이었다.

　샤를마뉴 대제는 신성로마 제국의 초대 황제이다. 그렇지만 그가 진정으로 그 자리에 어울릴 만큼 신앙적으로 경건한 인물인가 하는 문제는 여전히 논란으로 남아 있다.

이슬람 세계의 대표적인 정복 군주인 티무르는 그의 왕국에 속하는 사람들에는 경건한 구원자이지만 적들에게는 무자비한 정복자였으며 대단히 복잡한 인간성을 가지고 있던 사람이었다.

한 고조
유방

시골에서 태어나 한때 바람둥이 백수건달로 젊은 시절을 허송세월하던 사람이 우연한 기회를 잡아 반란군의 수장이 되고 최종적으로 중국의 황제가 되었다는 사실 하나만으로도 한漢 고조高祖 유방劉邦의 일생은 음미해 볼 만한 가치가 있다. 난세가 영웅을 만든다고는 하지만 그와 같은 출세담은 전무후무하다고 할 수 있다.

중국 역사상 최초로 전국을 통일한 시황제始皇帝는 난폭하고 잔인하며 성격적인 결점도 많은 사람이었다. 그런데도 그가 중국 역사상 뛰어난 영웅으로 추앙받는 이유는 기나긴 춘추전국春秋戰國 시대[1]를 마감했기 때문이다. 무려 550년 동안이나 지속된 전쟁. 당시 중국인

1 일반적으로 기원전 770년 제후국에 대한 통제력을 잃은 주나라가 동쪽 구석의 낙읍(洛邑)으로 수도를 옮기면서 춘추 시대가 개막된 것으로 본다. 이때부터 크고 작은 제후국들 사이에 정복 전쟁이 지속되다 약 140년 후 진(晉)나라의 문공(文公)이 최초의 패자가 되었으나, 이때부터는 진(晉), 제(濟), 송(宋), 연(燕), 진(秦), 초(楚), 노(魯) 일곱 나라가 천하의 패권을 놓고 400년 동안 각축을 벌였다. 이 시기를 전국 시대라고 한다.

들만이 아니라 어느 누구도 올바른 통치자보다는 지긋지긋한 전쟁을 마무리하는 인물이라면 누구든 환영했을 것이다.

시황제가 세운 대제국은 영원히 지속될 것 같았지만 그가 죽는 순간부터 기울기 시작했다. 천하가 통일된 지 불과 10여 년이 된 시점이었다. 간신의 대명사가 된 법가의 대가 이사李斯, 환관 조고趙高 등의 힘을 빌려 태자 부소扶蘇를 제거하고 대신 제위를 차지한 시황제의 막내아들 호해胡亥는 통치력이 결여된 인물이었다.

위로부터의 혼란이 시작되자 진승陳勝[2]이라는 호걸을 필두로 패권을 노리는 인물들이 줄줄이 궐기했다. 산발적인 봉기가 점차 정리되면서 유방과 항우項羽 두 사람이 천하의 패권을 두고 마지막 승부를 벌이게 되었다.

항우는 시황제에 의해 멸망한 초楚나라의 명문 귀족 출신이었다. 시황제는 초나라를 멸망시키면서 왕족들 역시 거의 모두 멸족시켜 그곳 주민들에게 큰 반감을 자초했다. 항우는 초나라 왕족 중 마지막 생존자인 미심芈心을 초楚 회왕懷王으로 옹립하고 봉기했는데, 이 때문에 명분과 대중적인 지지를 함께 얻을 수 있었다.

항우와 반대로 유방[3]은 서민 출신이었다. 당시 사회는 고대 주나라

---

2 진승은 당시의 법으로 부역의 의무가 면제되던 빈농 출신이었다. 그는 만리장성 축조 공사에 징발되어 900명의 동료들과 함께 가다 큰 비를 만나 도착 기일을 지키지 못하게 되었는데, 진나라의 법률상 이는 참 명에 해당하는 중죄였다. 그는 일행들과 함께 반란을 일으켜 스스로 왕위에 올랐지만 1년여 만에 군사적으로 패배하고 살해되었다. 유방은 한나라가 자리 잡은 이후 그를 기려 제사를 지내고 은왕(隱王)이라는 시호를 주었다.

3 당시 서민들에게는 가문 명만 있었지 개인적인 이름은 명확하게 지어지지 않았다. '유방'은 고유한 이름이 아니라 유(劉)씨 집안의 셋째 아들이라는 의미였다. 《사기》의 기록에 따르면 유방의 아버지는 유태공(劉太公), 큰형은 유백(劉伯), 작은형은 유중(劉仲)이다. 순수한 우리말로 바꾸면 유씨 어르신, 유씨 큰아들, 유씨 둘째인 것이다. 유방의 원래 이름은 계(季)인데 셋째 아들이라는 의미이며, 방(邦)은 그 시기에는 '형님'이라는 의미의 명사이자 나라 국(國)과 동의어로 사용되기도 했다. 후일 그에게 붙여진 일종의 존칭

의 예법 체제가 그대로 통용되었다. 주나라는 사람들을 왕족에서 천민까지 모두 10개의 신분으로 구분하던 계급 사회였다. 전통적인 관념으로는 서민이 왕이 되기란 불가능했지만 최초로 봉기를 일으켰던 진승은 사회 분위기를 획기적으로 바꾸는 계기를 마련했다.

"왕, 제후, 장수, 재상의 씨가 따로 있겠느냐王侯將相寧有種乎!"

✒️ 백수건달이 천하 통일의 위업을 닦기까지

유방은 기원전 256년 패현沛縣에서 출생했다. 패현은 현재 산동반도 남쪽에 위치한 강소성江蘇省 서주시의 풍현豊縣 마을로, 상해에서 그리 멀지 않은 곳이다. 진나라가 천하를 통일하기 전까지 이 지역은 초나라의 영토였다. 유방은 어린 시절에는 큰형의 집에 얹혀살았고 젊은 시절에는 이른바 '유협遊俠'의 무리에 끼어 전국을 떠돌아다녔다. 유협은 문자 상으로는 무리를 지어 다니는 협객들을 의미하지만 현대적인 해석은 '건달'이다.

그는 나이가 들어 철이 났는지 고향으로 돌아와 정장亭長으로 자리를 잡았다. 정亭은 10리마다 하나씩 설치된 공공 숙박시설로, 그리 많지 않은 정졸亭卒이 배치되어 기초적인 치안기관을 겸하는 곳이었다. 정장은 현재의 파출소장 정도 되는 직책인데, 지역의 유력자가 관리들에게 돈을 내고 사는 것이 당시의 관례였다.

《사기史記》의 저자 사마천司馬遷은 가능한 정확하게 사실을 기록하려고 했던 것으로 유명하다. 때문인지 그는 한나라의 관료 출신이었

인 것은 확실하지만 어느 쪽의 의미로 사용된 것인지는 알 수 없다.

지만, 나라의 창업자라 해도 이 시기의 유방에 대해서는 냉정한 평가를 내리고 있다.

> 매일같이 집안에 틀어박혀 하는 일 없이 먹고 놀기만을 즐기면서 입으로만 호언장담을 하였으며 술과 여자를 매우 밝혔다.

항우가 몰락한 국가와 가문의 원한을 갚고자 진나라 타도의 기치를 든 반면, 유방은 농민 반란에 참여하려는 의사를 별로 가지고 있지 않았다. 그가 자의 반 타의 반으로 반란군을 이끌게 된 발단은 시황제가 시작한 만리장성 공사였다.

이 대규모 토목사업은 제2대 황제 호해 시절에도 계속되었는데, 아무리 천하를 통일한 진나라라고 해도 노동력이 무한정일 수는 없었다. 그래서 진나라는 죄수들을 모두 축성공사에 동원했다.

호해가 즉위한 바로 그해, 정장이었던 유방에게 죄수 호송 명령이 떨어졌다. 그런데 유방이 죄수들을 호송하던 도중에 다수의 탈주자가 발생하고 말았다. 가혹한 법률로 유지되던 진나라인지라 유방은 범죄자로 몰려 중형을 받게 될 입장이 되고 말았다. 그러자 그는 술을 거나하게 먹고 나서 죄수들을 모두 풀어 주었다.

이렇게 해서 집으로 돌아올 수가 없게 된 유방은 떠돌다 패현 주변의 지형이 험한 곳에 머물게 되었다. 이때 죄수들 중에서 오갈 데가 없던

● 한 고조 유방

젊은이들이 유방과 함께 지내게 되었다. 유방은 그들을 데리고 일종의 도적단을 구성했다. 공교롭게 바로 이 시기에 진승이 난을 일으켰다.

유방은 졸지에 반란군을 이끌게 되었다. 여기에 고향 친구들과 혈기 넘치는 젊은 사람들이 합세하자 이럭저럭 300명의 병력이 되었다. 유방은 패현의 현령을 살해하고 스스로 패공沛公이라고 칭했다.

유방과 항우는 초나라 출신의 동향인이었으며, 군사를 일으킨 시기도 비슷했다. 초기의 지휘자는 항량項梁이었다. 항량은 항우의 숙부로, 어릴 적에 부모를 잃은 항우를 키운 사람이다. 항량은 그동안 숨어 지내던 왕족 심心을 찾아내 왕으로 옹립했다.

심은 회왕懷王[4]의 손자이다. 초나라는 진나라가 천하를 통일할 때 마지막까지 저항한 나라이다. 회왕은 수많은 일화를 남겼던 낭만적인 통치자로 초나라 사람들에게는 그리움의 대상이었다. 항량은 심을 할아버지와 같은 회왕懷王으로 봉해 초나라 사람들의 정서를 자극했다.

초 회왕은 비록 허수아비 왕이었지만 그동안 진나라의 폭정에 시달리던 사람들에게는 새로운 질서를 상징하는 존재로 부상했다. 반란은 초나라뿐 아니라 전국 각지에서 일어나고 있었고 스스로 왕을 칭하는 인물들이 많았기 때문에 항량은 반란의 명분에서 다른 경쟁자들을 압도했다.

그는 명목상으로는 회왕 휘하에서 군사 작전을 주도하는 상장군이었으며 유방은 그 휘하의 장군 중 하나였다. 이때에 유방은 이미 불혹

---

4 초나라의 회왕은 단오의 유래가 되는 일화의 주인공이다. 회왕의 충성스러운 신하이자 뛰어난 시인인 굴원(屈原)은 간신들에게 모함을 당하자 스스로 멱라수에 몸을 던져 자살했다. 이날이 5월 5일이었는데 굴원의 죽음을 아쉬워했던 사람들은 물고기가 그의 몸을 먹지 못하도록 배를 타고 나가 시끄럽게 떠들면서 먹을 것을 강물에 던져 넣었다. 이것이 유래가 되어 매년 이날이면 배를 빌려 강에 나가 제사를 지내고 떡을 던지면서 흥겹게 노는 것으로 굴원의 한을 풀기 위한 행사를 했다고 한다.

의 나이를 넘어서고 있었으며 항우는 스물여섯 살이었다.

기원전 208년 초나라의 반란군은 진나라의 수도 함양咸陽[5]을 향해 기세 좋게 북상을 시작했다. 군대는 둘로 나뉘어 한쪽은 항량이, 다른 쪽은 항우와 유방의 연합부대가 양쪽에서 밀고 올라갔다. 이들은 진군하면서 그 지역의 반란군을 흡수해 점차 군세를 키우며 기세를 올렸으나 항량이 진나라의 장군 장한章邯의 반격을 받아 전사하면서 일단 주춤했다.

유방과 항우의 경쟁 관계에서 먼저 두각을 나타낸 쪽은 항우였다. 항량의 후임으로 상장군에 오른 송의宋義라는 장수가 진나라의 반격으로 위기에 처한 조趙나라[6]의 반란군을 나 몰라라 하자 항우는 송의를 죽이고 자신이 상장군이 되어 조나라에 대한 구원에 나섰다.

항우가 소수의 병력으로 진나라의 대군에 대승을 거두자 이제 그의 명성은 전국적으로 높아지게 되었다. 각지의 반군이 항우의 휘하로 집결하고 진나라의 장수들이 잇달아 투항했다. 그들 중에는 지난해 항량을 패사시킨 장한도 있었다. 이 시기에 유방은 항우 휘하에 있던 여러 부장副將 중 하나일 뿐이었다.

---

5 진나라의 수도 함양은 현재의 서안(西安)시 인근에 위치해 있었다. 서안은 한나라 이후에는 장안(長安)이라는 이름으로 불리다 당나라 때 전성기를 맞이했으며 명나라 때 서안으로 개명되었다. 함양이 포함된 서안은 진나라와 전한(前漢)을 포함해서 10개의 왕조가 도읍으로 삼았던 도시이다.
6 조나라는 전국 칠웅 중 하나로 황하와 현재의 북경 지역 사이에 위치해 있었다. 초강국 진(晉)나라가 한(韓), 조(趙), 위(緯) 세 나라로 분열되면서 세워졌다. 전국 시대에 북방식 기마전술을 처음으로 도입한 군사 강국이었으나 기원전 222년 진나라에게 멸망했다. 중국을 대표하는 영화감독 장예모가 이연걸, 양조위, 장만옥 등 거물급 배우들을 동원해서 2002년에 제작한 영화 〈영웅〉이 바로 조나라의 몰락을 배경으로 한 작품이다.

항우의 유방의 운명을 가른 한 가지

유방이 급속도로 부상하게 된 계기는 진나라의 왕궁에서 발생한 반역 사건이었다. 진나라의 실력자인 환관 조고는 승상의 자리까지 차지했지만 이 정도로는 성이 차지 않았다. 그는 자신이 세운 황제 호해를 살해하고 호해의 조카인 공자 영要을 진왕秦王으로 세웠다.

이때에 황제로 칭하지 못했던 이유는 진나라가 거의 무너져 겨우 수도 함양 인근의 관중關中[7] 지역만을 가까스로 유지하고 있었기 때문이었다. 진왕 영은 망국의 원흉이었던 조고를 속여 단신으로 오도록 하여 직접 칼로 찔러 살해하고 그의 일가족까지 모두 참살했다.

진나라에서 이러한 혼란이 계속되자 초 회왕은 최종 공격 명령을 내렸다. 그리고 누구든 진나라의 수도 함양에 가장 먼저 입성하는 장수를 관중의 왕으로 봉하겠다고 선언했다. 유방이 일약 스타가 된 것은 바로 이 경쟁에서 승리하면서였다.

유방은 남쪽으로부터 곧바로 북상해 별다른 어려움 없이 함양에 입성하여 진왕 영의 항복을 받고 옥새를 넘겨받았다. 반면 동쪽에서부터 진격한 항우는 진나라의 산발적인 저항을 분쇄해야 했으며 이 때문에 진격은 더디기만 했다.

함양에 진주했을 때 유방의 처신은 모든 정치가들이 참고해야 할 정도로 기가 막혔다. 그는 왕궁과 창고를 폐쇄해 약탈을 방지하여 민심을 안심시킨 다음, 유력자들을 모아놓고 진나라의 법률 체제를 폐지하고 이른바 '약법삼장弱法三章'을 공표했다. 살인, 상해, 절도, 이 세 가지의 범죄만을 처벌한다는 것이었다.

---

7 현재의 섬서성(陝西省)이다. 대평야 지대로 고대 중국의 중심지였다고 할 수 있다. 네 방향에 각기 함곡관(函谷關), 무관(武關), 산관(散關), 숙관(蕭關)의 4대 요새가 위치해 있어서 붙여진 이름이다.

● **유방의 관중 입성** 초 회왕은 진의 수도 함양에 먼저 입성하는 장수를 관중왕으로 봉하겠다고 선언했다. 실질적으로 다음의 패권자가 될 수 있는 기회였다. 유방은 항우보다 40여 일 먼저 관중에 들어가 진왕 영의 항복을 받고 함양에 입성했다.

그동안 진나라의 가혹한 법률에 시달리던 사람들에게 이는 충격으로 받아들여졌을 것이다. 이러한 조치는 유방의 개인적인 기질을 반영한 것이라고 할 수 있다. 그는 일자무식이었던 것으로 알려져 있지만 가난해서 공부를 못한 것이 아니라 꽤 부유한 집안 출신이었음에도 당시 일반적으로 교사를 겸하던 유학자들을 경멸했기 때문에 하지 않은 것뿐이었다. 그는 젊은 시절 파락호 생활을 할 때 유학자들이 머리에 쓰고 다니는 망건을 빼앗아 거기에 소변을 보곤 했다.

그는 법가法家에 대해서도 부정적이었다. 서민의 입장에서 법가에 입각한 진나라의 엄격한 통치가 만들어 낸 부정적인 결과를 직접 체험했기 때문이었을 것이다. 유방은 비록 천하를 얻은 후에는 통치를 위해서 어쩔 수 없이 유가와 법가의 학자들을 등용하기는 했지만 근본적으로는 당시의 일반 서민들과 마찬가지로 도가道家의 가르침을 바탕으로 하고 있었다. 도가의 정치철학은 한마디로 '최소의 정치가 최고의 정치'라고 할 수 있다.

유방이 부드러운 정치로 민심을 크게 얻은 반면 그보다 40여 일 늦게 함양에 입성한 항우는 졸렬한 처신으로 스스로 위신을 추락시켰다. 그는 사람들의 동정을 받던 진왕 영을 처형했을 뿐 아니라[8] 왕족들을 모두 몰살하고 왕실의 보물과 여인들을 약탈했으며 아방궁阿房宮을 불태워 버렸다. 또한 시황제가 묻힌 여산릉驪山陵을 파헤쳐 부장된 보물까지 반출했다.

항우는 회왕을 의제義帝로 옹립하면서 스스로 패왕霸王이라고 칭했다. 명칭 자체가 과거 춘추 시대에 여러 나라를 누르고 권력을 잡은 통치자를 의미하는 패자霸者와 전국 시대 각 나라의 통치자를 칭하는 왕王을 합쳐서 만든 것이니 상당히 복고적인 명칭이었다고 할 수 있다.[9]

그는 칭호에서만 복고적인 취향을 보인 것이 아니라 진나라를 멸하는 데 공을 세운 18명에게 왕王의 칭호를 주고 지역을 분할해 봉토를 나누어주어 전국 시대로 회귀하려는 듯한 모습을 보였다.

패공沛公 유방 역시 이 18명의 왕에 포함되어 있었지만 그에게 주어진 봉토는 약속되었던 관중의 땅이 아니라 그 귀퉁이에 붙어 있는 좁은 땅 한중漢中이었다.[10] 그렇다고 유방이 대놓고 불만을 표할 수

---

8 유방이 항우보다 먼저 진왕을 죽이려 했지만 측근인 번쾌(樊噲)가 애걸하고 책사 장량(張良)이 만류해서 가까스로 이러한 사태를 피할 수 있었다.

9 춘추 시대는 주나라의 봉건영주들이 다스리던 800여 개의 나라(國)가 수십 개 정도로 정리되던 시기였다. 이 시기에 천하를 제패한 사람들을 패자(霸者)라고 불렀는데 이들은 주나라 왕실의 권위를 어느 정도 인정하면서 영주들의 연석회의인 회맹(會盟)을 통해서 권력을 과시했다. 이 시대를 도시국가가 고대 국가로 발전하는 자연스러운 과정으로 해석하기도 한다. 이 시대의 명칭은 공자(公子)가 지은 노(魯)나라의 사서 《춘추(春秋)》로부터 유래되었다.

10 한중은 현재 섬서성의 남서부 지역이다. 섬서성 남쪽 경계선을 따라 흐르는 한수(漢水)의 상류 북안의 좁은 지역을 의미하는데, 후일 정식으로 국호가 된 '한(漢)'은 바로 여기에서 유래된 것이다.

있는 처지는 아니었다. 유방의 휘하 병력은 10만 정도였는데 반해 항우는 40만이 넘는 대군을 이끌고 함양에 입성했기 때문이다.

그렇지만 장기적인 관점에서 보자면 유방에게 꼭 부정적인 상황인 것만은 아니었다. 항우가 시황제를 대신한 오만한 권력자로 처세하는 동안 유방은 사람 좋은 '형님'의 이미지를 그대로 유지할 수 있었던 것이다.

항우가 세운 질서는 시황제가 타파했던 구질서로 복귀한 것이었으며 결과적으로는 아둔한 시행착오였다. 인간의 본성은 수백 년 전이나 그 당시에나 크게 달라지지 않았다. 전국 시대와 마찬가지로 군웅들 사이에서 크고 작은 다툼이 일어나기 시작했다. 그들 중 가장 위험한 인물은 바로 정치에는 관심 없고 주색잡기에만 몰두하고 있는 듯 보였던 한왕漢王 유방이었다.

그는 바로 다음 해인 기원전 205년부터 스스로 자신이 받았어야 했을 봉토라고 믿던 관중을 공략하기 시작했다. 관중을 나누어가진 사람들은 항복한 진나라의 장수들이라 강력한 군사력을 보유하고 있지 않았기 때문에 유방은 비교적 용이하게 이 지역을 접수해 나갔다. 그런데 이 시점에서 항우는 다시 한 번 황제 시해라는 결정적인 자충수를 두고 말았다.

그가 황제로 추대했던 의제義帝는 군주로서 훌륭한 품성을 타고난 사람이었다. 천하가 안정되자 의제는 점차 민중들의 지지를 얻기 시작했으며, 이에 따라 스스로 군주로서의 권위를 가지게 되었다. 항우에게는 의제의 존재 자체가 큰 부담이 되기 시작했다.

항우는 다른 사람들과 비교했을 때 사고 과정이 상대적으로 단순한 편이었다. 그는 자신만큼이나 단순한 사고 체계를 가진 영포英布를 시켜 의제를 살해했다. 의제가 살해되자 민심이 크게 동요했다.

이러한 절호의 기회를 놓칠 유방이 아니었다. 그는 정성스럽게 의제의 제사를 지내어 동요하고 있는 민심을 자신의 편으로 쏠리게 한 다음 제후들에게 자신과 함께 궐기해서 황제를 살해한 역적 항우를 토벌하자는 격문을 띄웠다. 여러 제후들이 이에 동조해 휘하에 집결한 병력이 순식간에 60만을 돌파하자 유방은 기세가 한껏 올랐다.

때마침 항우는 제濟나라[11]에서 발생한 내전을 수습하기 위해서 출병 중이었다. 유방은 초나라가 새로운 수도로 정해놓은 팽성彭城[12]을 점령해서 그동안 항우가 갖은 악담을 들으며 모아놓은 보물과 여인들을 가로챘다. 격분한 항우는 예비병력 3만 5,000명만을 이끌고 팽성으로 달려갔다.

유방은 항우가 돌아오는 것을 알고 있었지만 60만 대군을 믿고 느긋하게 기다렸다. 그러나 항우는 예상을 훨씬 뛰어넘는 대단한 전사였다. 유방의 60만 병력 중에서 40만이 전사하고 10만은 패주하다 폭우로 불어난 강물에 빠져 익사했다.

유방과 함께 직접 전투에 참가했던 세 사람의 왕들 중에서 두 명은 전사하고 한 명은 중상을 입은 채 도주했다. 유방도 항우의 맹추격을 받았지만 갑자기 몰아친 폭풍우 덕분에 가까스로 목숨을 구해 살아남은 10만의 병력을 수습해서 관중으로 돌아왔다.

---

11 제나라는 우리나라의 황해도와 마주보고 있는 산동성 중부와 북부 지방이다. 남쪽으로는 공자의 고향인 노나라가 있었지만 노나라는 힘이 약해서 초나라에 병합되었다. 제나라는 역사적으로 강대국으로 진나라 말기에 일찌감치 반란이 일어나 오랫동안 항우의 동맹국이었다.

12 팽성은 현재의 강소성(江蘇省) 북서쪽에 위치한 서주(徐州)로, 항우의 고향이다. 이곳은 '금의환향(錦衣還鄉)'이라는 사자성어와 연관이 있다. 항우가 천혜의 요새이자 문물의 중심지인 함양을 버리고 고향인 팽성을 수도로 정하려고 할 때 간의대부(諫議大夫) 한생(韓生)이 관중 지역의 중요성을 역설하며 이를 말리자 "출세하여 고향에 돌아가지 않는 것은 비단옷을 입고 밤길을 거니는 것과 같다."라고 하며 한생을 처형했다. 그렇지만 이때에 관중을 떠난 일이 항우에게는 두고두고 후회할 결과를 초래했다

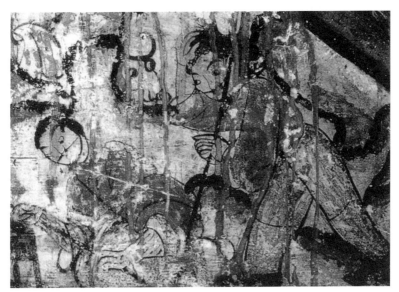

●**홍문의 연** 먼저 함양에 입성한 유방에게 분노한 항우가 군대를 이끌고 홍문에 진을 치자 유방은 사과의 명목으로 연회를 열었다. 이를 기회로 항우는 유방을 살해하려고 하나 결국 유방을 놓치고 말았고, 이후 두 사람의 운명이 크게 바뀌었다.

이 전투의 여파로 항우와 대치 중이던 제나라와 유방과 뜻을 같이 했던 조나라, 위魏나라가 모두 항우 편으로 돌아섰으며 패현에 남아 있던 유방의 부모와 처자까지 초나라의 병사들에게 포로로 잡혔다.

그다음 해에 유방은 더욱 심각한 위기를 맞이했다. 그는 형양滎陽성[13]을 새로운 근거지로 삼았는데, 바로 그 성에서 항우의 대군에게 포위된 채 고립된 것이다. 절망적인 상황에서 유방은 휘하의 장수인 기신紀信을 희생시키며 수십 기의 기병만을 데리고 탈출해서 도주하는데 성공했다.[14]

13 하남성(河南省)에 속해 있다. 하남은 역사적으로는 황하 중류 지역 중에서 남안 지역을 의미한다.
14 장군 기신은 유방과 함께 항복하겠다며 항우를 찾았다. 초나라 병사들이 만세를 부르며 흥분하는 틈을 타서 유방이 탈주하자 항우는 기신을 불에 태워 처형했다.

형양 전투 이후에 초나라와 한나라의 대결은 대체적으로 균형을 유지했다. 군사적으로는 항우가 지속적으로 우세를 지켰지만 유방 휘하의 명장 한신韓信이 항우가 지키지 않는 지역을 공략해 한나라의 영역을 넓히고 재상 소하蕭何가 병력과 물자를 꾸준히 보충했다.

전쟁이 장기전의 양상으로 바뀌자 일반 백성들의 사정이 대단히 심각해졌다. 결국 항우와 유방은 화의를 모색하게 되었다. 기원전 203년 (그들은 그 당시 중국인들이 생각한) 중원의 한가운데를 가로지르는 넓은 수로 홍구鴻溝[15]를 경계로 해서 천하를 동서로 나누어 가지기로 합의했다. 그동안 초나라에 억류되어 있던 유방의 부모와 처자들은 송환되었다.

유방이 항우에 대해 급작스럽게 우세를 점하게 된 계기는 바로 이 협상이었다. 유방과의 화의를 철석같이 믿고 철군을 하던 항우에게 날벼락이 떨어졌다. 유방이 갑자기 말머리를 돌려 항우의 배후를 친 것이다. 한신, 팽월彭越과 같은 한나라의 맹장들이 모두 동원된 전격적인 공세였다. 항우는 졸지에 수세에 몰리면서 해하垓下에서 포위되었다.

힘으로는 산을 뽑고 기개는 세상을 덮을 만한데 力拔山兮 氣蓋世
때가 불리하니 추는 나가지 않는구나 時不利兮 騅不逝.
추가 나가지 않으니 내 이를 어찌할까 騅不逝兮 可奈何.
우야 우야 너는 또 어찌할까 虞兮虞兮 奈若何.

---

15 현재의 하남성을 동서로 가르는 수로였다고 전한다. 현재 수로는 사라지고 흔적만 곳곳에 남아 있다. 팽팽하게 대치하고 있던 양방이 서로 양보해서 균등하게 나누어 갖는다는 의미를 가진 사자성어 '홍구위계(鴻溝爲界)'가 항우와 유방의 고사에서 나온 것이다.

이야기가 잠깐 옆으로 새는 것 같지만 이 칠언고시는 유명한 항우의 〈해하가垓下歌〉이다. 이 시에 나오는 추騅는 오추마로 알려진 항우의 애마이며 우虞는 항우가 사랑했던 여인 우희虞姬를 말한다. 우희도 오언고시로 답을 했는데 우리가 일상에서 많이 사용하는 사자성어 '사면초가四面楚歌'는 우희의 이 마지막 시에서 유래되었다. 우희 역시 자살로 짧은 생을 마감했다.

한나라 병사들이 이미 초나라 땅을 차지해서漢兵已略地
사방에서 초나라의 노랫소리가 들리는데四面楚歌聲
대왕의 의기가 이미 다하였으니大王義氣盡
천한 이 몸이 살아서 무엇하리오賤妾何聊生.

한나라와 초나라의 격렬한 투쟁은 간단한 속임수로 쉽게 결말이 났다. 보통 사람들은 어떻게 생각할지 몰라도 《사기》의 저자 사마천을 비롯한 대부분의 역사에서는 유방의 승리가 비열한 속임수를 통해 이루어진 것이라고 비난하지 않는다.[16] 일반적으로 승리의 과정보다도 그 승리를 통해서 소모적인 전쟁을 끝냈다는 사실에 더 가치를 두기 때문이다.

16 인간 항우를 받아들이는 일반인들의 정서는 공식적인 역사가들과는 약간의 차이가 있다. 그는 비록 난폭한 인물이었지만 그의 초인적인 무용담이나 영웅다운 죽음, 연인과의 애절한 사랑은 오랫동안 문학 작품의 소재가 되기도 하고 갖가지 이야기와 공연예술의 형태로 민중들에게 전해져 왔다. 20세기에 들어 자리 잡은 경극(京劇)의 레퍼토리 중 《패왕별희(覇王別姬)》는 그러한 전통의 최종 완성본이라고 할 수 있다.

✒ 토사구팽

유방은 중국 왕조의 전통인 유교적 왕조를 처음 설립한 영웅으로 추앙받고 있지만 그는 본질적으로 유교에 냉소적이었으며 유학자들을 경멸했던 사람이었다. 제왕으로서 학식을 갖춘 유학자들을 등용하기는 했지만 이들을 '필요악'으로 간주했지 그들이 주장하던 유교적인 가치에 동의한 것은 아니었다.

특히 '신념'이라는 사회적인 가치가 아니라 같은 뿌리를 갖는 개인적인 미덕인 '의리'라는 측면에서는 부정적인 선례를 많이 남겨 후일의 역사에 큰 영향을 주었다. 그는 황제로 추대된 이후 그동안의 동지였던 제후들을 냉정하게 용도 폐기하는 작업에 들어갔다.

"어려움은 같이할 수 있어도 즐거움은 같이할 수 없는 사람." 이 말은 우리가 어떤 특정한 인간성을 표현할 때 자주 인용하는 문구이다. 이 표현은 원래 춘추전국 시대에 와신상담臥薪嘗膽이라는 고사로 유명한 오吳나라와 월越나라의 전쟁에서 나온 것이다. 이 전쟁이 최종적으로 월나라의 승리로 끝나자 전쟁의 최고 영웅인 재상 범려范蠡가 모든 것을 뿌리치고 제濟나라로 떠나면서 월나라의 왕 구천句踐을 이같이 묘사한 데서 유래된 것인데,[17] 유방 역시 바로 이런 부류의 사람이었다.

유방이 가장 두려워하면서 개인적으로 열등감까지 가지고 있던 존

---

17 중국 4대 미인 중 하나인 서시(西施)의 남편이기도 한 범려는 갖은 고생을 다하면서 월왕 구천을 패자로 만들고 나서 서시와 함께 월나라를 떠나 제나라로 도망가 신분을 숨기고 장사를 했으나 얼마 지나지 않아 거부가 되는 바람에 신분이 드러나서 제나라의 재상에 임명되었다. 그는 잠시 그곳에서 재상으로 봉직했지만 인장을 왕에게 돌려주고 재산을 친지들에게 골고루 나눠 준 다음 다시 송(宋)나라로 도망가 평범하게 살다가 도(陶)라는 지방에서 생을 마감했다. 그래서 후세 사람들은 그를 기려 도주공(陶朱公)이라고 칭했다.

불멸의 제왕들

재는 바로 제나라의 왕으로 봉해진 명장 한신이었다. 한신은 유방을 여러 번 위기에서 구해 낸 인물이다. 유방이 60만 대군을 믿고 팽성에서 항우와 처음으로 전투를 벌이려고 할 때 한신은 이를 만류했다. 병력의 많고 적음이 문제가 아니라 병사들이 얼마나 전투 준비가 되어 있느냐가 문제라는 논지였다.

팽성 전투 시에 관중 땅에 남아 유방이 도피할 곳을 확보해 준 사람도 한신이었다. 유방이 한신에게 가장 크게 빚을 진 일은 형양성 공방전 직후였다. 한신은 수십 기의 기병만 데리고 도주하던 유방을 위해 천릿길을 달려가 항우의 추격을 저지함으로써 그를 몰락의 위기에서 구원했다.

이때 한신의 휘하에 있던 괴통蒯通이라는 현자가 유방이 최후의 승자가 되면 한신부터 제거할 것이라면서 만류했으나 그는 의리를 내세우며 끝내 유방을 구원했다.[18] 괴통의 예언대로 유방은 마지막 승리자가 되었으며 생명의 은인인 한신에게는 본인뿐만 아니라 수백 명의 일가식솔 모두를 함께 처형하는 것으로 보답했다.

교활한 토끼가 잡히면 좋은 사냥개는 삶아 먹히고狡兎死良狗烹[19]
나는 새가 더 이상 없으면 좋은 활은 창고에서 썩게 마련飛鳥盡良弓藏.

18 괴통은 결과적으로 유방이 이기든 항우가 이기든 한신의 끝이 좋지 못할 것을 경고하면서 한신이 독립해 스스로 한 축이 되어 유방과 항우가 섣불리 움직이지 못하도록 균형을 잡는 것이 한신 자신이나 고통받는 백성들을 위해서 좋은 일이라고 충고했다. 한신이 유방을 구원하자 괴통은 거짓으로 미친 척하며 무당이 되었다. 후일 한신이 죽으면서 그때 괴통의 충고를 따르지 않은 일을 후회하자 이 일을 알게 된 유방이 괴통을 불러 추궁했으나 당시에는 한신만 알았고 유방은 알지 못했다고 교묘하게 변명을 둘러대어 방면되었다. 후일 만들어진 《삼국지연의》에서 제갈량이 유비에게 '삼국정립론(三國鼎立論)'을 주장하는 장면은 바로 괴통이 한신에게 한 말을 기초로 해서 극화한 것이다.
19 이 글은 《사기》 〈열전〉 중에서 한신을 다룬 〈회음후전〉에서 인용한 것이지만 '토사구팽' 혹은 '교토사주구팽(狡兎死走狗烹)'이라는 말을 처음 사용한 사람은 전국 시대 월나라의 범려로 알려져 있다.

적국을 깨고 나면 꾀 많은 신하는 죽이는 법이니敵國破謀臣亡

이제 천하가 안정되었으니 나 역시 팽烹을 당하는구나天已定 我固當烹.

　한신 이외에도 영포(英布, 黥布), 팽월, 번쾌 같은 뛰어난 맹장들도
제거 대상이 되었다. 영포와 팽월은 한신과 마찬가지로 항우의 휘하
에 있다가 유방 쪽으로 전향한 사람들이었다. 유방 자신이 그들과 똑
같은 입장이었으니 그들의 배신을 비난할 만한 처지는 아니었으며,
이 두 사람의 과거사도 유방과 비슷해서 젊은 시절 일종의 도적단을
이끈 경험이 있었다.

　팽월은 반역을 도모할 만한 성격이 아니었고 유방도 이를 잘 알고
있었지만 한신이 처형된 직후 본보기로 비참한 최후를 맞이했다. 유
방은 팽월을 죽이고 그의 살과 뼈로 젓갈을 만들어 제후들에게 나누
어 주는 잔인성을 보였다. 일종의 경고 조치였지만 부작용이 있었다.

　다음 차례가 자신이라는 사실을 깨달은 영포는 실제로 반란을 일
으켰다. 그의 반란군은 한때 크게 기세가 올랐으나 유방에게 직접 진
압되었는데, 유방은 영포와의 전투에서 입은 부상이 원인이 되어 죽
었다.

　또 다른 제후 번쾌는 영포나 팽월과는 입장이 달랐다. 그는 어린 시
절부터 유방과 같은 동네에서 살던 이른바 '동네 동생'으로 직업은 개
를 잡는 백정이었다. 9척의 거구인데다 당대에 항우와 비견될 정도로
엄청난 괴력을 가진 사람이었다. 그는 유방이 거병할 때부터 측근으
로 활약하면서 유방을 여러 번 죽음의 위기에서 구해 냈다.

　그는 유방의 부인 여씨呂氏의 동생과 결혼해서 손아래 동서이기도
했다. 번쾌는 유방이 정도를 벗어나려고 때 애걸하면서 이를 만류하
기도 했던 진정한 충복이었다. 그는 한나라를 세운 뒤에는 좌승상, 상

국相國을 거치면서 최종적으로 무양후舞陽侯에 봉해졌다.

그런데 유방은 놀랍게도 형제보다 가까운 이 번쾌까지 죽이려고 했다. 다행인지 불행인지 유방이 이를 실행하기에 앞서 부상이 악화되어 먼저 죽는 바람에 번쾌는 목숨을 구했다.

한나라와 초나라의 투쟁에서 승리의 주역이라면 한신과 함께 재상 소하와 모사 장량張良을 꼽을 수 있다. 소하는 재상으로 병력과 물자의 조달을 담당했으며, 장량은 현대의 리더십 관련 서적들에서 역사상 가장 위대한 참모의 한 사람으로 거론될 만큼 뛰어난 통찰력을 가진 책사였다. 《사기》에는 유방 자신의 말로 그가 천하를 얻은 이유가 다음과 같이 거론되어 있다.

> 나의 재주는, 전투를 준비하고 방비를 튼튼히 하여 결전을 벌이면 항상 승리하는 일에서는 장량에 훨씬 미치지 못하고, 나라를 관리하고 백성을 위로하며 병력과 필요한 장비를 준비하는 일이라면 소하보다 못하며, 수십만 병력을 통솔하고 조련하며 전투를 지휘하는 일은 한신보다 아래이다. 이 세 사람은 당대의 호걸이며 정말 유능한 인재들인데 나는 다만 마음을 기울여 그들에게 정성을 다했기 때문에 천하를 얻을 수 있었다.

소하는 논공행상에서 가장 높은 공신으로 평가되어 찬후贊侯의 직위를 받았으며 한신과 팽월 등의 처형에 적극적으로 관여하면서[20] 계속 영화를 누렸으나 유방 말년에 번쾌와 마찬가지로 제거 대상에 올

---

20 소하는 원래 한신을 유방에게 천거한 사람이었다. 한신이 보잘 것 없는 직책에 머물다가 팽성 전투 직후 탈영하자 그를 쫓아가 다시 돌아오게 한 사람도 소하였다. 그리고 한신을 결정적인 함정에 빠뜨린 사람도 소하였다. 그래서 "소하가 한신을 살리고, 소하가 한신을 죽였다."라는 비아냥거림을 받아야 했다.

랐다. 유방 사후에는 자의 반 타의 반으로 벼슬을 버리고 고향으로 내려갔다. 그리 명예로운 생존법은 아니었다고 할 수 있다.

유방이라는 인물의 본질을 파악한 사람은 누구보다 통찰력이 뛰어났던 장량이었다. 그는 유방뿐 아니라 유방보다 권력욕이 강했던 황후 여씨의 본질까지 꿰뚫어 보고, 유방이 황제로 천거된 직후 모든 공직에서 물러나 은퇴했다. 후일 유방의 후계자 문제가 불거졌을 때 잠시 여후의 자문에 응하기도 했으나 유방의 시대와 여후의 시대 내내 줄곧 조용히 때를 기다리다 여후까지 죽은 후에야 화려하게 정계에 복귀했다.

유방의 죽음과 제국의 혼란

제국의 미래를 위해 권력자가 잠재적인 위험을 제거하는 작업은 불가피한 것일 수도 있다. 그렇지만 세상의 이치는 언제나 과유불급過猶不及. 지나침은 모자람만 못하다. 위험 요소를 제거하는 작업도 도가 지나치면 그 결과가 좋지 않다. 제후들은 황제에게 위협이 되기도 하지만 동시에 자신의 힘으로 황제를 보호하는 사람들로, 이들이 없으면 권력이 순조롭게 승계될 확률이 낮아진다.

유방이 쉰다섯이라는 비교적 이른 나이에 별다른 안전장치도 없이 세상을 떠나자 새로운 제국은 그의 첫 번째 부인인 여후의 손에 들어갔다. 여후는 한신과 팽월의 처형을 주도한 사람이었다. 유방은 말년에 여후의 잔인한 성품과 태자인 유영劉盈의 나약한 성품 때문에 왕조의 미래가 걱정되자 여후를 제거하고 유영 대신 척戚부인 소생의 여의如意를 태자에 앉히려고 했으나 이를 실현하지 못하고 죽었다.

한나라의 제2대 황제는 혜제惠帝[21] 유영이다. 유영이 제위에 오르자 여후는 먼저 질투의 대상인 척부인의 팔과 다리를 자르고 눈과 귀를 멀게 해서 '인간 돼지'로 만들어 그녀에게 보복했으며 여의는 독살했다. 유영은 유약하지만 선량한 성품을 가진 사람이었다. 그는 어머니 여후의 잔인함에 치를 떨고 정치 자체에 흥미를 잃었다. 그는 정사에 일체 관여하지 않고 놀기만 하다 6년 만에 죽었다.

제3대 황제인 유공劉恭은 유영의 후궁 소생으로 여후의 손자가 된다. 여후는 유영의 후궁이 남자아이를 낳으면 후일 다른 외척에게 권력을 잃을까 염려하여 그 여인을 죽이고 아이는 자신의 조카인 황후가 키우게 했다. 유공이 제위에 오르고 나서 4년 후에 이 사실을 알게 되어 한을 품자 여후는 그를 가두고 서서히 굶겨 죽였다. 제4대 황제인 유홍劉弘[22] 역시 유영의 후궁이 출산한 손자이다.

여후는 무려 16년간 무소불위의 권력을 휘두르며 황족인 유방의 후예들을 배척하고 자신의 일가에게 권력을 집중시켰다. 그녀가 죽고 난 후 여씨 천하는 순식간에 뒤집혔고, 여씨 문중은 황족과 대신들의 연합 세력에게 몰살되었다. 살아남은 유방의 아들 중에서 가장 연장자이며 평판이 좋았던 유항劉恒이 제위를 계승했는데, 이 사람이 현명한 제5대 황제 문제文帝이다.

사람들이 길을 가는 데 뒤에서는 도적 떼가 쫓아오고 앞에는 강물이 가로막고 있었다. 그런데 조그마한 나룻배를 발견해서 사람들은

---

21 중국 역사에서 황제의 시호를 결정할 때 무능한 황제들에게 대개 '혜제'라는 이름을 붙인다. 아무것도 한 일이 없기 때문에 백성들이 편해서 '은혜를 입었다'라는 의미이다.
22 유공과 유홍은 모두 소제(少帝)라는 시호를 얻었다. 중국 역사에서 '소제'란 어릴 때 황제가 되었다 성인이 되지 못하고 죽은 경우에 붙이는 시호이다.

무사히 강을 건너 위기를 넘길 수 있었다. 반대편 강둑에 도착한 사람들은 그 나룻배를 지고 가려고 했다. 자신들의 목숨을 구해 준 그 나룻배가 너무 고맙기 때문이었다. 이것은 모든 짐을 지고 세상을 살아가려고 하는 사람들의 어리석음을 깨우치기 위해서 부처께서 내리신 가르침이다.

역사서뿐 아니라 리더십과 관련된 서적에서 자주 다루어지는 주제 중 하나는 바로 유방이 천하의 주인이 될 수 있었던 이유에 관한 것이다. 이 경우 대부분의 논지는 훌륭한 리더는 자신의 역량이 뛰어났다기보다 자신보다 뛰어난 사람들을 잘 쓰는 사람이라는 것이다. 그리고 그보다 더욱 중요한 것은 적절한 시기에 그들을 버릴 줄 알아야 한다고 말한다.

사실 중국의 역사뿐 아니라 오늘날에도 잘 나가던 기업들이 이른바 '창업공신'들이나 한때 회사를 위기에서 구해 낸 공신들을 어쩌지 못해서 결국 망가지는 경우를 종종 볼 수 있다. 그래서 인재를 버리는 일도 그들을 쓰는 일 만큼이나 중요한 것이다.

그렇지만 이러한 논지는 한 가지 중요한 사실을 간과하고 있다. 항상 얻는 것이 있으면 잃는 것도 있다는 사실이다. 유방은 인간적인 신뢰를 배신하면서까지 왕조의 미래를 보장하려고 했지만 엉뚱하게 그 혜택은 그의 후계자들이 아니라 악랄한 마누라와 그녀의 형제들이 누렸다.

초기에 입은 이 상처는 200년의 왕조 역사 내내 큰 부담으로 작용했다. 한 왕조는 왕권 약화와 외척의 발호라는 좋지 못한 전통을 남기게 되었으며 결국 유방이 세운 전한前漢 왕조는 외척인 왕망王莽[23]에

---

23 왕조의 정통성으로 왕조사를 파악한다면 왕망의 신(新)왕조를 무너뜨리고 다시 시작한 후한(後漢) 왕조는 전한과는 별개의 것으로 취급하는 것이 옳을 것이다.

게 찬탈당하면서 끝장이 나게 된다.

우리는 사람들이 눈앞의 이익만을 보고 신뢰를 포기했을 때 장기적으로 모든 것을 잃는 경우를 종종 볼 수 있다. 사람들은 불가피하게 서로에 대한 믿음을 배신하는 선택을 할 수 있다고 여기지만, 그러한 행위는 항상 대가를 지불해야 한다는 사실을 종종 간과하곤 한다.

이러한 선택은 절대적으로 '옳고 그름'을 계산할 수 있는 문제가 아니다. 인간의 능력으로는 절대적인 '옳고 그름'을 판단할 수 없기 때문이다. 전적으로 자신이 기준으로 세워놓고 있는 '가치'에 기초하는 것이다.

최초의 신성로마 제국 황제
샤를마뉴 대제

1951년 4월 18일, 현재의 유럽연합으로 발전한 유럽석탄철강공동체 (European Coal and Steel Community, ECSC)가 결성되었을 때 유럽 인들의 머릿속에 가장 먼저 떠오른 역사적 인물은 1,200여 년 전의 샤를마뉴 대제(Charlmagne, the Great, the 1st Holy Roman Emperor)였을 것이다. 로마가 유럽을 거의 제패했었다고 하지만 엄밀하게 이야기하면 그들은 지중해와 현재의 터키, 소아시아를 중심으로 번영한 세력이었다.

서유럽이 하나의 운명 공동체로 이어진 경우는 샤를마뉴의 제국이 최초였으며, 실질적으로는 유일한 것이었다. 국가 간 정책 통합이라는 획기적인 발상이 역사상 최초로 실현된 경제 공동체 ECSC에 참여한 나라는 프랑스, 독일(서독), 이탈리아, 벨기에, 룩셈부르크, 네덜란드의 6개국인데, 이 영토의 합이 샤를마뉴의 제국과 거의 일치한다.

샤를마뉴는 게르만의 일파인 프랑크 인들이 세운 왕국의 전성기를 이룩한 군주로, 스페인을 제외한 서유럽의 거의 전역을 통치했다. 그는 광대한 영토를 정복했던 위대한 전사였을 뿐 아니라 한 시대의 시작을 상징하는 인물이기도 하다.

그가 우리에게 또 한 가지 영감을 주는 일면은 지적인 성취에 관한 것이다. 그는 문자 그대로 '주경야독晝耕夜讀'을 몸으로 실천한 인물이었다. 그는 원래 문맹이었지만 낮에는 전투나 통치에 임하고 밤에는 학업에 몰두하는 등 불철주야 노력하여 당대 최고의 지성인으로 탈바꿈했다.

✒ 샤를마뉴가 탄생하기까지 서유럽의 정세

서기 476년 서로마 제국이 붕괴되었을 때 서유럽 전역은 갑작스러운 힘의 공백 상태를 맞이했다. 이 공백을 메운 세력은 게르만의 여러 부족들이었는데, 스페인의 서고트 왕국, 이탈리아의 동고트 왕국, 북아프리카의 반달 왕국이 강력한 세력이었으며 부르군트, 작센, 바이에른 등에도 독립적인 작은 왕국들이 자리 잡고 있었다.

이때 프랑크 족은 미약했다. 그런데 이웃에 있던 강력한 고트 족과 반달 족이 풍요로운 지중해 유역으로 이동해 가자 그들은 현재의 프랑스와 독일의 북부 접경 지역에서 출발해 별다른 경쟁자 없이 영역을 확장할 수 있었다. 약 3세기에 걸쳐 이 왕국은 현재의 프랑스와 라인 강 서쪽의 독일 일부를 포함하는 영토를 확보했다.

와해된 서로마의 중심지인 이탈리아와 북아프리카에 자리 잡은 반달 왕국과 동고트 왕국은 불과 두 세대 만에 비잔틴 제국의 유스티니아누스 대제Justinianus I에게 정복되었다. 샤를마뉴가 태어난 8세기 중엽쯤에는 스페인의 서고트 왕국도 새로운 정복자들인 무슬림들에 의해서 분할되어 서유럽의 세력으로는 프랑크 왕국이 유일해졌다.

그렇지만 당시 유럽에서 프랑크 왕국은 전체적인 질서를 책임질 만큼 강력한 힘을 갖지 못한 상태였다. 이 왕국은 3세기 이상 메로빙거 왕조[24]가 통치하고 있었는데 6세기 초 클로비스 1세Clovis I가 갈리아 전역을 정복한 이후 강력한 통치자를 배출하지 못했다.

대대로 무능한 통치자만 배출한 것이 아니라 그들이 고수하던 상속법 체계도 문제였다. 이 왕조는 '남자 형제 사이의 균등한 유산 배분'이라는 원칙을 왕권에도 엄격하게 적용했는데, 이 때문에 영토가 계속 쪼개지고 골육상쟁이 발생하는 악순환이 계속되었다. 그 결과 당연하게도 왕권은 약화되고 귀족들이 실질적인 권력을 행사했다.

귀족들은 자신의 영지 내에서 독립적인 권력을 행사하면서 별도의 병력을 보유했으며 군사 능력을 바탕으로 서열을 정했다. 프랑크 왕국 귀족들의 대표는 궁재(宮宰, Major Donus)라는 직위를 맡았다. 원래는 왕실의 살림을 맡아 보는 역할이었지만 왕권이 약화되면서 점차 현재의 국무총리 겸 대통령 비서실장 겸 국방부장관 정도의 막강한 권력을 행사하게 되었다.

사회 체제에도 변화가 일어났다. 프랑크 인들은 귀족이나 평민 구분 없이 본질적으로 자유민들이었다. 그렇지만 혼란 속에서 전사들은 점차 하층 기사 계급이 되었고 농민들은 토지에 예속되었다. 농민들은 후일 농노로 전락하게 되지만 프랑크 왕국에서는 형식적으로나

---

24 메로빙거 혹은 메로빙 왕가는 예수 그리스도와 막달라 마리아의 후손이라는 전설을 가지고 있던 왕가였다. 인기 작가 댄 브라운(Dan Brown)은 이 전설을 배경으로 베스트셀러 소설 《다빈치 코드》를 발표했다. 역대의 통치자들은 강력한 통치력이 아니라 독실한 신앙으로 명성이 높았으며 이 점이 전설의 시초가 되었을 것으로 생각된다. 이 왕조 출신의 유일한 정복왕인 클로비스 1세가 프랑크 족과 자신이 정복한 갈리아 전역을 기독교화했다고 할 수 있다. 또한 이들은 비교적 정교한 법 체계인 살리카 법을 통치에 적용해 제한적으로나마 법치주의를 지향했다고 할 수 있다.

마 자유민이었으며 로마 제국을 지탱하던 노예 제도는 적용되지 않고 있었다.[25]

샤를마뉴는 742년 4월생이다. 그가 태어날 무렵 기독교 세계와 이슬람 세계는 모두 격동의 시대를 겪고 있었고, 지중해의 동쪽에는 비잔틴 제국이 있었다. 비잔틴 제국은 2세기 전 지중해 지역을 거의 석권했던 유스티니아누스 대제 이후 상당히 쇠퇴하기는 했지만 그때까지는 강력한 세력을 유지하며 건재했다.

이슬람 세계는 카이로에 근거를 둔 파티마 칼리프와 바그다드를 근거지로 하는 아바스 칼리프로 분열되어 있었다. 비잔틴과 파티마 왕조, 아바스 왕조, 이 3개의 강력한 제국은 지중해 곳곳에서 계속 충돌했다.

당시에 스페인은 대부분 이슬람 세계에 속했다. 북아프리카의 베르베르 인들이 지브롤터 해협을 건너 이베리아 반도에 상륙해 서고트 왕국을 정복했던 것이다. 베르베르 인들은 '무어 인Moors'이라고도 불린다. 이베리아 반도의 북단 일부를 제외한 거의 전역이 이들의 영토였다.

711년부터 이베리아 반도를 휩쓴 막강한 베르베르 인 기마병들은 732년에는 피레네 산맥을 넘어 프랑크 왕국의 영토 깊숙이 진출했다. 프랑크 왕국도 수년 전의 서고트 왕국과 마찬가지로 풍전등화의 위기에 몰렸다. 이때의 궁재는 카를 마르텔Karl Martel[26]이었다. 카를 마

---

25 노예 제도에 기초한 로마식 사회 체제가 와해되었다고 해서 노예나 노예무역 자체가 폐지된 것은 아니었다. 비잔틴 제국과 이슬람권에서는 여전히 다수의 노예들을 필요로 하는 사회 체제를 유지하고 있었으며 중세 시대에 전쟁이나 다른 갖가지 수단으로 수집된 노예들은 대규모로 이 지역에 수출되었다. 교회와 이슬람 지도자들은 노예 제도를 폐지하기 위해서 부단히 노력했지만 그들의 목적은 '같은 종교를 가진 자를 노예로 만드는 행위'를 금지하는 것이었으며 그나마 성과도 별로 없었다.

26 당시의 프랑크 인들은 이름을 사용할 때 아직 가문의 성을 함께 쓰지 않았다. 카를 마르텔 혹은 샤를 마

르텔의 가문은 프랑크 왕국의 북동부인 아우스트라시아를 대표하는 귀족이었다.

카를은 남부 프랑스의 아키텐 지역에 주둔하고 있던 베르베르 인들과의 일전을 위해 약 3만 명의 병력을 모아 진격했다. 아키텐에서는 교회가 불타고 여러 도시가 약탈당하고 있었다. 프랑크 인들과 베르베르 인들은 여러 번 충돌했지만 마지막 승부는 아키텐의 중심지인 푸아티에에서 벌어졌다.

유목민 출신의 경기병들이 주력부대인 베르베르 인들은 그때까지 보병 위주의 유럽 인들보다 전술적으로 우위에 있었다. 그렇지만 카를은 기동력이 뛰어난 무슬림 기병들을 와해시키기 위해 비장의 카드를 준비하고 있었다. 두꺼운 갑옷과 긴 창으로 무장한 창기병들이었다.

무슬림들은 이번 전투에서도 승리를 확신했지만 카를의 기병대는 밀집대형을 이루어 긴 창을 수평으로 들고 적진의 한가운데를 돌파했다. 단 한 번의 돌격으로 베르베르 인의 지휘부가 결정적인 타격을 입고 괴멸하면서 승부가 순식간에 갈렸다. 이 투르 푸아티에 전투는 기사들의 종심 돌파 전술을 전개한 최초의 전투였다. 이 전술은 그 후 수백 년 동안 중세 유럽을 상징하는 군사 전술이 되었다.

카를 마르텔 본인이야 뚜렷한 역사의식이 없었겠지만 그는 무슬림들의 유럽 진출을 피레네 산맥 남쪽으로 국한시킨 기독교 문명의 구원자였다. 아키텐을 강악한 카를은 그다음 해부터 약 3년 동안 프랑크 왕국 내의 경쟁자들을 제압하고 최대의 강적이던 부르군트까지 정복했다.[27] 이 위대한 전사 카를 마르텔이 바로 샤를마뉴의 할아버

르텔이란 이름 중에서 마르텔(Martel)은 성이 아니라 별명으로 '망치'라는 의미이다.

27 아우스트라시아는 '동쪽의 땅'이라는 의미로 원래 프랑크 왕국이 시작된 지역이다. 프랑스의 북부, 독

● **카를 마르텔의 유럽 방어** 732년 프랑스의 투르와 푸아티에에서 서유럽의 장래를 결정짓는 전투가 벌어졌다. 카를 마르텔은 베르베르 인들의 침입을 저지함으로써 서유럽 가톨릭 세계가 이슬람화되는 것을 막았다.

지이다.

샤를마뉴의 아버지는 피핀Pepin이다. 이 집안에는 선대에 피핀이 두 사람이나 더 있었기 때문에 그는 피핀 3세Pepin Ⅲ였으며, 키가 작아 '난쟁이 피핀Pepin, the Short'이라는 별명으로 불렸다. 살리카 법의 유산 상속 원칙이 권력에도 적용되는 바람에 형제 사이의 충돌이 비일비재했던 프랑크 왕국에서 피핀의 경우는 운이 좋은 편이라고 할

일의 북동부, 벨기에, 네덜란드에 해당된다. 네우스트리아는 '새로운 땅'이라는 의미로 프랑크 왕국이 새로 정복한 갈리아 일대의 지역인 영불 해협의 해안 지대에서 중부 프랑스 지역에 해당된다. 당시 두 지역은 왕국 내에서 앙숙이었다. 부르군트는 현재 프랑스의 중부 지역에 속하는 부르고뉴 지방이다.

수 있다.

피핀에게는 카를로만Karlo-man이라는 형이 있었다. 카를로만과 피핀도 왕국을 양분했지만 다른 경우와 달리 이 형제는 의가 아주 좋았다. 두 형제는 힘을 합쳐 각지에서 일어난 반란들을 효과적으로 진압하면서 프랑크 왕국을 강력하게 성장시켰다.

741년부터 왕국을 통치하던 카를로만은 7년 후 돌연 은

● 피핀 3세

퇴를 선언하고 수도원에 들어가 버렸다. 그는 원래 신앙심이 깊은 사람이었는데 동생의 야심이 대단히 크다는 사실을 알고 오랫동안 고민해 오다가 왕국의 장래를 위해 결단을 내렸던 것이다.

피핀은 형제 사이의 다툼 없이 왕국 전체의 통치권을 손에 쥐었지만 이에 만족하지 않고 더욱 큰 욕심을 부렸다. 스스로 왕이 되기로 결심한 것이다. 그는 교황에게 편지를 보내어 "다스릴 힘을 전혀 가지지 못한 왕을 섬기는 것이 과연 현명한가?"라고 물었다. 찬탈을 인정하는 교황의 답신을 받아든 그는 메로빙거 왕조의 마지막 왕을 폐위해 수도원에 집어넣고 왕위를 넘겨받았다.

피핀은 프랑크 왕국의 왕이 되었지만 편안하게 통치할 수 있는 여건은 아니었다. 그는 궁재 시절과 마찬가지로 부단히 전장을 누벼야 했다. 이베리아 반도에서 이슬람 세력이 더욱 강력해지는 가운데 각지에서 반란이 일어났으며 결정적으로 새로운 숙적으로 부상한 롬바

르드 인Lombardi[28]들을 상대해야 했다.

롬바르드 인들은 프랑크 인들과 마찬가지로 게르만의 일파이고 카를 마르텔이 아랍 인들과 베르베르 인들을 상대로 혈전을 벌일 때에는 군사적인 지원까지 아끼지 않았던 사람들이었는데, 피핀의 시대에는 프랑크 왕국과 앙숙이 되어 버렸다. 교황청과 롬바르드 왕국이 영토 문제로 갈등하게 된 것이 원인이었다. 당시의 교황 스테파노 2세Stephanus II는 롬바르드 왕국이 점유하고 있는 라벤나를 교황령으로 인정하여 돌려주기를 요구했으나 별 반응이 없자 야심가 피핀에게 도움을 청했던 것이다.[29]

샤를마뉴의 즉위

샤를마뉴는 어렸을 때부터 세간의 관심을 끄는 대상이었지만 어린 시절의 기록은 전하지 않는다. 현존하는 샤를마뉴의 모든 전기는 그보다 한 세대 후에 태어나 샤를마뉴를 섬겼던 아인하르트Einhart[30]가

---

28 롬바르드 인들은 프랑크 인들과 마찬가지로 게르만의 일족으로 과거에는 수에비 족으로 불렸던 사람들이다. 로마 시대에는 아리우스파 기독교도였다가 6세기경 정통 기독교로 개종했다. 6세기에 비잔틴 제국의 유스티니아누스 황제가 이탈리아의 서고트 왕국을 와해시키는 바람에 손쉽게 이탈리아 북부를 점령한데 이어 중부와 남부 지역에도 진출했다. 그 과정에서 교황령을 건드리는 바람에 교황청과 사이가 매우 악화되었다.

29 피핀은 롬바르드 왕국의 아이스돌프에게 승리를 거두어 라벤나를 교황령으로 반환하겠다는 약속을 얻어 냈지만 아이스돌프는 약속을 지키지 않았다. 피핀은 다시 한 번 이탈리아를 침공하려 했지만 계속되는 지방의 반란으로 인해서 두 번째 원정을 감행하지 못했다.

30 아인하르트는 게르만 어를 사용하는 동부 프랑크 왕국 출신이며 샤를마뉴와 그의 아들 루이(Louis, the Pious)의 왕궁에서 봉사했다. 그는 로마의 고전적인 역사가들의 영향을 받아 그 형식을 충실하게 따라서 서술했고, 당대 다른 역사가들과는 달리 비교적 객관적인 기록을 남겼다.

남긴 《샤를마뉴 대제의 삶Vita Karoli Magni》이라는 기록에 의존하고 있는데, 그가 샤를마뉴의 어린 시절에 관해서는 증언의 신빙성이 적다는 이유로 기록을 누락했기 때문이다.

아인하르트 이외에도 수사들의 기록과 공적인 서신들이 존재하지만 이를 통해서 겨우 알 수 있는 단편적인 사실들은 그가 열두 살 때 피핀이 왕으로 등극하면서 동생인 카를로만Karloman[31]과 함께 적법한 왕위 계승자로 축성을 받았으며, 이때부터 피핀의 군사 원정에 자주 동행해서 프랑크 전사의 한 사람으로서 경험을 쌓았다는 정도이다.

아인하르트에 의하면 샤를마뉴는 키가 190센티미터가 넘는 장신이었으며[32] 밝은 색 머리카락과 매력적인 용모, 건장한 육체를 소유하고 있었다. 다만 지나치게 커다란 코와 짧고 굵은 목이 외모상 마이너스 요소였다고 한다. 또한 듣기에는 그리 나쁘지 않지만 큰 덩치에는 어울리지 않는 높은 톤의 목소리를 가지고 있었으며 밝고 명랑한 사람이었지만 의사들의 충고에는 전혀 귀를 기울이지 않았다고도 한다.

피핀 3세는 768년에 아키텐의 반란을 진압하고 귀환하던 도중에 병사했다. 향년 쉰넷. 국왕으로 군림한 14년 내내 곳곳에서 일어난 반란에 시달리다 한창 나이에 사망한 것이다. 그 왕국은 샤를마뉴와 카를로만 형제에게 계승되었다. 당시 샤를마뉴는 스물여섯 살, 카를로만은 그보다 아홉 살이나 어렸다.

젊은 샤를마뉴가 프랑크 왕국의 왕위를 계승했을 때 왕국의 남동쪽 피레네 산맥 너머에서는 큰 변화가 일어나고 있었다. 현재 스페인 남

---

31 수도원으로 은퇴하면서 왕국을 샤를마뉴의 아버지 피핀에게 넘겨준 백부 카를로만과 이름이 같다.
32 8세기 당시 키가 190센티미터라면 거인에 해당되기 때문에 그동안 샤를마뉴의 키와 용모에 대해서는 아인하르트의 기록이 과장되었을 것이라는 추측이 지배적이었다. 그러나 최근 프랑스 정부가 샤를마뉴의 무덤을 발굴해 정밀하게 측정한 결과 정말 190센티미터 정도였다는 사실이 밝혀졌다.

● 샤를마뉴 대제

부 지역인 코르도바에 새로운 칼리프 왕조가 들어서고 있었던 것이다. 이 왕조는 한때 전 이슬람 세계를 다스렸던 우마이야 왕조의 후예였다. 다마스쿠스를 근거로 했던 이 왕조는 현저하게 약화되어 바그다드의 아바스 칼리프에 속한 대신Eimr 직위로 격하되었다. 이때 아바스 왕조에 의해 가문의 남자들을 모두 살해되어 가문이 풍비박산 났으나, 아브드 알 라흐만Abd-al-Rahman만이 유일하게 생존했다. 바로

● 작센 족에게서 항복을 받아 내는 샤를마뉴

그가 무슬림들에게는 신세계인 이베리아 반도로 피신해서 망명 정권을 세운 것이다.

왕국의 서쪽 상황도 그리 좋지 않았다. 게르만 사촌들 중에서도 가장 사나운 전사들인 작센 인들[33]이 호시탐탐 침공 기회만 노리고 있었던 것이다. 게르만 부족들 중에서도 가장 변방에 있었던 작센 인들은 로마 문명의 혜택을 거의 누리지 못했으며 기독교로 개종도 하지 않은 상태였다. 그들은 상대적으로 풍요로운 프랑크 왕국을 약탈하

---

33 독일의 경우 게르만 부족의 이름과 지명이 같은 경우가 대부분이다. 현재 독일에서 작센이라고 하면 당시 작센 족이 점유하고 있던 엘베 강 주변 지역을 의미한다. 이들은 바다를 건너 브리튼 섬까지 진출하기도 했다. 작센의 영국식 발음이 바로 앵글로 색슨(Anglo-Saxon)의 '색슨'이다. 9세기경 완전히 독일의 일부로 편입된 후 11세기에는 독일 전체의 패권을 장악한 오토 왕조를 세웠다.

불멸의 제왕들

기 위해서 수시로 국경을 넘어 침공했다.

그렇지만 왕국의 최대 강적은 역시 이탈리아에 둥지를 틀고 있던 롬바르드 왕국이었다. 당시 롬바르드의 왕은 데시데리우스Desiderius 였다. 그는 공작의 지위에 있다 선왕이 죽은 후 실력으로 왕위에 오른 인물로, 즉위 초기에는 교황 스테파노 3세Stephanus III의 전폭적인 지원을 받았다. 그렇지만 영토 문제를 둘러싸고 벌어진 해묵은 갈등이 재현되면서 교황청과 다시 적대적인 관계로 돌아섰다.

강력한 적들로 둘러싸인 데다 왕국 내의 갈등도 사그라지지 않아 어려운 상황에서 샤를마뉴는 정치적인 결단을 내렸다. 숙적인 롬바르드 왕국과의 동맹을 추진한 것이다. 샤를마뉴는 데시데리우스를 직접 만나 담판을 지었는데, 어머니인 베르트라다Bertrada of Laon의 충고를 따른 것이었다. 이 동맹은 샤를마뉴가 데시데리우스의 네 딸 중 하나인 데시데라타Deciderata[34]와 결혼을 하는 형식으로 이루어졌다.

샤를마뉴와 데시데라타는 770년에 결혼식을 올렸다. 샤를마뉴의 아버지 피핀 3세는 교황청의 수호자로 널리 알려져 있던 인물이었으며 샤를마뉴 자신도 교황과의 관계를 상당히 중요시했지만, 일단 주변에 포진한 적들 중 가장 강력한 롬바르드 왕국과의 관계를 극적으로 전환하기 위한 정치적인 모험을 선택했던 것이다.

그렇지만 그 모험은 불과 1년도 되지 않아 실패로 끝났다. 샤를마뉴를 개인적으로 사랑하고 존경했던 역사가 아인하르트는 부부 관계가 악화된 이유에 대해 말을 아끼고 있지만 샤를마뉴에게 사랑하던 여인이 따로 있었다는 사실을 기록함으로써 이 사태의 전말을 추측할 수 있도록 조치해 놓았다.

---

34 '데시데라타'는 '데시데리우스'의 여성형이기 때문에 이 기록은 단순히 '데시데리우스의 딸'이라는 의미로 실제 이름이 아닐 확률이 높다. 그녀의 이름이 '게르베르가(Gerberga)'였다는 설이 있다.

문제의 여인은 히밀트루드Himiltrude였다. 샤를마뉴는 이 여인과 일찌감치 깊은 관계를 맺고 있었고, 그녀와의 사이에서 1남 1녀[35]를 두었다. 히밀투르드는 신분의 격차 때문에 정식으로 결혼할 만한 처지가 아니었다. 이런 상황이니 결혼 생활이 원만할 리 없었다. 데시데라타는 불과 몇 달 만에 롬바르드로 돌아가 버렸다.

이 사건은 두 나라의 관계에 깊은 상처를 남겼지만 샤를마뉴 본인은 별로 상처를 입지 않았다. 그는 이혼을 기다렸다는 듯이 슈바비아 공작Duke of Swabia[36]의 딸인 힐데가르트Hildegard of Vinzgouw와 결혼했다. 힐데가르트는 겨우 열세 살의 어린애였는데 서른 살이었던 샤를마뉴는 그녀가 상당히 마음에 들었던 모양이다. 그녀는 그때부터 10년 후에 사망할 때까지 무려 9명의 자식을 낳았다.

교황청과의 갈등

샤를마뉴의 첫 결혼이 실패로 끝나고 2년 후인 773년에 새로 교황으로 선출된 하드리아노 1세Hadrianus I 는 샤를마뉴에게 해묵은 라벤나 문제를 해결해 달라고 요청했다. 샤를마뉴는 가장 단순한 방식을 선택했다. 그는 알프스를 넘어 롬바르드 왕국으로 쳐들어가 수도인 파

---

35 딸 아마우드루(Amaudru)와 아들 피핀. 이 피핀은 선천적인 기형이 있었기 때문에 역사가들은 '곱사등이 피핀(pepin, the hunchback)'이라는 이름으로 다른 피핀과 구분한다. 히밀트루드에 대해서 가톨릭 측의 기록에는 'Noble Girl'이라는 표현을 썼지만 이것이 귀족 출신이라는 의미인지 우아한 여인이라는 의미인지는 알 수 없다. 반면 아인하르트는 '내연관계(Concubinage)'라고 못을 박았다.

36 슈바비아 공작령은 현재 독일의 남서부를 지칭한다. 당시에는 '알라마니아(Alamannia)'라고 불렸다. 슈바비아 공작 가문은 전통적인 명문가로 신성로마 제국 황제들 중에서 가장 강력했던 호엔슈타우펜 왕가와 합스부르크 왕가의 선조이다.

비아[37]를 포위했다.

사실 이 전쟁은 단순히 교황의 요구에 응한 것이 아니었다. 샤를마뉴의 동생 카를로만은 나이는 어리지만 형만큼이나 권력욕이 큰 인물이었다. 그는 형이 권력을 독점하는 것을 못마땅하게 여기고 반란을 일으키겠다고 위협했다. 이때 샤를마뉴에게 감정의 앙금이 남아 있던 데시데리우스는 카를로만의 편을 들고 지원에 나섰다.

카를로만은 파비아로 피신하던 도중에 죽었지만 샤를마뉴는 롬바르드에 대한 응징에 나섰다. 양측 모두에게 고통스러운 공방전은 그해 겨울을 넘겨 다음 해까지 계속되었다. 샤를마뉴는 파비아를 포위한 상태에서 로마를 방문해 교황청에서 부활절 미사를 올렸다. 그리고 그가 로마에서 돌아왔을 때 롬바르드 왕국은 그에게 항복하고 데스데리우스는 수도원에 유폐되었다.

부활절에 로마를 방문했을 때 샤를마뉴는 많은 영토를 교황청에 귀속시키겠다고 약속한 바 있었다. 그러나 전쟁에서 승리한 후 그는 겨우 생색을 내는 수준에서 영토를 양도했으며, 스스로 롬바르드 왕국의 국왕을 겸하면서 실질적으로 대부분의 영토를 차지했다.

샤를마뉴가 유럽의 절대 강자로 떠오르자 이베리아 반도가 그에게 러브콜을 보내왔다. 당시 이베리아는 수십 개의 '타이파Taifa'라는 영지들로 나뉘어 있었다. 타이파의 영주들은 칼리프의 권위를 인정하면서 자신의 영지를 작은 왕국처럼 통치하고 있었는데, 이들 중에서 상당수는 코르도바에 새로 선 칼리프에게 충성하지 않았다. 이들은 샤를마뉴와 동맹을 맺고 칼리프를 축출하려고 시도했다.

778년 샤를마뉴는 부대를 둘로 나누어 피레네 산맥을 넘었다. 목적

---

37 이탈리아 북부에 위치하며 밀라노에서 남쪽으로 약 30분 정도 운전해서 도착할 수 있다. 로마 시대를 거쳐 서고트 왕국 시대에 이르기까지 핵심적인 군사 요새 겸 주요 거점도시였다.

지는 북부 이베리아의 중심지인 사라고사[38]였다. 샤를마뉴는 여러 번의 전투에서 계속 승리를 거두며 진군하기는 했지만 고전의 연속이었다. 그는 코르도바의 칼리프에게 충성하는 사라고사를 포위한 상태에서 칼리프에게 반기를 든 타이파 영주들을 만나 협상을 벌였다.

결과적으로 협상은 실패했다. 근본적으로 양측 모두 이교도를 신뢰하지 못했기 때문이었다. 샤를마뉴는 사라고사의 포위를 풀고 철수했다. 패퇴라고는 할 수 없지만 샤를마뉴로서는 처음으로 맛보는 군사적 실패였다. 여기에 또 하나의 비극이 겹쳤다. 피레네 산맥을 넘던 도중 바스크 인들[39]의 기습적인 매복 공격을 받은 것이다. 얼마 전 샤를마뉴가 그들의 수도를 공격해 파괴한 데 대한 보복이었다.

이 일은 '론세스바예스Roncesvalles 전투'라고 불리지만 실질적으로는 전투라고 부를 수도 없었다. 바스크 인들이 후미의 보급대를 일방적으로 기습공격한 후 도주한 정도였다. 그렇지만 이 전투에서 샤를마뉴는 이종사촌이자 가장 충성스러운 기사였던 롤랑Roland을 비롯한 주요 지휘관 다수를 잃었다.

롤랑은 메로빙거 왕조 시절에 결성된 왕국 공식기사단인 브레통 기사단Breton March[40]의 단장이었다. 론세스바예스 전투는 46년 동안 이어진 샤를마뉴의 통치 중 초반의 영토 확장 시대가 끝났음을 의미하는 사건이다. 이 전투에서 유능한 기사들을 잃은 샤를마뉴는 왕국 내

---

38 스페인 북동부의 옛 도시로 로마가 기원전 1세기 말 이 지역을 점령했으며 아우구스투스 황제 시절 행정과 상업의 중심지로 개발했다. 서고트 왕국 시절에도 주요 도시였으며 714년에 무슬림들이 점령했다.

39 바스크 인들은 약 100만 명 정도이며 독립심이 아주 강한 사람들로 지금까지도 자신들의 언어와 문화를 보존하고 있다. 현재 스페인에서 일부 과격한 사람들이 분리독립 운동을 펴고 있는 가운데 대부분의 바스크 인들은 스페인 내에서 자치권을 확대하는 방향으로 노력하고 있다.

40 중세 프랑스에는 브레통 기사단과 노스먼 기사단(Norseman March)이라는 2개의 강력한 기사단이 있었다. 노스먼 기사단은 샤를마뉴 사후 노르만 인들과 격렬한 전쟁을 벌이던 무렵에 결성되었다.

부의 강력한 도전에 직면했다. 영주들은 이 사건을 계기로 그의 리더십에 손상이 갔다고 판단하고 수시로 반란을 도모했다. 그런 가운데 새로 왕국에 편입된 작센 인들이 결정적인 문제를 일으켰다. 샤를마뉴는 롬바르드와 전쟁을 벌이기 전에 라인 강 유역을 약탈한 작센 인들을 응징하기 위해 그곳을 먼저 공격했다.

한창 전쟁을 하던 와중 샤를마뉴는 작센 인들을 살육하느니 차라리 그들을 왕국의 일부로 편입시키는 것이 더 현명한 처사라는 생각을 하게 되었다. 그는 이를 실행에 옮겨 부족장을 제후에 임명하고 775년에는 작센 인들이 가톨릭으로 개종하는 대대적인 세례식을 거행했다. 그러나 론세스바예스 전투 이후 작센 인들은 더 이상 샤를마뉴의 권위를 인정하지 않았다. 그는 그로부터 약 30년간 무려 18번이나 전쟁을 치른 후에야 그들을 굴복시킬 수 있었다.

독일의 남동부 바이에른에서도 문제가 발생했다. 바이에른 공작 타실로Tassilo는 샤를마뉴의 누이의 아들이었는데, 명백한 반역 사건에다 골치 아픈 집안 문제였다. 그는 결국 타실로를 수도원에 유폐시켰다. 영토 확장 시기 이후에도 샤를마뉴는 꾸준히 군사 원정을 단행해서 롬바르드 왕국의 잔재가 남아 있는 남부 이탈리아를 병합했으며 코르시카와 사르디나 섬까지 정복했다.

또한 무슬림들 사이의 분열을 틈타 이베리아 반도의 남동쪽 카탈루냐를 점령해 이곳에 바르셀로나 백작령[41]을 세웠다. 그의 최대 영토는 현재의 독일, 프랑스, 이탈리아와 스페인 동쪽 끝 지중해 연안의 카탈루냐를 모두 합친 광대한 영역이었다.

---

[41] 바르셀로나를 중심으로 하는 카탈루냐는 10세기 말 프랑스의 왕조 교체를 인정하지 않고 독립을 선언하기 전까지 프랑크 왕국에 소속된 백작령 혹은 공작령이었다. 독립한 이후 카탈루냐는 스스로 왕조를 세웠는데 이 왕조의 혈통은 스페인 통일을 이룩한 아라곤 왕국의 페르디난드 2세(Ferdinand II)까지 이어졌다.

800년 크리스마스 무렵, 샤를마뉴는 로마를 방문했다. 당시 로마 사람들은 그를 황제로 예우하고 열렬히 환영했다. 크리스마스 당일, 샤를마뉴가 성 베드로 성당에서 열린 성탄 미사에 참가해 제단 앞에서 무릎을 꿇고 기도하던 도중에 교황 레오 3세는 갑작스럽게 그에게 로마 제국 황제의 관을 씌워 주었다. 이렇게 해서 19세기까지 천 년 이상 이어질 신성로마 제국의 첫 번째 황제가 탄생했다.

카롤링거 르네상스

샤를마뉴가 보통 통치자들보다 뛰어난 점은 화려한 정복 사업이나 최초의 신성로마 제국 황제였다는 사실이 아니다. 가장 놀라운 것은 그가 꾸준한 자기계발을 통해서 단순하고 무식한 프랑크 전사에서 그 시대의 대표적인 지성인으로 탈바꿈했다는 점이었다. 당시 프랑크 전사들은 '지성'이 전사에게 필수적인 '용기'를 저해한다고 믿었다. 샤를마뉴 역시 치세 초기에는 이러한 전형적인 프랑크 전사였다.

그가 어떠한 계기를 통해 지성의 중요성을 깨달았는지는 명확하지 않지만, 이런 조짐은 제위 초기 약 10년 정도의 영토 확장기가 끝날 무렵부터 나타나기 시작했으며, 다양한 학자들과의 만남을 통해서 점차 그 경향이 뚜렷해졌다. 가장 먼저 그의 왕궁에 초청받은 사람은 이탈리아 피사 출신의 언어학자 베드로Peter of Pisa로, 그의 임무는 왕국의 공식 언어를 엄격한 라틴 어 문법에 따라 통일하는 것이었다.

서로마 제국의 공식 언어인 라틴 어는 각 지역마다 현지 언어와 결합하면서 방언화되었는데, 샤를마뉴의 시대에는 한 지역에서 작성된 공식적인 문서가 다른 지역에서 해석하기 힘들 정도가 되어 있었다.[42] 샤를마뉴는 적극적인 사람이었다. 그는 단지 공식적인 라틴 어 문법을 통일한 것만 아니라 이를 위해 일련의 교과서를 발행하고 학교를 세웠다. 이 학교들이 유럽 명문대학들의 뿌리가 되었다.

베드로 이후 수많은 학자들이 샤를마뉴의 부름을 받고 그의 왕궁에서 일했다. 언어학뿐 아니라 미술, 건축, 음악, 문학, 법학 등 다양한 분야의 전문가들이 모여들었다. 그중 샤를마뉴에게 가장 큰 영향을 미친 사람은 종교 시인이면서 건축가였던 잉글랜드 요크 출신의 수도사 알퀸(Alcuin, Alcuinus)이었다.

샤를마뉴는 점차 지성에 눈을 떠 가면서 그리스 시대와 로마 시대가 당대보다 훨씬 개명되어 있었음을 알게 되었고, 모든 분야에서 그 시대의 전통을 되살리려고 시도했다. 샤를마뉴의 아들인 '경건한 루이(Louis, the Pious)'의 치세 동안 이루어진 이러한 문화적 경향을 '카롤링거 르네상스Carolingian Renaissance'라고 부른다.

카롤링거 르네상스는 유럽 사회의 모든 분야에 막대한 영향을 미쳤다. 미술과 건축에서는 로마네스크 양식이라는 형태로 나타났으며 음악에서는 가톨릭 음악의 형식이 거의 현재의 형태 그대로 완성되었다.

그렇지만 무엇보다도 샤를마뉴가 가장 영향을 많이 끼친 분야는 문학일 것이다. 샤를마뉴 자신이 이야기의 소재가 되면서 중세 기사문학의 전형이 만들어졌다고 할 수 있기 때문이다. 대서사시《롤랑의 노래La Chanson de Roland》는 샤를마뉴와 그를 수행하는 열두 명의 팔라딘Paladin[43]의 이야기이다. 이 서사시는 그가 롤랑을 비롯한 상당수

---

42 서로마 시대부터 방언화되기 시작한 라틴 어는 로망 어(Romans)라고 부르는 언어군으로 세분화되어 발전했다. 현대의 스페인 어, 이탈리아 어, 프랑스 어 등이 로망 어에 속한다.
43 로마 시 팔라티노 언덕에 있던 왕궁에서 황제를 보좌하던 고위 공직자들을 의미하던 단어였으나《롤랑

●**롤랑의 노래** 11세기에 성립된 것으로 추정되는 무훈시로, 778년 샤를마뉴와 사라센 족과의 전투로 이야기가 시작된다. 샤를마뉴와 기사 롤랑을 비롯한 기사들의 용맹을 찬미한 작품으로 중세 기사문학의 전형이 되었다.

의 기사들을 잃은 론세스바예스 전투라는 역사적인 사건을 배경으로 하고 있다. 《롤랑의 노래》는 여러 버전의 필사본이 존재하며, 그중 가장 오래된 것은 14세기 무렵의 것이지만 늦어도 11세기 초에는 무려 4,000행이나 되는 긴 서사시가 완성된 것으로 알려져 있다.

의 노래》에서 샤를마뉴를 보좌하던 기사들을 지칭하는 단어로 사용되었으며, 점차 기사들을 지칭하는 일반명사로 확대되어 사용되었다.

민간인들이 샤를마뉴를 우상으로 숭배하면서 만들어진 환상적인 이야기들은 이미 그가 살아 있던 시절부터 시작되었다. 음유시인들에 의해 전파된 샤를마뉴의 영웅담은 중세 문학에 많은 영향을 미쳐 그와 유사한 형식을 갖추게 했다. 잉글랜드에서는《아더 왕과 원탁의 기사들King Arthur and Knights of the Round Table》이, 독일에서는《니벨룽의 노래》가 만들어졌다. 이러한 작품들은 현명하고 경건한 왕과 충성스럽고 용감한 기사들이 펼치는 모험과 사랑과 전쟁의 이야기라는 특징이 있다.

　말년에 샤를먀뉴는 슬라브 인들의 지역이나 북구와 같이 프랑크 왕국과 상당히 먼 지역에서도 권위를 인정받았는데, 그들에게 전해진 전설적인 영웅담이 대중에게 영향을 미쳐 바이킹들의 서사시 '사가Saga'나 중세의 대표적인 러브스토리《트리스탄과 이졸데Tristan and Isolde》와 같은 대작들도 만들어졌다.

　샤를마뉴가 당시의 유럽 민중들에게 크게 어필했던 이유는 그동안 존재했던 모든 위대한 황제들 중에서 그가 가장 기독교적인 인물이었기 때문일 것이다. 로마 시대에도 카이사르나 아우렐리우스, 오현제들과 같은 훌륭한 통치자들이 있었지만 이들은 근본적으로 이교도들이었으며 비잔틴 제국의 유스티니아누스 황제와 같은 사람은 독실한 기독교인이었지만 그에게 공격을 당한 사람들의 입장에서는 악랄한 폭군이었던 것이다.

　현대의 '도시 괴담'들에서 볼 수 있듯이 어떤 시대의 전설은 특정한 사실로부터 시작된 경우가 대부분이지만 이러한 이야기들은 결국 여러 단계를 거치면서 창작된 환상으로 변질된다. 샤를마뉴의 경우도 마찬가지이다. 우리가 이 장에서 이야기하는 '믿음'의 문제를 종교적인 신앙과 연관해 보면, 샤를마뉴에게 가톨릭 신앙이란 왕국을 효율적으로 통치하기 위한 정치적인 도구에 불과했으며 그 자신은 그렇게 종교적인 인물이 아니었다고 단언할 수 있다.

800년 크리스마스에 성 베드로 성당에서 벌어진 황제의 즉위식은 당시 사람들을 열광하게 했다. 공식적으로는 교황 레오 3세가 민중의 열화와 같은 열망에 따라 샤를마뉴를 황제로 즉위시키기로 결심했지만 워낙 겸손한 왕인지라 미리 동의를 구하지 않은 채 샤를마뉴가 경건하게 무릎을 꿇고 기도를 하는 동안 기습적으로 즉위식을 거행한 것으로 알려져 있다. 그렇지만 이 사건은 정치적인 거래와 극적인 연출이 결합된 결과였다. 샤를마뉴의 왕관은 미리 준비되어 있었다. 그것도 샤를마뉴 자신이 모든 비용을 댄 것이었다. 그가 자신의 즉위식을 몰랐을 리가 없다.

당시 이러한 연출이 필요한 정치적인 이유가 있었다. 원래 교황이라는 직위는 313년에 콘스탄티누스 대제의 임명으로 세속적인 권위를 갖게 되었는데, 콘스탄티누스가 죽으면서 교황에게 남겼다는 이른바 〈기부장Donatio Constantini〉이라는 위조 문서가 그 절대적인 근거로 작용했다.

콘스탄티누스는 동서 로마 양쪽의 황제였으니 문제가 없었고, 서로마 제국의 황제와 교황은 대부분 정치적인 제휴 관계였으므로 역시 무난하게 관계가 유지되었지만 서로마 제국이 멸망하자 심각한 문제가 발생했다. 동로마 제국(비잔틴 제국)의 황제가 존재하는 한 그가 교황에 대한 명령권자였다. 더욱이 교황청과 비잔틴 제국은 성상파괴[44]

---

[44] 정교회 측은 그리스도나 성인들의 상을 우상으로 간주한다. 성상 숭배는 니케아 종교회의를 통해서 합법적인 것으로 결정되었지만, 정교회는 계속 강경한 입장을 고수해 신도들이 감추어 둔 성상을 찾아내 파괴했다.

에 대한 교리 논쟁으로 심각한 갈등 상태에 있었다.

이러한 와중에 샤를마뉴의 시대에 비잔틴 제국에 결정적인 정치 상황이 발생했다. 당시 비잔틴 황제는 콘스탄티누스 6세Constantinus VI였다. 그런데 그는 780년 불과 네 살의 나이로 황제에 올랐고, 때문에 어머니인 이레네Irene Sarantapechaina 황후[45]가 실질적으로 제국을 통치했다. 그녀는 797년부터는 아예 황제이자 유일한 권력자로 군림했다.

교황 레오 3세는 이레네가 제국을 통치하는 상황을 인정하지 않으며 황제의 자리는 공석이라고 주장했다. 그리고 이를 기회로 비잔틴 제국의 황제로부터 완전한 독립을 추진했던 것이다. 그의 이해와 샤를마뉴의 야심이 일치하면서 800년 크리스마스에 신성로마 제국이 탄생했던 것이다.

개인적인 신앙 측면에서 보자면 샤를마뉴는 신앙심으로 황제가 될 정도로 경건한 인물도 아니었고 종교를 중요한 요소로 생각하지도 않았다. 그는 기독교 신앙을 위해 사악한 무슬림들과 투쟁한 위대한 기독교 전사의 이미지를 가지고 있지만 이것도 사실과는 거리가 멀다. 샤를마뉴가 벌인 전쟁의 대부분은 이교도가 아니라 기독교인들을 상대로 한 것이었다.

그는 이슬람을 적대시하기는 했지만 그것은 어디까지나 코르도바의 칼리프에 국한되었다. 칼리프에게 반란을 일으킨 베르베르 인들은 정치적인 동맹자들이었다. 특히 바그다드에 진을 치고 있던 정통 아바스 칼리프와는 값비싼 선물을 주고받는 등 우호적인 관계에 있

---

45 이레네 황후는 아들인 콘스탄티누스 6세가 자신에게 반기를 들자 그의 눈을 뽑아 버려 며칠 후에 죽게 만든 지독한 사람이지만 난폭한 독재자나 성상파괴주의자도 아니었고 샤를마뉴와도 관계가 좋았다. 그녀는 샤를마뉴의 딸 중 하나를 며느리로 맞이하려고까지 했었다.

● **기독교의 수호자 샤를마뉴** 샤를마뉴는 기독교 신앙을 위해 사악한 무슬림들과 투쟁한 위대한 기독교 전사의 이미지를 가지고 있다. 1513년 알브레히트 뒤러가 그린 샤를마뉴의 초상에는 이런 관점이 반영되어 있다.

었다. 코르도바의 칼리프는 그저 영토를 두고 경쟁을 하고 있는 사이 나쁜 이웃이었을 뿐이다.

남녀상열지사의 측면에서 봐도 역시 '믿음'과는 거리가 멀었다. 그가 일생 결혼을 4번 했던 사실이야 이혼이나 상처의 경우였으니 어쩔 수 없었다고 해도, 그에게는 '내연의 관계'를 맺은 여인들도 무수하게 많았다. 역사서에 기록될 정도로 중요한 사람들만 6명으로, 그는 모두 10명의 여인들로부터 11명의 아들과 9명의 딸을 두었다.

샤를마뉴의 일생에서 가장 어두운 부분은 딸들과의 관계였다. 그는 딸들이 결혼을 했는데도 혼배성사를 올려 주지 않고 계속 자신의 왕궁에 머물게 했다. 정식 부부 관계로 인정받지 못하도록 한 것이다. 딸들은 문란한 남자관계로 아버지에게 보복했는데, 샤를마뉴는 사위들에게 거액의 위로금을 지급하여 입을 막았다. 샤를마뉴가 죽은 후에 아들 경건한 루이는 누이들을 모두 수녀원에 집어넣는 것으로 이 일을 마무리했다.

샤를마뉴는 814년 정월에 죽었다. 제위 기간만 46년이나 되었기 때문에 정실 소생의 아들들 중 그때까지 살아남은 사람은 아키텐의 왕이자 공동 황제였던 경건한 루이 하나뿐이었다. 샤를마뉴의 왕국은 그가 죽은 후 한 세대 정도 밖에 존속하지 못했다. 손자들에 의해 세 조각으로 분할되었기 때문이다. 이때 분열된 왕국은 현재의 프랑스, 이탈리아, 독일의 국경과 거의 일치한다.

샤를마뉴는 그리 좋은 환경에서 제국을 다스린 것이 아니었다. 로마 제국의 경우와 달리 그에게는 교량이나 도로와 같은 사회 기반시설도 없었으며 정교한 통치 체제나 법률적인 뒷받침도 미약했다. 그러한 상황에서 그는 순수하게 개인의 역량으로 거대한 왕국을 건설하고 이를 풍요롭게 발전시켰다.

인간은 갖가지 환상을 가지고 있다. 통치자들에 대해서도 마찬가지이다. 샤를마뉴는 본질적으로 장점과 약점을 동시에 가지고 있던 사람이었고, 민중들이 가지고 있는 환상을 모두 실현하지도 못했다. 그렇지만 그는 자신만이 그 환상을 실현할 수 있는 인물이라는 이미지를 만들어 내고 그것을 민중들에게 설득하는 데 성공했다. 솔직하게 말하자면 바로 이러한 것이 리더십의 본질이 아닐까 생각된다.

정복자

티무르 바를라스

죽음의 순간에 찾아오는 친절한 위안이여!

그런 것은, 아버지, (지금은) 나의 논지가 아닙니다.

나는 지상의 권력만을 미친 듯이 생각하지는 않을 것입니다.

나의 죄를 고백하게 될 테니까요.

지상의 것이 아닌 자부심을 한껏 즐기나이다.

나에게는 노망이 들거나 꿈을 꿀 시간이 없습니다.

당신은 그것들 모두 희망이라고 하겠지만―불꽃 중의 불꽃이여!

그것은 단지 욕망의 고뇌에 불과합니다.

만약 내가 희망을 갖는다면―오! 신이시여! 만약 내가―

그 근원은 보다 성스러워라―보다 거룩하여라―

노인이여, 나는 그대를 바보라고 부르지는 않겠네만,

그런 것은 그대에게 줄 선물이 아니라네.

이것은 미국의 저명한 시인 에드거 앨런 포가 쓴 대서사시 〈태멀레인Tamerlane〉[46]의 도입부이다. 〈태멀레인〉은 서양인들이 14세기 후반에서 15세기 초반까지 중앙아시아에서 활약했던 정복자 '티무르Timur'를 일컫는다. 티무르는 우리에게 다소 생소할지 몰라도 한 시대의 영웅이었으며 수많은 작가들에게 영감을 준 인물이다.

그가 죽고 나서 한 세기 남짓 무렵부터 페르시아 어로 쓰인 그의 전기가 유럽의 여러 언어로 번역되기 시작했다. 1587년 엘리자베스 1세가 통치하던 잉글랜드, 이른바 '황금시대'에 셰익스피어와 함께 시대를 대표하던 극작가 크리스토퍼 말로는 시대극 〈탬벌레인 대왕Tamburlaine the Great〉을 무대에 올렸으며 18세기에는 이탈리아에서 오페라로 만들어졌다.

앞에서 인용한 포의 서사시 〈태멀레인〉에서는 죽음을 앞둔 티무르가 야망을 이루기 위해서 자신이 버렸던 젊은 시절의 첫사랑 아다Ada를 회상하면서 신과의 대화를 시도한다. 그는 신에게 자신이 '부서진 심장Broken Heart'을 대가로 권력을 얻었다고 고백한다. 환상과 상징을 많이 사용하는 포의 다른 작품들이 대부분 그렇듯 이 시의 키워드인 '부서진 심장'과 불멸의 여인 '아다'에 대해서는 이중적인 해석이 가능하다.

이 시를 낭만주의적인 작품으로 본다면 '부서진 심장'은 어린 연인 아다를 잃은 남자의 '실연' 정도로도 해석할 수 있다. 그렇지만 보다 심각한 의미를 갖는 작품으로 해석한다면 '아다'와 '부서진 심장'은 티무르가 권력을 쟁취하기 위해 버려야만 했던 소중한 '가치'들과 그 가

---

46 에드거 앨런 포의 서사시 〈태멀레인〉에는 두 가지 버전이 존재한다. 포는 1827년에 이 시와 다른 짧은 시를 모아 〈태멀레인과 그 밖의 시(Tamerlane and Other Poems)〉라는 제목으로 발표했는데 모두 223행이었다. 그렇지만 원본은 〈태멀레인과 그 밖의 시〉 하나만 무려 406행에 이른다.

치들을 포기함으로써 가지게 된 정신적인 고뇌를 의미하게 된다.

모험과 방랑의 청년 시절

티무르는 중앙아시아의 트란스옥시아나[47] 출신이다. 이곳은 인류가 일찌감치 정착한 지역 중 하나로 '문화의 교차로'라고 불리는 고대 도시 사마르칸트를 중심으로 한다. 약 3,000년 전 소그드 인들이 세운 이 도시는 처음부터 동서양의 문명이 교차되는 교역의 중심지였다. 교역을 통해 풍요로웠던 이 지역은 차례로 페르시아, 알란, 마케도니아, 훈, 튀르크, 몽골과 같은 강력한 이웃들의 침략을 받았다.

이 지역의 패자는 수십 번 바뀌었지만 트란스옥시아나는 언제나 침략자들을 새로운 구성원으로 받아들이곤 하는 관대한 땅이었다. 티무르 역시 한때 그곳을 침략했다가 그대로 눌러앉은 사람들의 후손이다. 그가 속한 바를라스 씨족은 튀르크의 한 계열로 칭기즈 칸이 호레즘 샤 왕국과 싸우기 위해 이 지역을 침공했을 때 원정군의 일원으로 이곳에 들어왔다.

그들은 위대한 칸의 둘째 아들 차가타이Chagatai가 트란스옥시아나를 포함하는 지역에 차가타이 칸국Khanate을 세우자 사마르칸트 남쪽 지역에 정착해 유력한 귀족으로 자리 잡았다. 그리고 그곳에 정착한 다른 동료 튀르크 인들을 비롯해 그 이전의 다른 정복자들과 마찬가지로 서서히 이 지역의 문화와 관습에 동화되어 갔다.

---

47 중앙아시아의 파미르 고원에서 발원해 러시아의 아랄 해로 흐르는 아무다리야 강과 그 남쪽에서 역시 아랄 해로 흘러들어가는 시르다리야 강 사이에 위치한 지역을 트란스옥시아나라고 부른다. 우즈베키스탄과 타지키스탄, 남부 카자흐스탄이 포함되는 지역이다.

티무르는 1336년에 사마르 칸트에서 남쪽으로 80킬로미터 정도 떨어진 샤흐리삽스 Shahrisabz에서 태어났다. 샤흐리삽스는 페르시아 어로 '녹색의 도시'라는 의미이다. 바를라스 부족의 족장이던 아버지 무함마드 타라게이Muhammad Taragay는 티무르가 어릴 때 세상을 떠났고, 이후 티무르의 숙부인 핫지 베그Hajji Beg가 가문을 비롯해 이 지역의 튀르크 인들을 이끌었다.

● 티무르

바를라스 족은 이곳에 도착했을 당시 유목민들이었지만, 곧 험난한 생활이 끝없이 반복되는 유목보다는 사마르칸트의 핵심 산업인 무역과 상업에 깊이 관여하게 되었으며, 종교적으로도 이슬람으로 개종했다. 티무르의 시대 즈음해서 바를라스 족은 튀르크 인들뿐 아니라 여러 인종이 복잡하게 뒤섞여 구성되어 있는 사마르칸트 지역의 상인들 전체를 대표하고 있었다.

티무르에 대한 기록은 동시대에 기록된 사료를 포함해서 다양하게 존재하지만 15세기 페르시아 문학과 역사학을 대표하는 대문호 샤라프 앗 딘Sharaf al-Din Ali Yazdi이 1425년에 저술을 완료한《승전기 Zafarnama》가 가장 중요한 기초 자료이다.

티무르가 직접 저술했다는《티무르 회고록Tuzuk-i-Taimuri》도 전해지지만 이 회고록은 후세의 위작일 가능성이 높다. 서술 내용은 대단히 정확하지만 티무르는 글을 읽거나 쓰지 못하는 문맹이었기 때문이다.

> 군건한 마음과 억센 신체의 소유자. 용감하고 겁이 없으며 바위처럼 단
> 단하다. 농담이나 거짓말을 좋아하지 않는다. 재치나 경박함으로는 그
> 를 즐겁게 하지 못하며, 비록 그것이 고통스러운 것이라 할지라도 오직
> 진실만이 그를 기쁘게 했다.
>
> 아흐마드 이븐 아랍샤Ahmad Ibn Arabshah

티무르는 지성, 정서, 가치관 등 여러 면에서 보통 사람의 능력을 훨씬 뛰어넘는 사람이었다.[48] 문맹임에도 그는 세 가지 언어를 자유자재로 구사했다고 전해지며, 문학과 예술을 사랑하고 이에 대한 조예도 깊었다. 그는 전투 중의 짧은 휴식 시간이나 식사 시간에도 역사나 문학 작품을 낭송하게 하여 감상하곤 했다. 그가 특히 좋아했던 작품은 페르시아 어로 쓰인 시였다.

'티무르Timur'는 튀르크 어로 '철鐵'을 의미한다. 그는 큰 키와 건장한 체격과 준수한 용모를 가지고 있었으나 한쪽 다리를 약간 절었다. 어린 시절 양을 훔치다 화살을 무릎에 맞아 다친 결과였다. 때문에 그는 '절름발이'라는 별명으로 불렸는데, 그의 서구식 명칭인 '태멀레인Tamerlane'은 페르시아 어로 '절름발이 티무르'라는 의미인 '티무르 이랑Timur-i-lang'을 번역하다 생긴 오류였다.

---

48 그의 보통을 뛰어넘는 엄청난 지력과 관련된 하나의 예가 '태멀레인 체스(Tamerlane Chess)'라고 부르는 것이다. 티무르는 체스의 달인이었는데 일반적인 체스 게임이 단순하다고 생각하여 말의 숫자를 2배로 늘이고 체스판의 눈을 123칸(11×11+2)로 늘인 확장판을 고안해서 여기에 '완벽한 체스(Shatranj Kamil)'라는 이름을 붙였다.

티무르는 낭만적인 모험으로 가득한 젊은 시절을 보냈다. 바를라스 족의 지도자인 숙부 핫지 베그를 의식한 그는 고향을 떠나 외지로 떠돌면서 자유롭게 살았다. 이 시절에 그는 자신과 비슷한 처지에 있던 발흐Balkh[49] 지역 아미르[50]의 후계자였던 후사인Amir Husayn을 만나 우정을 쌓으며 함께 모험을 즐겼다. 후사인은 명문가인 카라우나스 Qaraunas 씨족 출신이다. 이 사람들 역시 바를라스와 마찬가지로 칭기즈 칸 시절에 동부 페르시아에 정착한 원정군의 후예들이다.

티무르와 후사인의 모험 중에는 차가타이 칸국이 볼가 강 유역에서 불가르 인Bolgar들과 전투를 벌일 때 원정대의 일원으로 참가한 일도 포함된다. 티무르는 이 원정과 이후에 이어지는 일련의 전투에서 천 명 남짓의 튀르크 젊은이들로 구성된 작은 기병대를 지휘했다. 이때 얻은 '전사'로서의 명성이 그가 위대한 정복자의 길에 들어서는 기반이 되었다.

티무르의 성장

이 시기 차가타이 칸국은 성립된 지 100여 년이 약간 지난 때였는데, 칸의 자리를 놓고 후계자들 사이에서 치열한 권력 투쟁이 일어나는 바람에 큰 혼란에 빠져 있었다. 차가타이의 직계 혈통은 1346년 카잔

---

49 발흐는 현재에는 아프가니스탄에 속하며 고대 박트리아의 중심지로 아랍권에서는 '모든 도시의 어머니'라는 별명으로 불린다. 티무르의 시대에도 가장 중요한 도시 중 하나였으며 주민들의 대부분은 페르시아 계통이었다.

50 Amir 혹은 Emir는 일반적으로 '토후'라고 번역되지만 원래의 의미는 '군사 지휘관(Chieftain)'이었다. 아랍 세계에서 칼리프나 술탄을 대리해서 일정한 지역에서 반독립적인 통치권을 행사하던 귀족들을 지칭한 말로, 이들이 다스리는 지역을 '토후국(Emirate)'이라 한다.

칸Qazan Khan이 내전 중에 살해됨으로써 끊어졌으며 뒤를 이은 방계 혈통 출신의 칸들은 실권을 갖지 못했다.

그러자 '무굴리스탄Mughulistan'이라고 불리던 차카타이 칸국의 동부 지역에 자리 잡고 있던 몽골 부족들이 이 지역 전체의 패권을 노리게 되었다. 투글루크 티무르Tughlugh Timur는 칭기즈 칸의 후손으로 이러한 순수 몽골 인 출신의 야심가 중 한 사람이었다.

그는 현재 중국의 신장자치구 동쪽 끝에 위치한 고대의 교역 도시 카슈가르를 근거지로 하고 있었으며, 야심에 걸맞은 군사력과 함께 정치적인 역량도 가지고 있었다. 그는 트란스옥시아나 주민들의 정서를 고려해서 이슬람으로 개종했으며 칸의 암살로 이 지역에 리더십이 부재한 시기를 노려 침공을 감행했다.

투글루크의 침공은 막 스물다섯 살이 된 티무르가 권력의 길에 들어서는 계기가 되었다. 그러나 후일 위대한 정복자가 될 티무르였지만 시작은 그리 내세울 만한 것은 아니었다. 바를라스 족의 리더 핫지 베그는 겁을 먹고 몸을 피하면서 조카인 티무르를 전면에 내세웠다.

숙부를 대신해서 투글루크와의 협상에 나선 티무르는 전체 튀르크인들과 다른 지역민들을 규합해서 침입자들과 일전을 벌이는 대신 재빨리 투글루크에게 충성을 서약했다. 그 대가로 바를라스 족의 새로운 수장으로 인정받았다.

일단 트란스옥시아나를 제압한 투글루크는 발흐의 아미르가 된 후사인을 공격하기 위해 아프가니스탄 지역으로 남하했다. 투글루크와의 전투에서 패배한 후사인은 간신히 전장에서 빠져나왔지만 그가 통치하던 지역은 한동안 극심한 약탈에 시달렸다.

한편 트란스옥시아나에서는 몽골 군이 철수하자 핫지 베그가 복귀했다. 티무르는 숙부에 대한 군사 행동을 기도했으나 병사들이 호응하지 않는 바람에 좌절되었고, 결국 숙부에게 용서를 구하는 것 말고 다른 도리가 없었다.

그러나 투글루크 티무르가 발흐 원정을 마무리하고 돌아오자 상황은 다시 한 번 급변했다. 그는 원정 중에 자신에게 반기를 들었던 튀르크 귀족들을 처형했다. 핫지 베그는 다시 한 번 도주하다가 암살되었다. 티무르는 암살자를 응징하겠다며 펄펄 뛰었지만 그 누구도 체포하거나 처형하지 않았다. 투글루크는 아들 일리아스 호자Ilyas Khoja를 트란스옥시아나의 총독으로 세우고 티무르를 고문으로 임명했다.

이제 티무르의 출세는 보장된 듯했다. 그러나 변덕스러운 투글루크가 티무르를 일리아스 호자의 고문직에서 해임하면서 상황이 돌변했다. 발끈한 티무르는 친구인 발흐의 아미르 후사인과 동맹을 결성해서 대몽골 투쟁에 나섰다. 그러나 투글루크의 막강한 전력을 상대할 수 없던 두 사람은 도망자 신세가 되어 줄기차게 쫓겨다녔다.

그러나 1363년 투글루크가 갑작스럽게 병사하면서 티무르는 상황을 타개할 절호의 기회를 잡았다. 티무르와 후사인은 일리아스 호자의 권위를 부정하고 그동안 수도원에서 신앙 생활에만 빠져 있던 차가타이의 후손 카불 샤Khabul Shah를 새로운 칸으로 세웠다.

티무르가 후사인의 누이동생과 결혼하면서 두 사람의 동맹은 더욱 굳건해졌다.[51] 투글루크를 계승한 일리아스 호자는 십대 소년에 불과했지만 사나운 전사였다. 그는 2년 후에 다시 한 번 트란스옥시아나를 침공했다.

---

[51] 이 시기의 이슬람 역사가들은 칼리프, 술탄, 칸에 관한 역사를 기록할 때 그들의 여인에 관한 사항은 기록에서 제외하는 불문율을 고수했다. 그렇기 때문에 티무르에 대한 방대한 자료에도 후사인의 여동생이나 에드거 앨런 포가 티무르의 첫사랑으로 지목했던 '아다'라는 여인과 관련한 공식적인 기록은 거의 남겨지지 않았다. 티무르의 부인들 중에는 말년에 사랑받던 비비 카님(Bibi-Khanim)이 가장 널리 알려져 있는데, 기록에 의한 것이 아니라 티무르가 그녀의 이름으로 모스크를 건설했기 때문이다.

이번 전투의 영웅은 티무르와 후사인이 아니었다. 티무르와 후사인은 사마르칸트로 진격하는 일리아스 호자를 요격했지만 전투에서 패배하고 퇴각했으며 사마르칸트는 몽골 군에게 포위되었다.

그러자 사마르칸트의 주민들은 일치단결해서 침입자들에게 저항했다. 처절한 공방전이 전개되었으나 도중에 몽골 병사들 사이에 전염병이 돌면서 일리아스 호자는 철수했다. 이로부터 3년 후에는 일리아스 호자가 실각하면서 트란스옥시아나에 대한 무굴리스탄의 실질적인 위협은 사라졌다.[52]

공동으로 광대한 지역의 통치를 맡게 된 두 명의 젊은 아미르 티무르와 후사인은 만사에 접근하는 방식이 근본적으로 달랐다. 후사인이 바닥난 국고를 채우기 위해 귀족들에게까지 중과세를 부과하며 동분서주하는 동안 티무르는 바로 그들에게 환심을 사기 위해 자기 주머니까지 털었다. 두 사람은 점점 멀어질 수밖에 없었다. 그리고 둘 사이의 가교 역할을 하던 후사인의 누이동생이 병으로 사망하자 동맹 관계는 파국을 맞이했다.

당시 후사인은 티무르보다 훨씬 강력한 군사력을 보유하고 있었다. 그는 재빨리 군대를 움직여 트란스옥시아나의 양대 도시인 사마르칸트와 부하라를 확보했다. 그러자 티무르는 지극히 정복자다운 방식으로 간단하게 위기 상황을 타개했다. 과거의 약탈자들인 무굴리스탄의 몽골 인들을 다시 끌어들인 것이다. 그들의 위협으로 인해 후사인은 티무르와 평화 협정을 맺었다. 그제야 티무르의 개성을 파악한 후사인은 트란스옥시아나에 대한 야심을 포기하고 근거지인 발

---

52 일리아스 호자는 1368년에 쿠데타에 의해서 실각하고 살해되었다. 쿠데타의 주동자는 무슬림으로 티무르에게 우호적인 카마르 웃 딘(Qamar ud-Din)이었다. 카마르와 그의 뒤를 이은 무굴리스탄의 몽골 인 칸들은 티무르의 유력한 동맹자가 되었으며, 후일 티무르가 조직한 원정군에 합류했다.

흐로 물러났다.

그렇지만 티무르는 후사인이 생각하고 있던 것보다 훨씬 더 개성이 강한 사람이었다. 그는 사전 경고도 없이 국경선인 아무다리야 강을 넘어 아프가니스탄을 공격했다.[53] 기습을 당한 후사인의 주력부대는 큰 희생이 나기 전에 쿤두즈에서 항복했고 발흐는 포위되었다. 후사인은 더 이상의 충돌을 원하지 않았으며 항복을 선택했다.

● 티무르의 발흐 정복

오랜만에 옛 친구를 만난 티무르는 그를 너그럽게 용서했을 뿐 아니라 껴안고 눈물을 흘렸다. 후사인은 모든 권력을 포기하고 한 사람의 무슬림으로서 메카로 순례 여행을 떠나기로 결심했고 티무르는 그를 축복했다.

그렇지만 실제 역사는 냉혹하게 흘러갔다. 《승전기》에 의하면 후사인은 이 순례 여행 도중 '티무르도 모르는 사이에' 누군가에게 암살되었다. 역사서는 티무르가 이 암살에 관여했는지 확인해 주지 않는다. 다만 그의 냉혹한 후속 처사를 기록하고 있다. 후사인에게 충성했다는 이유로 발흐의 주민들은 거의 완벽한 인종청소라는 비참한 운명을 맞이했다.

---

53 《승전기》에 의하면 후사인이 발흐의 성곽에 대한 보수공사를 시작한 것이 티무르를 자극했다고 한다. 그는 이것을 자신에 대한 적대 행위로 간주했다.

정복자 티무르

트란스옥시아나로 국한한다면 티무르는 역사상 그 누구와도 견줄 수 없는 경건하면서도 관대하고 현명한 통치자였다. 이 지역에는 무슬림인 타지크 인과 튀르크 인뿐만 아니라 몽골, 페르시아 인 등 다양한 인종과 문화가 공존하고 있었다.

티무르는 이슬람 역사상 모든 칼리프와 술탄들 중에서도 가장 경건한 신앙을 가진 통치자 중의 한 사람이었지만 자신의 신앙을 주민들에게 강요하지 않았다. 그는 자신의 상징으로 3개의 원이 서로 교차하는 '사히브 키란Sahib Qiran'을 내세웠다. 그 지역에 살고 있는 모든 종족들이 종교를 초월해서 서로 조화를 이루어 공동의 선을 추구하자는 소망을 담고 있는 것이었다.

그렇지만 트란스옥시아나를 벗어나기만 하면 이야기는 달라진다. 그는 다른 지역에서는 자비를 모르는 무시무시한 정복자로 변신했다. 티무르는 자신이 오직 트란스옥시아나에 속해 있으며 오직 그곳만이 자신이 봉사해야 할 신성한 땅이라고 생각하고 있었음이 분명하다.

아프가니스탄 병합이 마무리되자 그는 주변 지역에 대한 정복에 나섰다. 장장 35년 동안이나 계속될 티무르의 정복 사업이 시작된 것이다. 티무르의 초기 군사행동은 트란스옥시아나의 경제적 이익을 대변한다고 할 수 있다. 당시 사마르칸트는 여전히 동서 교역의 중심지였지만 독점적인 지위를 누리지는 못하고 있었다.

남쪽의 페르시아와는 경쟁관계에 있었으며 북쪽의 킵차크 칸국[54]

---

54 킵차크 칸국은 몽골의 정복 사업 이전에 성립되어 있던 나라로 러시아의 지배를 받고 있었다. 칭기즈칸의 큰아들 주치(Jochie)가 이 튀르크 계열의 킵차크 인들을 규합해 러시아를 공격하면서 나라의 골격이

과는 이익을 분배
해야 하는 상황이
었다. 페르시아는
시리아를 거쳐 아
프리카로 이어지
는 교역로를, 킵차
크 칸국은 사마르
칸트에서 유럽으
로 이어지는 교역

● **황금의 유목민** 중앙아시아와 유럽 일대를 휩쓴 몽골(킵차크 칸국)
의 병사들을 일컫는 말로, 13~14세기 막강한 군사력을 자랑했다.

로를 장악하고 있었다.

두 경쟁상대 중에서 페르시아가 먼저 스스로 위기를 자초했다. 역
사적으로 페르시아는 강대국이었으며 오랫동안 트란스옥시아나를
실질적으로 지배하던 종주국이기도 했다. 한 세기 전에 칭기즈 칸의
손자이자 쿠빌라이 칸의 동생인 훌라구Hulagu Khan는 이 지역 전체를
정복해 강력하고 풍요로운 일 칸국Il khanate을 세웠다. 그렇지만 세월
이 흘러 절대 권력의 진공상태가 되자 분열과 내분으로 인한 혼란이
한 세대 이상 지속되고 있었다.

북쪽의 상황 역시 어수선했다. 킵차크 칸국은 칭기즈 칸의 손자로
유럽 인들을 공포에 떨게 만들었던 위대한 전사 '바투Batu'의 나라이
다. 이 칸국의 지배자이자 바투의 후예인 '황금의 유목민Golden Horde'
들은 한때 중앙아시아와 유럽을 통틀어 가장 강력한 세력이었다. 군

갖춰졌으나 주치는 아버지보다 먼저 세상을 떠났다. 그 뒤를 이은 둘째 아들 바투가 킵차크 인들의 칸으로
옹립되면서 본격적으로 몽골 인들의 유럽에 대한 정복 사업이 시작되었다. 킵차크 칸국은 현재의 서부 러
시아, 우크라이나, 카자흐스탄, 코카서스, 발틱 해를 포함하는 광대한 영토를 보유하고 있었다. 정복자 바
투가 황금색의 깃발을 사용했기 때문에 '황금의 유목민'이라고 불리며, 주치의 영역(Jochie's Ulus)이라고도
불린다.

사력뿐 아니라 교역에 기반을 둔 경제력에서도 다른 세력의 도전을 허용하지 않았다.

그러나 교역을 위해 유럽 인들과 긴밀한 관계를 유지한 것이 화를 불렀다. 황금의 유목민들은 유럽을 휩쓴 흑사병에 노출되면서 티무르가 태어나던 시기를 전후해 완전히 몰락했다. 그러자 그동안 숨을 죽이고 있던 러시아 인들을 위시해 몽골의 지배로부터 독립을 원하던 여러 민족들이 봉기하기 시작했다.

황금의 유목민들을 대신해 그들의 먼 일가인 '백색의 유목민White Horde'[55]들이 이 지역을 재정복하러 나섰지만 별 성과를 올리지 못한 채 러시아 인들에게 고전을 면하지 못했다. 이들의 칸인 토크타미시Tokhtamysh가 티무르에게 도움을 요청하면서 두 지도자 사이에 동맹이 이루어졌다.

티무르의 1차 정복 사업은 1380년에 시작되었다. 첫 번째 목표는 한때 황금의 유목민들에게 지배받던 흑해 연안의 아제르바이잔을 합병한 일로, 그리 난폭한 것은 아니었다. 그리고 나서 토크타미시 칸의 백색의 유목민들과 합세해서 얼마 전까지 몽골 인들이 가지고 있던 지역의 패권을 탈취하려는 러시아 인들에 대한 공격에 나섰다.

러시아 인들은 강력하게 저항했으나 역부족이었다. 1382년에 모스크바가 함락되었다. 티무르는 트란스옥시아나 주민들의 신앙에는 관대했지만 다른 지역의 이교도들에 대해서는 적개심을 숨기지 않았다. 점령된 모스크바에서 남자들은 학살되었고 여자와 아이 들은 사

---

55 백색의 유목민들은 킵차크 칸국의 왕위 계승 경쟁에서 바투에게 밀려난 주치의 장남 오르다 이첸(Orda-Ichen)이 지휘하던 군대의 후예들로 흰색의 군기를 사용했다. 이들은 황금의 유목민들에게 복속되어 킵차크 칸국의 남동부 지역을 근거지로 하고 있었는데 바투의 혈통이 끊어지자 전체 칸국에 대한 권리를 주장했다.

로잡혀 노예로 팔려 나갔으며 시가지는 폐허로 변했다. 티무르의 동맹자 토크타미시가 이 지역의 몽골 인 전체를 대표하는 '황금의 유목민들'의 칸이 되었다.

티무르는 숨 돌릴 틈도 없이 다음 목표를 향해 곧바로 남하했다. 이번에는 페르시아였다. 페르시아는 수십만의 병력을 동원할 수 있는 거대한 나라였지만 사분오열되어 있어 약 10만 명 정도의 규모인 티무르의 병력을 맞이해 변변한 방어도 한 번 하지 못한 채 전 국토가 유린되었다.

이 과정에서 중국과 지중해를 잇는 교역로 상에 위치한 교역의 중심지 니샤푸르와 주변 도시들이 완전히 파괴되었다. 주민들은 모두 학살되거나 노예로 팔렸으며 도시들은 완전히 기능을 상실했다.

티무르로서는 이 풍요로운 지역에 대한 약탈 자체도 대단한 성공이었지만 니샤푸르를 파괴함으로써 '구 실크로드Old Silkroad'의 남쪽 교역로를 무력화시킨 대성과를 거둔 것이다. 이로써 트란스옥시아나는 동서 교역의 유일한 교역로로 남으며 교역 도시로서 입지가 강화되었다.

티무르는 용의주도한 사람이었다. 그는 일단 정복할 목표를 결정하면 여러 해 전부터 좋은 말을 키우면서 철저하게 침공 준비를 했다. 이 기간 동안 훈련된 첩자들을 파견하고 적극적으로 외교를 해 나가면서 미래의 적들을 혼란시키거나 경계심을 늦추게 했다. 이러한 상황에서의 침공은 언제나 효과적이었다.

그렇지만 페르시아 원정이 채 마무리되지 못한 1385년에 티무르는 미처 대비하지 못한 전쟁에 말려들게 되었다. 상대는 그의 후원을 통해서 킵차크 칸국 전체의 칸이 되었던 토크타미시였다. 그는 티무르

● 킵차크 칸국을 정벌하는 티무르

가 차가타이 칸국에 합병한 아제르바이잔을 침공했으며, 곧 양대 칸국의 전면전으로 번졌다.

두 강대국의 전쟁은 10년간 팽팽하게 계속되다 1395년 코카서스 산맥 북쪽의 테레크 강에서 벌어진 전투[56]에서 티무르가 결정적인 승리를 거두었다. 이 전투 이후 티무르는 토크타미시를 추적하면서 볼가 강을 중심으로 발달한 킵차크 칸국의 주요 도시들을 철저하게 유린했다.

이중에는 황금의 유목민들의 수도였던 사라이 바투Sarai Batu[57]가 포함되어 있었는데 그 시대에 존재했던 전 세계의 모든 도시 중에서 가장 규모가 컸다. 이 전쟁을 계기로 킵차크 칸국의 경제를 지탱하던 교역 기반이 완전히 붕괴되어 사마르칸트는 동서 교역로에서 독점적인 지위를 확보하게 되었다.

이 시기까지 티무르의 정복 사업에서는 트란스옥시아나의 번영이라는 뚜렷한 목표를 찾을 수 있다. 그렇지만 킵차크 칸국을 격파한 1395년 이후의 정복 사업은 순수한 정복욕이나 탐욕 외에 다른 이유로 설명하기가 불가능하다. 티무르의 다음 목표는 인도였다. 티무르는 페르시아의 경우와 마찬가지로 용의주도하게 준비를 마친 후에 1398년 전격적으로 인더스 강을 넘어 인도를 침공했다.

당시 인도에는 델리를 중심으로 이슬람 투글루크Tughlug 왕조[58]가 성립되어 북부 지방을 장악하고 있었다. 티무르는 그동안 델리의 술

---

56 현재 그루지아 영토인 코카서스 산맥의 북쪽에서 발원해 러시아를 거쳐 카스피 해로 흘러들어가는 강으로 하구에는 기름진 삼각주가 발달되어 있다.

57 '사라이(Sarai)'는 궁전이라는 의미이다. 이 도시는 러시아와 유럽의 정복자인 바투가 세운 왕궁이 있던 곳으로, 정치, 경제, 문화 모든 면에서 킵차크 칸국의 중심지였다.

58 이슬람의 인도 진출은 13세기 초엽 맘루크 정복으로 시작되었으며 술탄국의 형태를 갖추었다. 툴라크 왕조는 세 번째의 이슬람 정복 왕조이며 근원지는 아프가니스탄이다.

탄들이 힌두교도들에 대해 지나치게 관대하게 대했기 때문에 이슬람이 신앙의 위기를 맞이했다는 명분을 세웠다. 술탄 마무드Nasir ud Din Mahmud는 왕위 계승을 위한 내전에서 가까스로 승리를 거둔 직후였기 때문에 티무르의 침공에 제대로 대처할 수 없었다.

역사적으로 인도는 북방으로부터 잦은 침공을 당했지만 티무르의 공격은 역사상 유래가 없을 정도로 잔혹했다. 숱한 도시들에서 학살, 약탈, 파괴, 강간이 자행되었다. 티무르가 자신의 병사들에게 한 사람이 최소한 두 명의 적을 죽여야 한다고 명령했기 때문에 병사들은 전투 초반에 신속하게 이 할당량을 채우고 나서 노예로 팔기 위해 포로를 사로잡곤 했다.

그 결과 델리에 도착했을 때 티무르의 병사들은 10만 명이 넘는 포로들을 잡아 군사행동에 지장을 초래할 정도였다. 그러자 티무르는 병사들에게 포로들 가운데 무슬림을 제외한 나머지는 모두 목을 베라고 명령했다. 그는 이렇게 해서 참수된 인도인들의 머리로 거대한 피라미드를 쌓았다. 델리의 요새에서도 1만 명 이상의 인도 병사들이 추가로 학살되었다.

티무르는 1399년 초까지 델리에 머물면서 철저하게 약탈한 다음 무슬림들의 거주 지역을 제외하고는 델리를 완전히 파괴해 버렸다. 기술을 가진 장인이나 예술가 들만 예외로 인정되어 트란스옥시아나로 호송되었다. 그는 이 원정을 통해서 얻은 어마어마한 약탈품을 운반하기 위해서 90마리의 코끼리를 동원했다. 그는 이 약탈품과 포로로 잡아온 예술가와 장인 들을 활용해서 사마르칸트와 트란스옥시아나의 다른 도시들을 장식했다.

이슬람의 수호자이자 이슬람의 적

티무르는 독실한 무슬림이었고 항상 이슬람의 정의를 외쳤지만 그가 정복한 지역은 거의 모두 이슬람 세계였다. 인도의 이슬람 정권을 무력화한 후 이제 이집트와 시리아를 통치하는 맘루크 왕조와 아나톨리아의 오스만튀르크가 남게 되었다. 티무르는 먼저 맘루크 왕조와의 대결을 선택했다. 그는 1399년 시리아를 침공해서 알레포를 점령했다.

이 불운한 도시의 주민들은 대부분 무슬림이었지만 학살과 약탈이라는 운명을 피해 가지 못했다. 여기에는 티무르의 독실한 신앙이 사태를 악화시켰다. 이슬람 신앙에 대해 일가견을 가지고 있던 티무르는 이곳에서 정통 수니파 이슬람 학자들과 논쟁을 벌였다. 티무르는 시아파였다. 논쟁이 결론을 내지 못하고 여러 날 계속되는 동안 티무르의 병사들은 이 도시를 철저하게 약탈했다.

티무르의 병사들은 막강했다. 그는 1400년에 맘루크 왕조가 카이로에서 파견한 지원군을 격파하고 다마스쿠스를 포위했다. 항복 조건을 협상하기 위해 방문한 도시의 대표단을 맞이해 그는 묵주를 돌리면서 온화하게 경건한 신앙심과 관용의 미덕을 강조했다. 다마스쿠스 주민들은 기꺼이 성문을 열어 그를 맞이했지만 그는 학살과 약탈로 보상했다.

다마스쿠스에는 사람들의 머리로 쌓은 2개의 피라미드가 만들어졌다. 여기에서도 소수의 기술자들만 사마르칸트로 이주하는 행운 아닌 행운을 누렸다. 이 행위로 티무르는 이슬람 세계에서 '공공의 적'으로 간주되었다. 오스만튀르크의 술탄 바예지드 1세Bayezid I와 티무르 사이에 서로를 심하게 모욕하는 서신들이 오갔다. 바예지드는

● 티무르의 이집트 정복

'벼락'이라는 별명으로 불리던 유능한 군주였다.

그는 당시 유럽 최강국의 하나였던 형가리를 격파하고 비잔틴 제국의 수도 콘스탄티노플을 포위했으며 이 도시를 구원하기 위해 파견된 십자군을 상대로 대승을 거두었다. 비록 콘스탄티노플을 함락하지는 못했지만 그는 이슬람 세계의 총아였다.

바에지드가 무슬림 형제들을 살육한 파렴치한이라며 티무르를 비난하자 티무르는 아나톨리아의 통치권은 오스만튀르크가 아닌 셀주크튀르크의 술탄이 가지는 것이 정당하다고 응수했다.

티무르는 먼저 그루지아와 아르메니아를 공격했다. 여기에서는 약 6만 명의 포로를 잡아 모두 노예로 팔았다.[59] 이 정도가 티무르가 실

---

[59] 당시 이슬람의 법 체계에서는 무슬림들을 포로로 잡아 노예로 파는 행위가 금지되어 있었다. 티무르의 경우에는 이 규정 덕분에 이슬람권에서 오히려 인명 피해가 컸다고 할 수 있다. 기독교도들은 노예로서 경제적인 가치가 있어 상대적으로 목숨을 부지하는 확률이 높았던 반면 무슬림들의 경제적 가치는 거의 없었던 셈이다.

질적으로 비이슬람권에서 거둔 유일한 것이었다고 할 수 있다. 1401년에는 바그다드를 공격했다. 여기에서 약 2만 명의 무슬림이 티무르의 군대에 학살되었다.

그렇게 되자 티무르와 바예지드의 일전이 불가피해졌다. 1402년 6월 20일 양측에서 각기 20만에 이르는 대군을 동원해 최후의 승부가 펼쳐졌다. 현재 터키의 수도 앙카라 부근에서 벌어진 전투는 여러 날 치열하게 계속되었으며 양측에 모두 여러 차례의 고비가 있었으나 최종 승자는 티무르였다.

바예지드는 전투 중에 포로로 잡혔으며 몇 달 후 사마르칸트에서 사망했다.[60] 티무르가 정복한 다른 지역과 마찬가지로 무방비 상태에 놓이게 된 아나톨리아 곳곳에서도 난폭한 약탈 행위가 여러 달에 걸쳐 계속되었다.

1402년 아나톨리아 정복이 마무리되자 북아프리카와 스페인을 제외한 이슬람 세계 거의 전체가 티무르의 영역으로 확정되었다. 그러나 그의 끝없는 정복욕은 이 정도로 만족되지 않았다. 그는 이교도 왕국 중 가장 강력한 나라인 중국을 정복하고 중국인들을 모두 무슬림으로 개종시키겠다는 원대한 계획을 세웠다.

당시 중국에서는 몽골 인들이 세운 원元 왕조를 몰아낸 명明 태조 주원장이 죽고 그의 아들 영락제永樂帝[61]가 제3대 황제로 막 즉위한 상황이었다. 티무르는 몽골 초원으로 후퇴한 원나라를 지원하고 있

---

60 티무르가 포로가 된 바예지드를 우리에 가두어 구경거리로 만들었다고 하는 이야기가 전하지만 이는 유럽 작가들의 창작으로 신빙성이 희박하다. 반대로 티무르는 바예지드를 정중하게 대접했고 그의 죽음을 애통해 했다는 이슬람 측의 기록이 남아 있다. 바예지드의 죽음은 자살일 것으로 추정된다. 그의 죽음으로 콘스탄티노플의 포위가 풀렸으며 이후 오스만튀르크는 계승 전쟁이 일어나 12년간 혼란에 빠졌다.

61 영락제는 쿠데타를 일으켜 조카를 몰아내고 왕위에 올랐다. 그는 환관 정화에게 대함대를 주고 인도양과 그 밖의 바다에 대한 탐험을 명령하기도 했다.

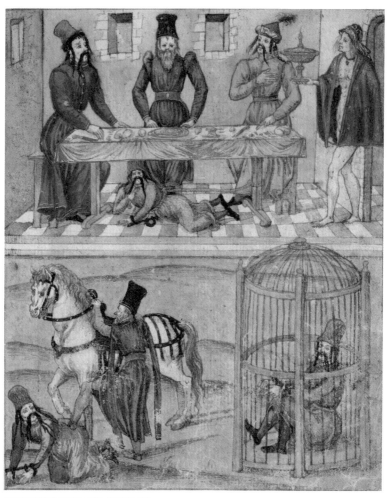

● 티무르에게 포로로 잡힌 바예지드 1세

었으며, 명나라와 차가타이 칸국은 여러 해 동안 국경 부근에서 소규모의 무력 충돌을 일으켰다.

1404년 티무르는 대군을 소집해서 중국을 향해 진격했다. 영락제 역시 야심만만한 군주였다. 세계대전 급의 대규모 전쟁이 벌어질 순간이었지만 이 흥미진진한 역사적 대결은 끝내 이루어지지 않았다. 1405년 2월 티무르가 실크로드에 위치한 도시 오트라르[62]에서 열병에 걸려 향년 69세로 사망했기 때문이다.

티무르의 삶은 우리에게 '통치자의 미덕이 적용되는 범위가 어디까지인가'라는 심각한 질문을 던진다. 그는 관대하고 현명하며 검소한 지도자였지만 그것은 어디까지나 그의 나라에 국한된 것이었다. 난폭한 정복자로서의 티무르, 그 원천적인 문제점은 그의 유별난 애국심이었다.

티무르는 중앙아시아의 역사에서 최고의 영웅이지만 동시에 주변국의 역사에서는 최악의 악당이기도 하다. 그는 헌신적인 지도자였으나 오직 자신의 조국에만 헌신했다. 스스로 명예를 탐한 적도 없다. 비록 그의 후계자들은 찬탈자가 되었지만, 그 자신은 칸이나 술탄의 지위를 언급한 적조차 없다. 스스로를 낮추고 언제까지나 대신인 '아미르'에 머물고자 했다.

티무르는 야만인이 아니었다. 그는 어디를 가든지 그곳의 학자들과 종교, 철학, 역사를 논했으며 전장에서도 그를 수행하는 시인들이 낭송하는 페르시아 문학에 심취하곤 했다. 그가 이러한 지적 유희를 즐기는 동안 그의 병사들은 사람들의 머리를 베어 거대한 피라미드를 쌓곤 했다. 그로 인해 무려 1,700만 명에 달하는 인명 피해가 발생했다.

그의 시대에 사마르칸트는 이슬람 세계의 중심지가 되어 아름다운 건축물들이 서고 문학과 예술이 꽃피기 시작했다. 그러나 그 찬란한

---

62 오트라르는 대오아시스 지대의 중심에 위치한 고대 도시로 오랫동안 번영했으나 현재는 완전히 몰락해서 유령 도시로 남아 있다. 유적지는 카자흐스탄에 속해 있다.

시대는 그가 세계 도처에서 난폭한 방식으로 약탈해 온 재물과 노동력을 바탕으로 한 것이었다. 그렇기 때문에 위대한 통치란 실현하기 쉽지 않은 것이다. 내가 속한 세계의 축복은 곧잘 다른 세계의 저주로 연결되기 때문이다.

티무르는 죽은 이후에도 초자연적인 저주를 남긴 것으로 유명하다. 20세기 초에 중앙아시아를 병합했던 소비에트 연방 소속의 러시아 고고학자들은 1942년 티무르의 무덤을 파헤쳐 그의 관을 열기로 결정했다. 이중으로 밀봉된 그의 바깥쪽 관 앞면에는 아랍 어로 쓰인 다음과 같은 경고문이 새겨져 있다.

내가 일어나게 되면 전 세계가 공포에 떨게 되리라.

그러나 승리감에 도취된 소비에트의 학자들은 이 경고를 무시하고 관의 첫 번째 봉인을 열었다. 그러자 두 번째 경고문이 안쪽 관의 겉면에 새겨져 있었다.

누구든 내 무덤을 여는 자는 나보다 더욱 무서운 침략자를 맞이하게 될 것이다.

고고학자들은 이 경고까지 무시했다. 그리고 마침내 키가 180센티미터에 달하는 건장한 튀르크 인의 유골을 확인했다. 이로부터 불과 몇 시간 후, 결과적으로 티무르가 평생 살해한 수준의 소비에트 연방 인민들이 불과 3년 만에 목숨을 잃게 될 상황이 발생했다. 나치 독일의 전격적인 소련 침공, 바르바로사 작전이 개시되었던 것이다.

불멸의 제왕들